国家级"法学专业综合改革试点"项目研究成果
河北省高教改革研究项目（2012GJJG012）研究成果

卓越法律人才培养与法学教学改革

郭广辉　王晓烁　等　著

中国检察出版社

图书在版编目（CIP）数据

卓越法律人才培养与法学教学改革/郭广辉等著 . —北京：中国检察出版社，2014. 11

ISBN 978 - 7 - 5102 - 1320 - 5

Ⅰ.①卓… Ⅱ.①郭… Ⅲ.①高等学校 - 法律 - 人才培养 - 研究 - 中国 ②高等学校 - 法学教育 - 教育改革 - 研究 - 中国 Ⅳ.①D92 - 4

中国版本图书馆 CIP 数据核字（2014）第 262129 号

卓越法律人才培养与法学教学改革

郭广辉　王晓烁　等　著

出版发行：	中国检察出版社	
社　　址：	北京市石景山区香山南路 111 号　（100144）	
网　　址：	中国检察出版社（www. zgjccbs. com）	
编辑电话：	(010)68682164	
发行电话：	(010)68650015　68650016　68650029	
经　　销：	新华书店	
印　　刷：	保定市中画美凯印刷有限公司	
开　　本：	A5	
印　　张：	8.75 印张　　插页 4	
字　　数：	234 千字	
版　　次：	2014 年 11 月第一版　　2014 年 11 月第一次印刷	
书　　号：	ISBN 978 - 7 - 5102 - 1320 - 5	
定　　价：	32.00 元	

前　言

河北经贸大学法学院于 1998 年经河北省教育厅批准建立，是河北省第一家以"法学院"命名的教学部门。法学院注重专业建设，法学专业被评为国家特色专业、国家级"法学专业综合改革试点"；法学院注重教学基地建设，2013 年与河北省高级人民法院共建国家级实践教育基地。

一、突出专业特点，建设国家特色专业

法学院十分重视学科和专业建设。河北经贸大学法学专业 2007 年被确定为河北省高校本科教育法学品牌特色专业，2008 年法学专业被教育部确定为国家特色专业建设点。2009 年经济法专业被确定为省级重点学科。2009 年，民商法教学团队被河北省教育厅确定为河北省教学团队。"贸易与法律教育创新高地"、"道德与法律教育创新高地"被评为河北省高等学校本科教育创新高地建设项目。

法学院坚持以科研为先导，以教学为基础，改革与发展并重。近几年大力倡导教学方法改革，承担多项教研立项、发表多篇教改论文，获省部级优秀教学成果一等奖 1 项、二等奖 2 项、三等奖 1 项。科研方面先后承担国家级和省级立项课题 50 余项、出版学术著作 35 部，在《法学研究》、《中国法学》等核心刊物发表学术论文 500 余篇，获得省社科优秀成果一等奖 3 项、二等奖 4 项、其他奖励 30 余项。

法学院以培养通法律、懂经济的复合型、实践型人才为基本目标，注重学生理论水平和实践能力的培养。本专业累计毕业

5600 多人，在校本科生近 700 人，研究生 500 多人。多名学生考取了中纪委、国家发改委、省高级人民法院、省检察院等国家和省部级公务员，多人考取了北京大学、中国人民大学、中国政法大学等重点院校的博士、硕士研究生，就业率较高，多次荣获毕业生就业工作先进集体等荣誉称号。

二、以改革促发展，建设法学专业综合改革试点

近年来在课程建设、教学方法、教学内容、实践教学、师资队伍、学生培养等方面采取了一系列改革措施，法学本科专业获得了较快发展。

2012 年河北经贸大学法学院法学本科专业被确定为国家级"法学专业综合改革试点"项目。

（一）培养目标

法学专业培养目标突出亮点：第一，培养具有财经特色的法律人才。第二，与司法考试衔接，提高学生的实践知识和能力，为地方建设服务。

（二）培养标准

参照卓越法律人才和全国统一司法考试标准，将学生培养成为具有较强的法律实务技能、浓厚的法律职业伦理观念以及懂经济、通法律、会管理的复合型、应用型法律职业人才。

（三）人才培养模式

1. 继续推进"高校—实务部门联合培养"机制

加强与法院、检察院、律师事务所等的合作，共同制定培养目标，共同设计课程体系，共同开发优质教材，共同组织教学团队，共同建设实践基地，形成常态化、规范化的法律人才培养机制。

2. 加大双学位复合培养力度

在法学专业培养方案中为法学专业学生推荐修读第二学位路径，培养复合型人才。

（四）课程建设

推动教学范式改革，打造精品课程。目前有四门省级精品课：民法、经济法、刑法、知识产权法。2014 年民法学被评为省级精品资源共享课，"中国文化与法制"被评为省级视频公开课。

（五）教研成果

近几年获奖教学成果有：获河北省教学优秀教学成果二等奖 2 项，三等奖 1 项；教材获省社科优秀成果二等奖 2 项，三等奖 1 项；多媒体教学课件获省级二等奖 2 项；出版了 10 余部教学方面的著作。主持了"法学与经济学融合——基于卓越人才培养的理念"、"法律诊所式教学的构建与完善"等 12 项省级教学研究课题，发表了 50 余篇教学研究论文。

三、注重实践教学，建设国家实践教育基地

法学院注重实践教学，培养应用型的法律职业人才。法学院每学期投入大量经费用于安排教师的实践教学培训、学生的实践教育以及专业实习。

法学院建有一个校内实践教学基地——模拟法庭，多名教师利用模拟法庭开设课程，培养学生的思辨能力、法律分析和实际运用能力。通过安排学生到实务部门进行社会实践和实习，培养学生熟练的法律应用技巧、敏捷的法律职业思维、良好的职业道德以及高度的社会正义感。

2013 年，法学院与河北省高级人民法院共建的大学生校外实践教育基地被教育部批准为国家级实践教育基地。

法学院现共有专业实践教学基地 28 个，每年能容纳数百名学生实习。

充分利用教学实践基地优势资源，由较高理论水平和丰富实践经验的法官为学生开设案例课程、实务技能课程、模拟法庭课程、法律职业伦理课程等实践教学课。开设由法官主讲的"司法实务"系列讲座。法院选派法官指导学生的模拟法庭教学活

动；法院到学校现场开庭；共同举办多次各种法律论坛、法学学术会议。

法学院还与实践教育基地——石家庄铁路运输法院共同建立同步审判系统。把庭审直播引入课堂，作为学校案例课程，方便学生远程旁听和学习。2014 年 3 月 19 日，法学院组织学生在模拟法庭观看石家庄市铁路运输法院庭审直播的保险合同纠纷案件。此种教学方式在河北省属于首创。

四、以学科为先导，推动硕士点建设

2007 年获得法律硕士学位授权点，2010 年获得法学一级学科硕士学位授权点，目前已开设经济法学、民商法学、国际法学、刑法学、法理学、法制史、环境法、宪法学与行政法学 8 个硕士学位研究生专业。现有一个法律硕士学位授权点、一个在职法律硕士授权点。2011 年获批河北省法律专业硕士综合改革试点基地。

学位建设是学科建设的重要组成部分，是学科建设成果的重要标志之一。专业学位人才培养与学术型学位人才培养是高层次人才培养的两个重要方面，具有同等重要的地位和作用。因此，我们既重视学术型法律硕士的发展，又注重专业法律硕士的发展。

深化培养机制改革，改善教学条件，建设高素质、高水平的师资队伍，建立健全合理的教学科研评价体系。建立和完善包括招生、培养、学位授予等各个环节的学位质量保证体系。进一步加强教学基础设施、案例库以及教学实践基地的建设，继续深化教学方法的改革。

五、以职业能力为目标，培养卓越法律人才

2011 年教育部、中央政法委员会针对法学高等教育提出了教育改革项目——"卓越法律人才教育培养计划"，于 2011 年 12 月发布了《关于实施卓越法律人才教育培养计划的若干意见》。

卓越法律人才教育培养计划的总体目标是："经过 10 年左右的努力，形成科学先进、具有中国特色的法学教育理念，形成开放多样、符合中国国情的法律人才培养体制，培养造就一批信念执著、品德优良、知识丰富、本领过硬的高素质法律人才。"主要任务是：将培养应用型、复合型法律职业人才作为实施卓越法律人才教育培养计划的重点，把培养涉外法律人才作为培养应用型、复合型法律职业人才的突破口，着力培养西部基层法律人才。

培养卓越法律人才首先要从法学教学改革抓起。从培养目标、培养模式、课程体系、教材选择、教学方法、考核模式等方面对法学教学进行全面、深入的改革。

以培养卓越法律人才为目标，法学专业将继续创新人才培养模式，优化法学课程体系，改革教学方法和手段，强化法学实践教学环节。开发法律方法课程，搞好案例教学，办好模拟法庭、法律诊所等，提高法科学生的职业技能。

本书就是我们关于卓越法律人才培养与法学教学改革思考和实践的一个阶段性总结。

目　录

实践教学模式探讨

法律硕士教学改革

教学手段创新

本科教学改革

法学教学团队建设的实践与思考[*]

——以河北经贸大学民商法教学团队为例

王利军　孙亚聪^{**}

一、法学教学团队建设的相关理论分析

（一）团队凝聚力理论

团队凝聚力是针对团队和成员之间的关系而言的，是团队中个体与个体之间、个体与团队之间的一种相互关系的反映，或者说是满足各自需求程度的一种反映，① 也就是法学教学团队中成员教师间的相互吸引和关系密切的程度。

一个法学团队是否有凝聚力主要有三个方面：团队内聚力，即团队是否能将一个个成员聚集起来；团队维持力，即团队是否能将成员留在团队；团队离散力，即团队是否能抵御成员的离散状态。因此，民商法教学团队的凝聚力系统与法学教学团队一样，也是由这三者构成的。但是，不同的团队构成这三种力的要素是不同的。②

（二）教师专业发展理论

法学教师专业发展的目的在于提升法学教师的学科能力和教

---

* 本文是 2013 年度河北省高教学会课题"国家级法学专业校外实践教育基地建设研究"（GJXHZ2013 – 27）、河北经贸大学 2012 年校级教学研究课题"法学教学团队建设的问题与完善"的研究成果。

** 王利军，河北经贸大学法学院教授；孙亚聪，河北经贸大学法学研究生。

① 吴克伟：《如何提高团队凝聚力》，载《行业管理》2007 年第 3 期。

② 郝登峰、刘梅：《基于团队凝聚力结构的科研团队管理》，载《科技管理研究》2005 年第 11 期。

学能力。在过去法学教师通过充分的备课和丰富的教学经验就可实现这一目的，但随着社会科学不断发展，法学各科交叉融合、联系紧密，学生素质明显提高，现在教师仅通过个人学习已不能适应日益复杂的教学环境。因此，必须加快建立法学教学团队，实行有效的交流合作机制，促进法学教师的个人发展。有效的法学教学团队，可以使年轻的法学教师寻求到经验丰富教师的帮助，不断改进自己的教学计划；有经验的法学教师也可在帮助年轻教师的过程中，借助前沿动态不断发展自己的教学经验。

（三）绩效管理理论

绩效管理理论，原是为了更好地实现公司的人力管理和资源优化。它是一个指标体系，也是一个不断进行的控制过程，最终目的在于实现个人与组织发展的"双赢"效果。民商法教学团队建设借鉴这一先进理论，能够很好地把握团队中教师的个人能力发展，每位教师也能更好地了解自己的能力和潜力，弥补不足，明确进步方向，同时整个团队也能在不断探索和交流中不断进步。

（四）自组织理论

法学教学团队的发展具有明显的自组织特点：

第一，开放性，包括内部开放性和对外开放性。前者是指团队内部法学教师之间相互联系、相互沟通，实现不同方向教师间优势互补和教学经验的交流。后者则指法学教学团队与其他学科团队之间、教学团队与教育和社会环境之间的信息、物质、能量交流。

第二，法学教学团队的差异性。团队成员教师间不同层次、不同年龄、不同学历的差异以及每个教师掌握的知识、技能、经验的不同都使团队成员存在差异性。

第三，法学教学团队内部成员间存在非线性的相互作用。这种非线性的作用使团队成员产生协同行为，促使整个团队从无序转为有序。

二、法学教学团队建设中的常见问题

（一）缺乏明确统一的建设目标

明确统一法学教学团队的短期、中期和长期目标能够不断推进法学教学内容和方法的变革，使老中青年法学教师在教学中相互交流，资源共享，充分发扬团队的合作和传、帮、带精神，提高教学质量。然而实践中，部分法学教学团队成员并没有清楚地认识和把握这一目标，沟通不足，浪费了教学资源。

（二）资源保障不足

以河北经贸大学民商法教学团队①为例，团队建设不能和一些重点建设团队相比，资源的可控制性比较有限。比如，相对于重点建设团队的经费，民商法教学团队的资源就显得有些不足。高校连续扩招，致使教学基础设施紧张，师资的投入加大，开展学科的设备、器材、场地受到限制，使教学团队的建设往往难以开展。

（三）考核机制不健全

获省级或国家级教学团队称号，将得到经费支持，学校也给予经费配套，但由于获得这种建设项目的机会很少，并且其中也涉及高校自身的声誉，所以有关部门在对已被评选上的教学团队的建设成效进行考核时，评审人员并不会将那些不合格者淘汰出局，甚至可能包庇被考核教学团队的弄虚作假行为，影响教学团队建设的整体效果。

三、法学教学团队建设的完善

一个优秀的法学教学团队必须注重团队的外部支撑环境建设

---

① 河北经贸大学民商法教学团队拥有一支数量充足、结构合理的高素质师资队伍。2009 年民商法教学团队被批准为河北省高等学校优秀教学团队。团队师资力量雄厚，拥有教授 8 人、副教授 6 人、讲师 3 人，教师中有省管优秀专家、省突贡专家、省中青年社科优秀专家等多人。团队还有民法、知识产权法两门省级精品课程。

和内部运行机制建设，在实际工作中，就是要发挥学校的政策扶持和教学团队的自我激励。结合河北经贸大学民商法教学团队实际建设情况，可以从以下几个方面进行完善：

（一）明确教学团队的目标

法学教学团队应在法学各科的课程建设、教材建设、教育教学改革研究、教学梯队建设等方面具有明确的建设思路与规划。只有确立了团队目标，才能为今后团队的建设提供明确的改革方向。教学团队成员的共同努力，不断交流，通过开展模拟法庭、学术沙龙、法学知识竞赛等活动与学生互动，使整个团队在不断的探索中凝聚在一起，提高自己的团队能力，形成特有的法学教学团队文化。

（二）教育主管部门及学校为团队建设提供充分的资源保障

法学教学团队建设是一项并不能带来直接效果的工作，它的作用是体现在潜移默化的过程中的不断积累。为了更好地开展法学教学团队建设，应提高一线教师的收入，提高团队成员教师的社会地位，改善教师的工作待遇，提高他们的工作积极性，引导和鼓励教师积极投入教学团队建设。此外，还应对民商法、经济法、刑法等法学专业学科进行优化设置，培育出多门精品课程，并从事业费中抽出一定比例用于建设精品课程，通过精品课程的投入来加大教学团队建设的投入。

（三）构建合理的绩效评价机制

法学教学团队建设要有一个整体的绩效评价与考核目标，绩效考核能够准确衡量团队中各个成员的工作业绩，这对团队成员而言既是一种标准，更是一种激励。例如，河北经贸大学要求法学专业教师将教学研究的成果及时运用和固化到教学过程中，并将其贯彻到职称聘任、聘岗晋级、绩效考评的各项政策中，调动了教师参与教改项目研究的积极性。通过项目研究与团队建设相结合，推进教学创新，提升教学水平。使教学团队明确其发展目标，激发团队教师工作的主动性、积极性及创造性，[①] 不断提高教学团队的教学水平。河北经贸大学从很早开始就注重设立教学改革研究计划，通过项目建设的方式资助教师开展教学研究，在项目立项资助时优先支持民商法教学团队，对于获准建设的团队给予有力的经费资助。

（四）成员教师之间协同合作促进教学

教学团队注重内部机制的作用。将教师知识结构、年龄结构、能力结构与教师性格、气质方面搭配，发挥不同教师的专业方向优势和能力特点，进行特色学科建设。教学团队成员通过协同教学吸收彼此的优点与教学经验，通过互补与融合实现由量变到质变的协同效应。建立多元化的教学协作模式，以教师相互听课制度、青年教师导师制、开展模拟法庭活动，促进教师之间互相交流、互相学习和提高，完善团队教师互动培养机制，提高团队的整体教学水平。

（五）构建和谐的师生关系

和谐的师生关系是师生双方坦诚相对、彼此关怀、互相尊重，适应对方的需求。在教学团队中建立和谐的师生关系需要师生双方乃至学校、家庭、社会的共同努力。教师要以博爱的胸怀平等对待每个学生，使教师与不同学生群体之间的冲突得以消除；学生要尊师重教，给予每一位老师充分的尊重和理解，建立友好的师生关系；学校要改革评价体系，建立师生冲突的平衡机制和公开、公平、公正的奖惩制度，为师生关系的和谐发展提供良好的学校环境。学校各部门要努力减少学科间差异，加大教育均衡化的力度。只有多方合作，共同努力才能实现师生关系的和谐发展。

结　语

高校法学教学团队是全面提升法学教学质量的有效组织形

---

① 杜晓菁、刘亮：《关于高校教师绩效评价体系的几点思考》，载《重庆邮电大学学报》2008 年第 6 期。

式，然而在实践中，法学教学团队的构建与应用还存在诸多问题，这也引导我们从多个方面对其进行深入的研究与探讨，以促进法学教学团队的可持续发展，促进高校法学实践教学质量的不断提升。只要政策制定者统筹规划、加大支持，团队成员团结协作、共同推进，就能把法学教学团队真正建设成为教学改革中的一个具有示范作用和实践价值的亮点工程。

式知识的传授为主、教师主导、学生为辅的教学范式。老师在课堂上以主宰者的身份处于支配地位，学生们被动接受，往往出现老师提问学生们回答不上来或者考试不及格的现象。以民法为例，民法为在现实生活中应用性很强的实体法，在民法课程的讲授中，仅仅讲授民法的某些原则性的内容，不仅学生们听不懂，甚至会影响学生们学习的兴趣。有效的教学范式在于学生对知识的理解、运用和反思，学生才是教学的核心与主体之所在。传统教学范式的弊端在于忽视学生的主体地位与能动性，不利于学生对知识的理解和运用。

传统法学类课程教学范式的特点主要有：一是教师是教学活动的主体，教学目标、教学过程的设计都由教师安排。二是学生以接受法学理论为主，对法学实践活动的参与较少。师生进行交流时，大多是单向的，双向交流并不占主导地位，难以调动学生学习的主动性。三是对法学教学资源的要求相对简单，通常是具备书本、黑板、粉笔、纸张等即可，现代化多媒体教学方式并未充分利用。四是学习过程相对封闭、保守和紧张，学生、教师所接受和讲授的知识均超不出书本范围，知识面过于狭窄。① 这种传统教学方式无法彰显法学课程理论与实践相结合的魅力。

（二）法学类课程传统教学范式存在的问题

法学教育的目的在于传授法学的系统知识，对学生进行法学方法的训练，重点是法律适用方法的训练，培养学生分析矛盾和解决矛盾的能力。尽管经过几十年的发展，我国法学教育已经取得了令人瞩目的成绩，但不可否认的是，我国法学教育仍然存在不少问题，主要包括以下几个方面：

一是教学方法单一。"教学方法是在教学过程中，教师和学生为实现教学目标、完成教学任务而采取的教与学相互的活动方

---

① 胡雁：《从客观到建构：高校课堂教学范式及其变革研究》，湖南大学教育科学研究院 2007 年硕士学位论文。

式的总称。"① 传统上，法学教学主要采用讲授法，以教师的课堂讲授为核心，辅之以问题解答、阅读辅导、论文写作指导等，"教师讲什么，学生听什么，并以是否全盘接受课堂书本知识作为衡量学生学习水平的主要标准"②，而很少采用案例教学方法、辩论式教学方法、诊所式教学方法等现代化教学方法。这导致许多法学毕业生的实践能力较差，很难在毕业初期直接胜任相应的法律职业，也难以独立地处理各种法律案件或者法律业务。这也就印证了某些法律界人士所说的"一个大学法律本科或研究生连一纸诉状都不会写"的尴尬局面。

二是课程设置有诸多不科学之处。就法律课程而言，我国的法学教育根据"宽口径、厚基础"的要求，在本科教育中统一设置为一个法学专业，不再设置更细的法学专业。与此相适应，我国法学教育的课程设置也确立了法理学、民法、诉讼法等16门核心课程。同时按照不同的要求，设置了基础课程、选修课程和法律实务课程。但是在法律专业基础知识之外，普通高等学校究竟还应该为法科学生讲授哪些知识，不仅在理论上存在较大争议，而且在实践中也是五花八门，极不统一。近年来，随着统一司法考试制度的推行，不少学校甚至以司法考试作为法学教育的指挥棒，不断压缩法理学、法制史等基础理论课程的门数、课时量，而增加部门法的数量。同时，有的高等院校还存在有些重要课程没有设置、有些课程设置的顺序不科学等问题。

三是授课内容不全面。受成文法系教育传统的影响，我国目前的法学教育仍然以应然教育为主，老师在课堂上偏重法学理论的传授，反映教师的理论兴趣和学术素养的内容较多，而对法律规范层面的分析和法学实践的关注度不够，进而忽视了这些法律制度的价值目标、社会背景、历史渊源及相应的法律解释；偏重

---

① 李剑萍、魏薇主编：《教育学导论》，人民出版社2006年版，第226页。
② 郭成伟主编：《法学教育的现状与未来》，中国法制出版社2000年版，第55页。

对外国法律规范的介绍和对中国法律的批评，而对中国法律规范在法律实践中的具体适用则重视不够，这样的教学内容远远达不到培养学生法律知识的程度。

四是填鸭式教学之遗风未彻底根除，启发式教学运用得不够。填鸭式的教学方式中学生们习惯于"听"、"记"，老师则习惯"讲"。老师在教学过程中占据中心与指挥的地位，老师按照事先准备好的教学方案，把知识传授给学生，学生则像一个大容器一样被动地把知识全部记在笔记本上，从而形成"我听，我忘记；我看，有印象"的恶性循环。

五是考试题目以机械题为主，欠缺对学生分析问题和解决问题能力的考察。考试是课堂教学的继续和延伸，是考查和测试教与学的效果的重要手段和方式。在教学考试方面，为了达到其最佳效果，充分实现考试的目的，必须改变目前闭卷考试中以机械题为主的考法，因为它欠缺对学生分析问题和解决问题能力的考察。应将笔试与口试相结合，闭卷与开卷相结合。可以将案例教学中学生分析案例、讨论案例所表现出的分析和解决法律问题的能力及答案结果作为法学课程的正式成绩按一定比例列入最后的考试总成绩。①

三、法学类课程教学范式改革的探索与实践

为实现法律在社会中的广泛传播与规范力，实现人人守法、人人懂法并恰当运用法律维护自我权益，实现依法办事，最终实现法律改革和依法治国，高等法学教育应大力培养大多数法学应用型实务人才。② 同时，为实现法律理论的进一步研究，高等法学教育还应以培养少数法学研究型理论人才为目标。而为适应法

---

① 赵旭东、郭宏彬：《论我国法学课程教学法的改革与完善》，载《中国法学教育研究》2006 年第 1 期。

② 马幸荣、刘国胜：《法学专业实践教学改革探索与实践》，载《伊犁师范学院学报》（社会科学版）2009 年第 1 期。

学教育的目标，法学类课程教学方法必须做出与此相适应的改善。笔者认为，法学教学范式改革需要全新的教学理念以及与之相应的教学方式和手段，并形成鲜明的课程特色，以期收到良好的教学效果。

（一）法学类课程教学范式的改革目标

针对现行的法学教育培养出来的人才专业知识结构陈旧、实践操作能力弱，与人才市场对法学人才的要求严重脱节的问题，现代法学类课程应该注重培养大多数的法学应用型实务人才和少数的法学研究型理论人才。具体来讲，应以培养实践型、复合型、自主型高级法律人才为核心，并着重培养学生善于发现问题、分析问题和解决问题的能力。不论是考虑到法律的实践及运用，还是从法学理论的继续性研究来看，法学类教学范式都需要从法律人培养模式上做出相应的改善，彰显法学教育的社会魅力与影响力。

从法学类课程教学目标的角度来看，既要重视学生的法学专业知识的学习，更要突出对学生法律实践能力的培养，探究式、实践型的自主学习模式应当成为当代法学类课程的主导教学模式。即在讲授法律基本概念、基本原理和条文的基础上，应该适当增加一些诸如法学学术前沿性的问题研究和法律实务能力训练的比重，继而充分调动学生主动学习和思考的积极性和体现教师的引导地位，提高教学效果。

（二）课程体系和教学内容的改革

1. 完善课程体系

课程体系是一个担负特定功能，具有特定结构、开放性的知识组合系统。它不仅要使所包含的课程形成相互联系的统一整体，而且必须充分体现培养目标和专业规格，适应社会经济发展的需求。① 目前法学本科开设的法学课程以教育部规定的 14 门核心课程为主，在此基础上增加了一些专业选修课和公共选修

---

① 姚天冲等：《法学本科教学改革探析》，载《全球教育月刊》2006 年第 4 期。

课。这一课程体系的设计虽然具有一定的合理性，但在笔者看来，仍需要从以下几个方面予以完善：一是增加对学生法律思维训练的课程。如逻辑学、法学方法论等。以通过专门的课程教学，集中讲授法学的研究方法和法律解释、适用的方法等来系统地培养学生的法律思维能力。二是增加与法律相关的其他学科的课程，如经济学、社会学、心理学等，因为"法律现在公认是控制社会的工具，以致人必须对社会有所理解才能理解、批评，以及改善法律。"① 增加这方面的课程，可以拓宽学生的知识面，增加学生人文学、社会学、经济学等方面的素养，以更好地认识法律、适用法律。三是增加法律职业伦理方面的课程。一个合格的法律人才不仅需要有知识，有能力，更要有理想，有职业道德。因为不具有司法伦理的法官、检察官和律师是很危险的，就如同守仓库的盗贼。而一个人的伦理水平需要经过训练才能达到一定的要求。因此，在法学本科教育阶段加强对学生法律职业伦理道德的培养是必要的也是必须的。理想的专业教育就是将人文学养与智能技能合二为一的教育。

2. 更新教学内容，注重教学内容与实践的联系

笔者认为，法学类课程的教学内容应当注重三个层次：

一是对法律理论的深刻阐释。法律的理论性与实践性的双层特性决定了法学教育不可能更不应该抛弃法学理论教育。法学理论是法学实践的向导，要培养一个合格的法律人，只有当其具备深厚的法学理论素养，才能够提高其对具体法律问题的洞察力和理解力。② 正如目前业界所推崇的学术型的法官和律师就是一个很好的例证。因此，法学教学内容中对法律理论的传授是不可缺少的环节。

---

① Richard A. Posner, Essays Commemorating the One Hundredth Anniversary of the Harvard Law Review: The Decline of Law as an Autonomous Discipline: 1962 – 1987, 100 HARV. L. REV. 761, 763 (1987).

② 纪智媛：《新时期法学教学改革思路》，载《长春教育学院学报》2013 年第 2 期。

二是对于法律规范的分析与探讨。分析与探讨不仅包括法律规范的内容是什么、为什么如此规定，而且应当包括法律规范在实践中的运用及其评价，从而培养学生能够用中国的法律来解决中国的司法问题，而不是只会用外国的法律来批评中国的法律制度。

三是关注法的实践。一方面，教学内容应当密切结合司法实践，而不能只是纸上谈兵。另一方面，教师应当引导学生多关注司法实践，多研读司法判例，逐渐培养学生从实践中发现问题、分析问题、解决问题的能力。

3. 从重理论到重法律的适用

传统法学教育的弊端之一是重视法学理论，而忽略法律的适用。法学是实践型的社会学科，法律的适用应当成为法学课堂教育的重点。所以在讲授基本概念、基本原理和学术前沿性问题的基础上大力增加法律实务能力训练的比重。为此，法学课堂一方面要加强对现行法律规范的分析。这种分析包括三个方面：（1）法律规范的内容是什么？（2）为什么如此规定？（3）在实践中如何运用？法学院培养的学生必须能够用中国的法律解决中国的问题，而不是只会用外国的法律批评中国的制度。另一方面，则应当加强专业实习基地和模拟法庭的建设，以在实践中落实法律适用的教学，在实践能力培养方面形成自己的培养模式和特色。

（三）教学形式和教学手段的改革

1. 改革课堂教学形式

课堂教学应当由以教师为中心转为以学生为中心。教师应当采取"启发式"的教学方法，围绕调动学生的学习积极性展开教学，要充分调动学生的积极性、主动性、激发学生积极思考，促使学生开动脑筋分析问题、解决问题，融会贯通地学习知识并发展智力。教师应当将课堂交给学生，充分挖掘学生分析问题和解决问题的能力，培养学生的法律思辨能力，达到学思结合的教学效果。

在具体的教学方法上，那种传统的填鸭式的讲授模式我们是不赞成的，诸如问题式、讨论式、辩论式、案例分析等灵活的课堂教学方式，则值得肯定和推广。此外，课堂教学还应当增加学生与教师、学生与学生（含低年级与高年级）之间的互动，以打破传统课堂教学的局限。

2. 加强实践教学环节

注重法学教育的实践工作，可以充分利用学院的实践基地，采取增加学生的实习时间、诊所式教学以及邀请法院来校开庭、邀请实务部门的人士来校讲座等方式，以加强学生与实践的联系。使学生在法庭实践操作中，加深对法学理论知识的理解，并提高学生分析和解决实际问题的能力。此外，还可以采取模拟法庭的教学方式。模拟法庭是介于理论教学与社会实践之间的一种重要的实践教学手段。即以实践中的真实案例为基本素材，在课堂上模拟相关情形，由学生在教师的指导下加以操作解决、分析，以提高学生的实践操作能力。但需要注意的是，实践教学的主要目的并非让学生学习办案技巧，而在于增强学生对所学理论的理解和应用，尽量拓宽其思维领域，培养其自觉运用所学知识解决问题的意识和能力，教师应当增加这方面的意识，从而对学生适当地予以引导。

3. 充分利用现代化教学手段

在现代社会，网络教学为法律专业课提供了新载体，拓展了新空间。其不仅丰富了法学教育的教学内容，加大了法学专业课的信息内容，便利了教与学联系的互动性，还提高了法学教育教学资源的利用率，充分激发法律专业课教师的创新意识。因此，法学教育要充分利用网络开展教学活动。具体包括开设网络课堂，为学生提供自主学习的空间；开设法律博客，以便及时掌握法学界的研究现状，并加强教师与学生的互动；通过网络开展案例教学等。

4. 重视学生课堂外的学习环节

课堂外的教学应当以自主探究式教学模式为核心。即将学生分成若干学习小组，通过课下小组阅读、案例讨论、专题讨论等活动，激发学生学习热情，促使学生积极主动地探究问题，以问促学。例如，在教学中通过新闻报道、电影等，让学生发现其中存在的法律问题并积极思考，带着问题在课下研讨，在课堂上与同学探讨、辩论，通过动手、动脑、动口的实践主动寻求问题的解答。而教师则以旁观者的姿态，起着启发、诱导作用，必要时给予一定的解惑。这种教学方法可以激发学生主动学习，使学生对法律问题理解得更深入，眼界更开阔。

（四）课程考核形式及评价指标的改革

课程考核应当转变以前"期末考试成绩"一锤定音的评价模式，应转而注重对学生学习过程的评价。这主要表现在三个方面：

一是在考核形式上，要多样化、注重灵活性。除了闭卷考试之外，还可以采取根据不同课程的性质特点，灵活运用撰写课程论文、口试、小组项目设计、社会实践与调查报告、动手操作等多种考试形式。即使闭卷考试，在题型的设计上也要多样化。

二是在考核内容上，要减少死记硬背的内容，突出对学生发现问题、分析问题、解决问题的能力的考核。

三是在评价指标的设计上，应当加大学习过程在期末考试成绩中所占的比重。平时成绩可以占到 30% ~ 50%，根据学生的课下讨论的数量、质量以及案例分析报告的质量等评定成绩，以充分体现出对学生学习过程的考核。

优化法学专业课程体系的总体思路

王岩云[*]

目前教学范式改革讨论中，主要集中于课堂教学模式的变革、尝试综合运用多种教学方法等。案例教学、诊所式教学、多媒体教学等被提及的频率都很高。另外一个即课程体系建设的讨论显得相对不足，既有的讨论也主要集中于某一课程的内容设置的优化和重组，而对于全局性的课程布局统筹安排方案讨论似乎不足。法学教学范式改革需要"顶层设计"，而在这一"顶层设计"中，法学课程体系优化应居于突出的位置。具体而言，可以从变革课程体系、调整必修课、增设选修课、细化传统课等方面着手。

一、夯实基础拓宽口径并重，变革课程体系

教育部、中央政法委员会《关于实施卓越法律人才教育培养计划的若干意见》（教高〔2011〕10号）提出的总体目标是"培养造就一批信念执著、品德优良、知识丰富、本领过硬的高素质法律人才"。同时该意见在任务还提出了"分类培养卓越法律人才"，具体而言，包括：（1）培养应用型、复合型法律职业人才，是实施卓越法律人才教育培养计划的重点；（2）把培养涉外法律人才作为培养应用型、复合型法律职业人才的突破口；（3）把培养西部基层法律人才作为培养应用型、复合型法律职业人才的着力点。总之，"应用型复合型法律职业人才"已被作为一项任务确立下来。法律人才目标要求法律人才培养者在教学活动中对施教对象要注意夯实基础和拓宽口径。人才培养目标必

---

* 王岩云，法学博士，河北经贸大学法学院教师。

然体现于法学专业课程体系的设置。现实中各学校在法学课程体系建设方面，多以教育主管部门的文件为依据来进行。

1998 年教育部高教司编写出版的《全国高等学校法学专业核心课程教学基本要求》将法理学、中国法制史、宪法、行政法与行政诉讼法、刑法、刑事诉讼法、民法、知识产权法、商法、经济法、民事诉讼法、国际法、国际私法、国际经济法 14 门课程列为法学专业的"核心课程"，并对这 14 门"核心课程"教学的基本知识点、基础理念和基本应用作了明确要求。2007 年，教育部高等学校法学学科教学指导委员会全体委员会议上在原来的 14 门核心课程之外，又新增了两门（环境法与资源保护法、劳动法与社会保障法），从而使法学专业的核心课程发展为 16 门。2009 年，教育部高校法学学科教学指导委员会主任委员、中国法学会法学教育研究会会长联席会议通过了《关于法学院校加强社会主义法治理念教育的指导意见》，提出在全国高校法学院系开设社会主义法治理念专题课程。2009 年 9 月 4 日，中组部、中宣部、中央政法委、教育部联合下发《关于认真学习〈社会主义法治理念读本〉的通知》，由此"社会主义法治理念专题"以必修课的地位基本上得以确立。

对于夯实基础和拓宽口径应做正确的理解。所谓的夯实基础和拓宽口径对于课程设置而言，既包括通识类课程，也包括专业类课程，但重心应在专业课程建设。夯实基础重点应在于夯实专业基础，拓宽口径应重点在于拓宽法学专业的口径。许多高校因外语、体育、计算机、马列等公共必修课占据了太多的课时和学分，甚至在大学一年级除安排法理学、刑法、民法个别法学专业课程外，基本上是非专业的公共课占据半数甚至 2/3 以上课时，以致相关专业教学资源无法充分发挥。对于非专业课程挤占专业教育资源的现象，实践中一些高校的管理者和领导也有一定的认识，然而碍于高校师资结构的现状而难以改变。比如，一些高校由于历史原因有着一支充裕富足的公共课师资队伍，而这些公共课的师资人员要生存，因而必须为其安排课时。对此，高等学校和教育主管部门应从社会对人才的需求以及人才成长和发展自身的需要出发，作出变革性的措施。比如，对于非专业的课程，可更多地采用考核制方式来进行。而对于师资结构的不平衡或不合理，应通过师资队伍培训来推进其转型。

同时，适应社会发展的需要，法学专业必修课和法学专业课程体系应该是随着社会发展而不断发展的。当既有的课程设置并不能完全适应社会发展对法学专业人才培养的需要时，就应适时作出调整。同时教育部的文件应是"软法"性的，而不是"硬法"性的，各地方各学校可以根据本地对人才的需求和本校的专业发展作出更能满足地方人才需求、更具特色和更为合理的课程设置。

二、立足能力培养和素质教育，调整必修课

所谓必修课，通常视为某一专业的标志，即某个专业的毕业生必须学习的课程。对于必修课，有时表述为"主干课程"或"核心课程"。目前多数学校是根据教育部规定的"核心课程"设置必修课。开阔的理论视野和完备的素养是法律人的必备素质。就目前而言，法学专业人员具备基本的逻辑思维能力、一定的经济学知识、信息素养和写作能力都是时代的基本要求。作为基本要求，应体现于课程体系建设中。具体而言，在调整必修课时，应该将法经济学、法律逻辑学、法律信息检索和法律写作指导作为必修课。

将法经济学作为法学专业必修课，在于其"融法学与经济学两大学科知识于一炉，具有突出的应用性和鲜明的时代特色"。而系统学习法经济学，"有助于提高学生专业学习能力和综合素质，开拓分析视野、丰富研究方法，促进法学与经济学学术发展，并在最终意义上，有助于培养面向未来的应用型、复合型人才"①。从现实来看，法学专业学生对法经济学也很青睐，

---

① 冯玉军主编：《法经济学》，中国人民大学出版社 2013 年版，第 30 页。

将其作为必修课的受众条件已具备。以笔者所在学院为例，2011级 4 个班共有学生 160 人，选修法经济学课程的学生达 129 人，已逼近必修课人数。在法经济学作为必修课时，应注意立足法学专业的主体性，不是要迎合和满足"经济学帝国主义"扩张的需要，以"经济学"来"改造"、"解构"法学，而是要为法学专业人士配备"经济学"装备。当前流行的教科书和著作大多是数学公式和模型充斥的立足经济学的或"写给经济学人"或"经济学人看得懂"而法律人看上去似懂非懂（其实多数人搞不懂）的法经济学，因此应着重编写让法学专业的学生愿意看、看得懂的"写给法律人的法经济学"。

开设法律信息检索课程并作为必修课，旨在"培养法学专业学生的信息素质能力和研究能力，培养查找法律信息的方法，驾驭、运用法律信息的能力，掌握综合应用文献信息的知识和方法"。"这不仅是对专业人员的实践性训练，也是一种研究思维的训练。"[1] 随着科学技术的不断发展和法律信息资源的日益丰富，法律信息检索的方法和技巧训练日益凸显，在法学教育和法律人才培养中增设法律信息检索的内容顺势提上了日程。这不仅可以提升学生的法律信息素养，而且可以为自主学习和独立思考奠定基础。

对于法律写作指导课，可考虑分别在大学一年级和大学三年级开设"法学文献阅读与写作导论"、"学术规范与法学论文写作指导"。其中，前者旨在培养学生的法律思维、良好的阅读习惯，以及对知识的吸收、消化、整合和提升能力，并对法学专业写作的初步引导；后者则旨在让学生掌握基本的学术规范，提升学生专业叙述与论证和理论表达的能力。

将法律逻辑学作为法学专业的必修课，完全是基于法律工作和法律职业人的特殊性。法律问题的复杂性和法律工作的严肃性都要求法律职业人应当具备严谨缜密的推理能力，并且随时随地

---

[1]　于丽英：《法律文献检索》（第 2 版），北京大学出版社 2013 年版。

都应注意推理的逻辑性。为了提高法学专业学生和法律实践工作者运用法律逻辑解决实际问题的能力，有必要将法律逻辑学作为法学专业的基础课和必修课，放在大一或大二开设。现在一些法学院系的课程设置中，法律逻辑学仅仅是可有可无的选修课，一些作为选修课也因安排在大四阶段而因学生的学分已修满又临近毕业而基本处于"休克"状态，有的甚至连选修课的资格都没有。这是不合时宜的。

三、放眼实践热点和学术前沿，增设选修课

与社会实践热点相关和处于学术前沿的法律领域，不仅对于培养学生的学习兴趣至关重要，而且也是法学满足社会需求的富矿区域。

首先，应考虑开设立法学、司法学、法律语言学、法学经典导读、人权法等延伸性的理论型课程。科学完善的立法系统是建设现代法治的重要保障。立法学课程旨在对各种立法活动及其规律进行科学的说明，主要内容是对立法原理、立法制度、立法过程和立法技术等立法学的基本内容进行全面、详细的论述，① 从而使学生对立法学的基本知识和基本概念有较为系统的了解。司法学课程则立足讲授司法原理、司法制度、司法主体、司法客体、司法行为、司法技能等司法领域的基本问题。使学生对司法和司法的功能有较为深入的认知。法学经典导读在于培育学生对高级智慧的追寻，克服知识学习上的"快餐"主义和消费主义倾向。"毋庸置疑，作为集法学文化大成与法制兴衰得失的法学经典名著，始终居于横跨数千年历史跨度的法律思想史的核心。"② 推行法学经典阅读，就是有助于让学生学会一种认真而平实的态度，对待所面临的繁复多样的现代法学知识资源，也有

---

① 朱力宇、张曙光主编：《立法学》，中国人民大学出版社 2009 年版。

② 杨力：《法律思维与法学经典阅读》，上海交通大学出版社、北京大学出版社 2012 年版，第 13 页。

助于让学生学会如何"语境化"地体认和领悟经典法学著作就某一问题所阐释的观点，从而学习如何思考和分析问题。

其次，应考虑开设科技法、网络法、信息法、电子商务法、电子政务法、安全法学等前沿性课程。当人类跨入 21 世纪，面对如火如荼发展的科学技术，法治必须与时俱进。响应科技进步的呼唤，促进科技进步是法制的时代使命。在此背景下，科技法律体系日渐丰满，许多科学法律问题，仅仅依凭传统的法律体系、法律部门、法学课程已难以诠释其全貌，也难以揭示其真谛。相对专业的研究领域逐渐形成。认真总结和学习关于科技法的理论问题，对于准确认识和把握科技发展规律，制定能够更好地促进科学技术的发展且兼具合理性、可操作性和科学性的法律和政策，无疑是十分必要的。

再次，应考虑开设模拟法庭、律师实务、法律诊所、法律文书写作、法律职业形象设计、房地产法律实务、证据法律实务、税收法律实务、商标法律实务、国际投资法律实务、国际贸易法律实务、英美合同法律实务等实践性课程。[1] 以模拟法庭为例，该课程的重点在庭审，"以法庭为核心，围绕案件开庭使学生了解和掌握法官、检察官、律师在法庭上的功能和作用"，"侧重于培养学生掌握法官驾驭庭审的能力、检察官出庭支持公诉的能力以及律师举证质证和辩论的能力"。[2] 也可以考虑构建法律实践专训的形式（涵盖立法实务专训、审判实务专训、检察实务专训、公证实务专训、执法实务专训、律师实务专训、法律顾问实务专训、开放创新专训），推进实践性教学活动的展开，适应多元化法律职业需求，提高学生的实践能力和应用法律的综合素质。[3]

---

[1] 李仁玉、张龙：《实践型法律人才的培养探索》，载《当代法学》2008 年第 3 期。

[2] 王竹青、王雪薇：《论实务型法律人才的培养体系》，载《中国大学教学》2013 年第 3 期。

[3] 张杨：《创新与重构：卓越法律人才培养模式研究》，载《现代教育管理》2013 年第 6 期。

此外，可考虑食品安全法、消费者权益保护法、新闻法学、人权法、青少年法等时代性课程；并可在低年级开设名案赏析、法律电影赏析等课程，以开阔学生的社会视野，培养和提升学生的专业兴趣。

四、强化专业方向建设，细化传统课程配置

法学专业学生有不同的人生规划和个人兴趣，并且在毕业后有不同的去向。现在实行大一统的"法学"专业，但这不妨碍在专业之下设置方向。根据需要设立不同的专业方向，是法学专业发展的内在要求。设置专业方向的目的是满足社会和学生的多样化的需求。而要真正实现设置专业方向的目的，就必须强化专业方向的建设，细化传统的法学专业课程配置，[①] 这就要求适当压缩非专业方向或者与专业方向联系不密切的课程的课时，而扩充专业方向课程的课时。在课时允许的情况下，可以考虑以细化基础上，开设 1~2 学分的小学分课程。

在法理学板块，考虑增加法社会学、法政治学、比较法学、法律与文学、法学与媒介、法学与公共政策、普通法概论、英美法导论、法学方法论、法律思维导论、法学主要流派与思潮等课程。

在宪法和行政法板块，可考虑开设外国宪法、外国行政法、国家赔偿法、行政救济法学等课程。

在民法学板块可考虑分设人身权法、物权法、合同法、侵权责任法、担保法原理与实务等课程，并增加外国民商法、英美契约法等课程。

在商法板块，除了商法总论或者商法原理课程外，可考虑分设保险法学、证券法学、票据法原理与实务、破产法理论与实务、国际商法。

---

① 本文对于课程体系设置的设想参阅了北京大学、吉林大学、中国人民大学、武汉大学等高校法学专业的课程设置或培养方案。

对于知识产权法学，可在通论性课程之外分设版权法、商标法、专利法、国际知识产权法，另可增加知识产权法哲学、知识产权法经济学、知识产权战略、知识产权实务等课程。

在经济法板块应考虑增加竞争法、财政税收法、会计法与审计法、金融法（或银行法）、国际金融法、食品安全法、消费者权益保护法、规划和产业法、会展法律建设与实例等课程。

在刑事法律板块，除了传统的刑法学（有时以刑法总论和刑法分论形式呈现）和刑事诉讼法学之外，可以考虑开设比较刑法、刑事侦查学、刑事政策学、刑事执行学、刑事证据学、犯罪学、犯罪心理学等课程。

在司法理论板块，可考虑开设中国司法制度、外国司法制度①、司法口才、司法文书、司法鉴定学（或司法鉴定概论）、司法职业道德与法律职业伦理、律师法学、公证法学等课程。

在国际法板块应考虑增加国际投资法、国际海洋法、世界贸易组织法、国际诉讼与仲裁法、国际人权和人道法、国际税法、国际刑法、国际关系与国际法、国际经典案例赏析、国际贸易理论与实务、国际商务谈判、外贸单证实务等课程。

当然，上述优化课程体系的设想，没有必要完全一步到位，需根据实际情况，有前瞻性地逐步推进。并且，笔者认为，应该开设更多更加专业、更加细致的课程，这样不仅可以让学生深入学习法学知识的主干，而且如果愿意也可以进入法学知识的细枝末节。总之，顺应多元化的社会需求和个性化的学生成长需求，法学专业在课程设置上应给学生更多选择课程的机会。在既有的师资力量达不到的情况下，还可采用外聘教师和慕课等方式。

---

① 由厦门大学出版社出版的"厦门大学法学院诉讼法学系列"丛书中的《英国司法制度》、《美国司法制度》、《德国司法制度》以及"厦门大学司法制度研究丛书"中的《美国民事司法制度》、《英国民事司法制度》等都可作为教学参考书。

法理学教学中应当重视的几个问题

田宝会　杨旭静[*]

法理学教学中重点内容和问题不胜枚举。但我们认为，法的国家强制性与正当性、法律体系概念界定、法律关系产生变更消灭、守法内涵和法的生成五个问题在法理学教学中值得高度重视。

一、法的国家强制性之正确解读

（一）法的国家强制性的含义

从社会规范的实施来看，习惯、道德、宗教等社会规范都是主要依靠着人们的自觉遵守来得以实施和发挥作用的；只有法是以国家强制力为最终的保证来得以实施和发挥作用的。人们不遵守习惯、道德和宗教规范，国家不会对人们动用军队、警察、法庭等国家强制力，迫使人们去遵守；但是，如果某人不遵守法规范或者公然违反法规范，国家就会依法对其动用国家强制力，强迫其遵守法规范，以此保障法规范的实施。这也是任何正常的人都能观察和感知得到的。既然在所有社会规范中，只有法是最终依靠国家强制力——由国家专门机关依照法定程序运用军队、警察、法庭、监狱等国家暴力——来保证实施和发挥作用的；那么，我们就完全可以说，法具有国家强制的属性，简称法的国家强制性。这是法律在实施方式上区别于其他社会规范的一大特征。

---

* 田宝会，河北经贸大学法学院教授；杨旭静，河北经贸大学 2013 级法理学专业硕士研究生。

当然，其他社会规范在实施上也都需要一定的强制力，因而也都具有一定的强制性。但是，其他社会规范只具有一般的强制性，因为它们是依靠一般强制力而非国家强制力保证实施的。例如，习惯规范主要依靠传统力量的强制保证实施，道德规范主要依靠良心和社会舆论的谴责保证实施，宗教规范主要依靠精神力量的强制保证实施。因此，其他社会规范不具有国家强制性。

（二）必须正确理解法的国家强制性

1. 法的实施需要国家强制力作后盾

国家强制力是指国家的军队、警察、法庭、监狱等有组织的国家暴力。法的实施需要由国家强制力作后盾，是因为法代表着国家意志和社会正义，没有国家强制力作后盾，就不能战胜违反国家意志和社会正义的邪恶势力，不能有力地维护社会秩序和社会正义，不能形成稳定的法秩序。

2. 法的国家强制性绝不等于纯粹的国家暴力

法具有国家强制性，法由国家强制力保证实施，仅仅是从最终意义上而言的，即法的实施以国家强制力为最后的保障，而绝非意味着法的实施时时刻刻离不开国家强制力，时刻需要军队、警察、法庭、监狱等国家暴力来保证实施的法也绝非正义的法。不仅如此，而且即使到了法需要由国家强制力来保证实施的最后时刻，也不是可以由任何国家机关和个人任意动用国家强制力的，而是必须由专门的国家机关依照法定程序来运用军队、警察、法庭、监狱等国家暴力的。此外，最终动用国家强制力，由国家专门机关依照法定程序运用军队、警察、法庭、监狱等国家暴力来保证法的实施，也完全是为了实现国家秩序和社会正义，绝不是为了一党一派一己之私利。正因如此，法的国家强制性绝不等于纯粹的国家暴力，更不等于强盗们赤裸裸的暴力；国家不同于强盗，法也不同于强盗的命令。这是正确理解法的国家强制性必须要注意的。

3. 国家强制力不是法实施的唯一保障力量

法的实施从来不是只依靠国家强制力。道德、宗教、经济、文化、舆论等因素都是法实施的重要保障；一切善良、正义之法都需要也必然会符合或适应道德、宗教、经济、文化、舆论等方面的发展水平和趋势。正因如此，在现代民主社会，已经也必然会出现法的国家强制性日益弱化的趋势，法的正当性越来越会成为法实施的主要保障力量，人们自觉遵守正当之法越来越会成为法实施的主要方式。在社会主义社会，法的实施更应该以其正当性为主要保障力量，人们自觉遵守正当之法更应该成为法实施的主要方式和常态。

4. 法的国家强制性与正当性的关系

首先，法的国家强制性以法的正当性为前提条件，没有法的正当性，法的国家强制性就会失去基础和根据，成为无本之木无源之水。法的正当性决定法的国家强制性的性质和方向，失去正当性的国家强制就会导致法西斯暴政。法的国家强制性必须具有形式正义和实质正义的正当属性，不能超越正当性的限度。

其次，法的正当性的实现也需要以国家强制力为最终的保障。离开国家强制力的最终保障，法的正当性就不可能全面而充分地得以实现。

二、法律体系的概念界定：纵横统一说

迄今为止，中国法学界的通说认为，法律体系是指由一国现行的全部法律规范按照不同的法律部门分类组合而形成的一个呈体系化的有机联系的统一整体。① 法律体系的基本构件是法律部门，所有的法律部门组成法律体系。所以，把法律体系称作部门法体系。

笔者认为，这种说法有一定道理，正确指出了构成法律体系的要素和内容。但是，问题是：一国全部现行法律规范分类组合成的一个个法律部门是如何组成法律体系的？是只按照一定的逻辑自行构成一个有机体的吗？如果不是自成一体，那么构成法律

---

① 张文显：《法理学》，高等教育出版社 2003 年版，第 98 页。

体系的力来自于法律自身内部还是外部？

我们认为，法律体系是一个从内容到形式的纵横交叉的统一体。法律体系既是一个法律部门体系，更是一个法律效力等级体系，而且主要是由法律规范按照其效力等级形成的体系。离开了效力等级或位阶的支撑和约束，一国全部现行法律规范是不可能构成一个有机整体的。所以，法律体系是一国全部现行法律规范按照各自所属法律部门和效力位阶的不同组合而成的一个有机体，而且主要是一个法律规范的效力等级体系。

2011年3月10日，全国人大常委会委员长吴邦国在第十一届全国人民代表大会第四次会议上宣布，到2010年年底，一个立足中国国情和实际、适应改革开放和社会主义现代化建设需要、集中体现党和人民意志的，以宪法为统帅，以宪法相关法、民法商法等多个法律部门为主干，由法律、行政法规、地方性法规等多个层次的法律规范构成的中国特色社会主义法律体系已经形成，党的十五大提出，到2010年形成中国特色社会主义法律体系的立法工作目标如期完成。对中国特色社会主义法律体系的这一解释，就蕴含着对法律体系是一个从内容到形式的纵横交叉的统一体的解读。

三、法律关系的发生、变更和消灭问题

（一）法律关系的发生、变更和消灭的概念

何谓法律关系的发生、变更和消灭，各种法理学教材有不同的表述。徐显明主编的《法理学教程》的表述是：法律关系的发生，指因某种事实的存在，使人们之间为了利益的实现而形成了权利与义务关系。如订立合同的行为使法人之间产生了相互的权利与义务的约定；又如收养行为使养父母与养子女之间发生了权利与义务关系。法律关系的变更，指某种事实存在而使原有的法律关系的主体、客体乃至权利与义务发生变更。如债权债务的转让行为，使权利与义务主体发生了改变，引起债的法律关系变更。法律关系的消灭，是指原有的法律关系中的权利和义务消失

和终止，不再对法律关系主体具有法律效力。如清偿债务，债的法律关系即告消灭。沈宗灵主编的《法学基础理论》则认为，法律关系的发生，是指在法律关系主体之间所形成的权利义务关系。法律关系的变更包括权利主体的改变，即权利从这一主体转移到另一主体、权利客体的改变和法律关系内容的改变；法律关系的消灭，是指主体之间的权利和义务的终止。

我们认为，上述两种表述都不十分通顺、准确。因为既然法律关系是在法律规范调整社会关系的过程中形成的人们之间的权利和义务关系，即人们根据法律规定结成的特定的权利和义务关系，是经法律规范调整的一定社会关系的特殊形式；所以法律关系的发生就是指人们之间权利和义务关系的产生或形成。因此，把法律关系的发生说成是"人们之间形成了权利与义务关系"就显得不通顺，而把法律关系的发生说成是"在法律关系主体之间所形成的权利义务关系"就更不准确了；因为法律关系发生前是不存在法律关系主体的，法律关系主体只能存在于法律关系之中；"在法律关系主体之间所形成的权利义务关系"这句话是讲不通的，在法律关系主体之间不会形成什么"权利义务关系"，只能是存在着什么"权利义务关系"；而法律关系主体之间存在的权利义务关系不是法律关系的发生或别的什么，正是法律关系本身。同理，说"法律关系的消灭，是指原有的法律关系中的权利和义务消失和终止，不再对法律关系主体具有法律效力"，也是不太通顺的，"不再对法律关系主体具有法律效力"显属画蛇添足之语；因为法律关系中的权利和义务消失和终止必然引起法律关系主体的消失，绝不会存在没有权利义务的法律关系主体，因而也就谈不上"不再对法律关系主体具有法律效力"。而"法律关系的消灭，是指主体之间的权利和义务的终止"的说法也是不具体、不准确的。

综上所述，法律关系的发生、变更和消灭的准确表述应当是：法律关系发生是指人们之间权利和义务关系的产生或形成，或者说是指权利和义务关系在人们之间的产生或形成；法律关系的变更是指法律关系构成要素内容的变化；法律关系的消灭是指法律关系主体之间的权利和义务的终止。

（二）法律关系产生、变更和消灭的前提和条件

1. 法理学界关于法律关系产生、变更和消灭的条件的不同观点

目前，我国法理学界关于法律关系产生、变更和消灭的条件有两种不同的观点：

第一，以张文显为代表的"二条件说"。其表述是："法律关系的形成、变更与消灭不是随意的，必须符合两方面的条件。第一方面的条件是抽象的条件，即法律规范的存在，这是法律关系形成、变更与消灭的前提和依据。第二方面的条件是具体的条件，即法律事实的存在，它是法律规范中假定部分所规定的各种情况，一旦这种情况出现，法律规范中有关权利和义务的规定以及有关行为法律后果的规定，就发挥作用，从而使一定的法律关系形成、变更或消灭。因此，可以用一句话来概括法律关系形成、变更或消灭的条件，即由法律规范加以规定的法律事实是法律关系得以形成、变更或消灭的条件。"① 笔者以为，这样概括不妥，因为法律事实本身就含有"由法律规范加以规定"之意，在"法律事实"前加"由法律规范加以规定"纯属画蛇添足，好像还有不"由法律规范加以规定"的法律事实似的。

第二，以沈宗灵主编的《法理学》为代表的"三条件说"。其完整的表述是："法律关系是根据法律规范产生的，在主体之间形成的权利与义务关系。但是，只有法律规范和权利主体还不足以产生法律关系。法律关系的产生、变更和消灭还必须有法律规范所规定的某种法律事实的出现。因此，法律关系的产生、变更和消灭的条件包括：法律规范，即法律关系产生、变更和消灭的法律依据；权利主体，即权利与义务的承担者；法律事实，即出现法律规范所假定出现的那种情况。其中法律规范和权利主体

① 张文显：《法理学》，法律出版社 1997 年版，第 168 页。

是法律关系产生的抽象的、一般的条件，而法律事实则是法律关系产生的具体条件，法律关系只有在一般的与具体的条件都具备的情况下才能产生。"

2. 法律规范和法律事实是法律关系产生、变更和消灭的前提和条件

我们认为，比较准确、稳妥的说法应是"前提和条件说"，即法律规范的存在是法律关系产生、变更或消灭的前提，法律事实的出现是法律关系产生、变更或消灭的条件。理由有三：第一，提出和讨论法律关系产生、变更或消灭的条件问题，就是以法律规范的存在为前提的；也只有当法律规范已经存在时，人们才会提出和讨论法律关系产生、变更或消灭的条件问题，这样的讨论也才有意义。如果法律规范不存在，就无从提出和讨论法律关系产生、变更或消灭的条件问题，那样的讨论也无意义。第二，在现代民主国家，权利主体的存在是无条件的，任何人从出生到死亡都无可争辩地享有权利能力；如果连权利主体都不存在，那就根本谈不上法律关系产生、变更或消灭的问题。第三，事物的前提总是先于事物而存在的，而事物的条件尤其是充分必要条件与事物的结果则几乎是同时出现的。法律规范和权利主体都是先于法律关系而存在的，而法律事实的出现与法律关系产生、变更或消灭几乎是同时的。可见，法律规范和权利主体的存在只能是法律关系产生、变更或消灭的前提，而不可能是法律关系产生、变更或消灭的条件，所谓法律关系产生、变更或消灭的条件只有一个，即法律事实。

法律规范、法律事实与法律关系的关系是：法律规范直接规定和确认法律事实，法律规范是法律关系存在的前提和依据；法律事实由法律规范规定，法律事实是使法律关系得以产生、变更或消灭的客观事实，法律事实是联系法律规范和法律关系的中介；法律关系的产生、变更或消灭由法律事实引起，法律关系是法律规范得以实现的具体途径和方式。

（三）法律事实的界定和分类

1. 法律事实概念的界定

所谓法律事实，就是法律规范所规定的、能够引起法律关系产生、变更和消灭的客观情况或现象。法律事实具有以下特征：

第一，法律事实是客观事实，具有客观性。任何事实都是客观存在的现象，法律事实也是一种客观存在的外在现象，而不是人们的一种心理现象或心理活动。纯粹的心理现象不能看作是法律事实。

第二，法律事实是法律规范规定的具有法律意义的事实。法律事实是具有法律意义的事实，是因为：其一，法律事实是由法律规范明确规定的事实。法律规范对哪些事实加以规定，对哪些事实不加以规定，取决于它们对人们的现实利益和社会关系是否具有重大影响。其二，法律事实是能够引起法律关系的产生、变更和消灭。既然法律事实是法律规范规定的事实，就一定会得到法律的承认。法律事实一旦出现，必然会导致特定的法律后果，即引起法律关系的产生、变更或消灭。这就是法律事实的法律意义。例如，婚姻法规定的"一男一女自愿办理结婚登记手续"一旦具备，必然会导致他们之间的婚姻法律关系的产生这一法律后果，结婚登记也因此成为具有婚姻法律意义的事实。而他们如果自愿去教堂举行宗教结婚仪式，这一事实就不会导致他们之间产生婚姻法律关系这一法律后果，因为我国婚姻法没有规定、当然也就不会承认这样的事实，因而，宗教结婚仪式也就不是具有婚姻法律意义的事实。

2. 法律事实的分类标准

张文显主编的《法理学》认为，以是否以人们的意志为转移作标准，法律事实大体上可以分为法律事件和法律事实。[①]

我们认为，正确的说法应当是，按照是否以法律关系当事人（不是一般意义上的人们）的意志为转移，法律事实可以分为两

---

① 张文显主编：《法理学》（第四版），高等教育出版社 2011 年版，第 19 页。

大类，即法律事件和法律行为。因为如果是以是否以人们的意志为转移作标准，把法律事实分为法律事件和法律事实，不论这里的"人们"是指"人"还是"别人"的意思，都不能准确而合理地把自杀或他杀理解为事件。

四、守法的含义和内容问题

（一）守法的含义

守法是指一切国家机关、武装力量、政党、社会团体、企事业单位以及全体社会成员服从法律，依法行使权利和依法履行义务的活动。它是法制的重要环节、法治的必然要求，也是法律得以实施的重要方式。

在此，我们之所以强调守法是依法行使权利和依法履行义务的活动，是因为：第一，履行义务必须符合法律规定，只有依法履行义务才是真正的守法。不依法履行义务或者履行义务不符合法律规定，不能算是真正的守法。第二，履行义务包括依法行使权利。我国宪法和法律都明确规定了人们有依法行使权利的义务。第三，依法行使权利不同于行使权利。行使权利强调的是"行使"，依法行使权利强调的是"依法行使"或"行使权利时必须依法进行"。把行使权利的活动看成守法，会推出"权利是义务"的谬论。而把依法行使权利的活动看成守法，则不会有任何问题，就像把依法履行义务的活动看成守法一样天经地义。第四，强调守法是依法行使权利和依法履行义务的活动，这样的守法定义就可以适用于任何主体的守法活动。

（二）守法的内容

1. 依法履行义务

依法履行法律义务是指人们按照法的要求做出或不做出一定的行为，以保障权利人的合法利益。

依法履行法律义务可分为两种不同的形式：一是履行消极的法律义务。这是指人们遵守禁止性法律规范，不做出法律禁止做出的一定行为。这时，人们只要依法不做出一定的行为，就是履行了相应的法律义务，即为守法。二是履行积极的法律义务。这是指人们遵守命令性法律规范，做出法律要求做出的一定行为。这时，人们只有依法做出一定的行为才能构成守法，反之，如果不依法做出一定的行为，或者虽然做出了一定的行为但不符合法的要求，都不是守法行为，而是违法行为。

2. 依法行使权利

依法行使法律权利是指人们按照授权性法律规范行使权利时，必须依法进行，不能超越法律权利的界限。我国宪法和法律都明确规定了人们有依法行使权利的义务。例如，《宪法》第51条规定："中华人民共和国公民在行使自由和权利时，不得损害国家的、社会的、集体的利益和其他公民的合法的自由和权利。"《民法通则》第6条规定："民事活动必须遵守法律，没有法律规定的，应当遵守国家政策。"第7条规定："民事活动应尊重社会公德，不得损害社会公共利益，破坏国家经济计划，扰乱社会经济秩序。"以游行示威为例，宪法规定公民有游行示威的权利，公民依法游行示威就是在行使自己的权利，属于用法行为；但是，如果公民不依照法律规定的条件和程序举行游行示威，就属于不履行义务的违法行为。总之，人们必须依法行使权利，行使权利不能违反法律，这是人们的法定义务。所以，履行义务包括依法行使权利。具体说来，就是人们所行使的权利必须是法所授予的权利，即合法的权利；行使权利时必须采取正当、合法的方式和手段；不得滥用权利，不得在行使自己的权利时损害他人的合法权利。

五、法的生成问题

（一）法的生成的概念界定

国内较早提出和研究法的生成问题的学者是葛洪义教授。他指出："生成"原指一事物向另一事物的转化，新事物的产生并形成。最早提出生成思想的是古希腊哲学家赫拉克利特，黑格尔继承和发展了这一思想。黑格尔认为一切事物都是相互转化的，发展是一个矛盾的过程。因此，生成是新事物成长和旧事物衰亡的矛盾统一。

葛洪义教授借用"生成"这一概念提出法的生成问题并加以研究，以揭示出国家立法与社会"自然秩序"、法的创制与法的运行、法的实施与法的发展的内在关系。这是极有创建和贡献的。葛洪义教授认为，法的生成是特定国家的法在特定环境与条件下形成并发挥作用的活动。

笔者以为，把法的生成定义为"活动"是可取的，但不全面。因为法的生成既是一种活动或过程，也是一种状态或结果。因此，应把法的生成定义：国家法在特定社会环境与条件中生长并发挥作用，从而形成国家法秩序的过程和状态，简言之，法的生成就是国家法秩序的形成。

这里需要特别加以明确和强调的是，第一，"法的创制、法的实施、法的实效和法的实现"中的"法"与"法的生成"中的"法"，在含义上是不同的。前者是指国家（体现国家意志）的法律规范，后者是指国家法秩序。即法的创制是指法律规范的创制，法的生成是指国家（体现国家意志）法秩序的生成。法的创制之于法的生成，就犹如植树、对树的维护和管理之于树的长成。一方面，树的长成显然不同于植树、对树的维护和管理；另一方面，树的长成显然也离不开植树、对树的维护和管理。作为一种结果，树的长成是产生于植树、对树的维护和管理之后；作为一个过程，树的长成则存在于植树、对树的维护和管理之中。同理，法的生成也不同于法的创制，但又与其紧密地联系在一起；法的生成既是法的创制、法的实施、法的实效和法的实现的一种结果，又与法的创制、法的实施、法的实效和法的实现共始终。第二，法的生成是国家法秩序与社会自然秩序从相互对立和冲突到相互妥协以至和谐相处的结果，是国家法秩序与社会自然秩序互相作用、影响和吸收的产物。19世纪时，人们普遍认为法律能改变社会，推动社会的发展和进步。但是，实际上，立法者是不能随心所欲地制定法律的，同时，社会也不会随着法律的改变而根本改变，相反，是社会变革的需要推动了立法，改变着原有的法律和秩序。20 世纪通过社会法学的研究，人们才普遍认识到社会也能改变法律，推动法律的发展和进步。正是在社会与法律、社会自然秩序与国家法秩序的相互影响和作用中，原有社会秩序的"精华"被保留和发扬，其"糟粕"则被剔除，国家法定秩序得以形成。

（二）法的生成与法的实效、法的实现之关系

在我国法理学教材中最先提出和阐述法的实现、法的实效和法的生成问题的，是葛洪义教授主编的《法理学》第四编第 19 章，而且是葛洪义教授亲自撰写的。该章是第四编"法的实施"的第一章，题目是"法的实施概述"，按先后顺序由法的生成、法的实效和法的实现三节构成。显然，作者的意图和观点是用"法的生成、法的实效和法的实现"来概述"法的实施"。稍后张文显教授主编的《法理学》第五编第 25 章也提出和阐述了"法的实现、法的实效和法的生成"问题，同样是按先后顺序由法的生成、法的实效和法的实现三节构成，而且也是葛洪义教授亲自撰写的，具体内容也完全一样；但是，该章却是作为第五编"法的运行"的第一章，题目是"法的运行概述"。显然，在这里，作者的意图和观点是用"法的生成、法的实效和法的实现"来概述"法的运行"。不知是作者认为"法的生成、法的实效和法的实现"既可以概述"法的实施"也可以概述"法的运行"，还是作者的观点先后发生了变化。

但是，无论如何，同样的内容被放在不同的编、章，并用来说明不同的问题，似乎是欠妥当的。首先，在概念使用上是混乱和不一致的。既然先把"法的生成、法的实效和法的实现"作为第四编"法的实施"中的第一章，并冠以"法的实施概述"之题目，把"法的生成、法的实效和法的实现"作为"法的实施"的概述。因此，稍后再把"法的生成、法的实效和法的实现"作为第五编"法的运行"中的第一章，并冠以"法的运行概述"之题目，又把"法的生成、法的实效和法的实现"看作

是"法的运行概述",这就在概念的使用上出现了混乱和不一致。因为法的实施不包含法的创制,而法的运行则包括法的创制,"法的生成、法的实效和法的实现"怎么能既可以概括法的运行又可以概括法的实施呢?其次,概念使用上的混乱和不一致,必然导致结论的前后矛盾。如果说"法的生成、法的实效和法的实现"是"法的实施概述",那就是认为"法的生成、法的实效和法的实现"只能产生于"法的实施",伴随着法的实施,法才开始生成。如果说"法的生成、法的实效和法的实现"是"法的运行概述",那就是认为"法的运行"过程是"法的生成、法的实效和法的实现"过程,伴随着法的创制,法就开始生成了。这就前后矛盾了。

笔者以为,不论是把"法的生成、法的实效和法的实现"作为"法的实施"的概述,还是作为"法的运行"的概述,都是不妥当的。因为"法的生成、法的实效和法的实现"既不同于"法的实施",也不同于"法的运行";所以,它既不能概述"法的实施",也不能概述"法的运行"。事实上,不论是"法的生成"还是"法的实效和法的实现"都只能是法的实施或法的运行的一种可能的结果。因此,把"法的生成、法的实效和法的实现"这一章放在"法的实施"或"法的运行"编的最后,是一种比较好的选择。

另外,"法的生成、法的实效和法的实现"这种先后顺序的排列,也是欠妥的。因为法的实效一般是指具有法律效力的制定法在实际社会生活中被执行、适用、遵守的状况,即法的实际有效性;法的实现是指法的要求在社会生活中被转化为现实。法律只有实现,才能起到建立和维护社会秩序、促进社会公正和发展的作用。没有法的实效和法的实现,法的生成是不可能的;只有在国家法有了实效、得以实现的情况下,才可能生成国家法秩序。因此,笔者以为,三者的先后顺序排列应是"法的实效、法的实现和法的生成"。

（三）法的生成是一个永无止境的过程

美国法学家尤金·埃利希指出："现在以及任何别的时候，法律发展的重心都不在于立法，也不在于法律科学和司法判决，而在于社会本身。"①

国家立法与原有秩序的内在联系表明：在成文法国家，法律的产生，形式上是创制的，实际上却是生成的。法的创制虽然是立法者通过理性自觉运用法律来规范社会行为的标志和首要环节，是法的运行的前提或起点，但其内容却多是对以往社会历史经验的高度概括、总结或提炼；同时，法的实施虽是法的创制的后果，但又是法的创制的继续，法在其实施和实现于社会的过程中不断被丰富和发展。法律的创制并不代表法律的生成，在一定意义上，法的生成是一个永无止境的过程。

①　转引自葛洪义：《探索与对话：法理学导论》，法律出版社1996年版，第27页。

模拟教学在法学本科教育中的应用研究

刘义青[*]

模拟教学或称模拟教学法是通过模拟学习、生活、职业活动中的某些场景，组织相关知识的教学，为学习者创造一个反馈环境的教学方法。在法学界，模拟教学多被称为模拟法庭教学法，或简称为模拟法庭。但无论何种称谓，均把模拟教学限定在狭义的范围之内，从广义上来理解，模拟教学（法学）还应包含模拟立法、模拟执法等在内的更广泛的内容。我们的研究着眼于狭义的模拟法庭教学法（以下模拟教学均指模拟法庭教学）。

一、模拟教学过程中易出现的问题及原因分析

（一）模拟教学过程中易出现的问题

模拟教学的过程我们分为三个阶段，根据教学实践，不同阶段中容易出现的主要问题总结如下：

1. 前期准备阶段

这一阶段包含了教师指导下的庭审观摩、案例选择、司法文书的起草和移转等内容。存在的主要问题有：（1）遗漏或忽视庭审观摩，直接进入下一环节。行政诉讼法律关系中被告具有特殊性，导致我们很难邀请法院到学校现场开庭，这是客观上难以解决的问题。（2）虚拟案例，直接编造或杜撰案件事实，以追求其"典型性"。（3）法律文书的起草不规范，甚至出现知识性错误。（4）司法文书的移转不遵循法定时限。

---

* 刘义青，河北经贸大学法学院副教授。

2. 中期开庭阶段

这一阶段是整个模拟实践教学的中心，开庭又分为法庭调查、法庭辩论和宣判三个主要环节，其成败直接关系到教学活动的效果。存在的主要问题有：（1）审判人员的发问缺乏明确的目的性，有时问题过于简单，致使案件事实难以明确清晰。（2）发问带有明显倾向性，与法官中立地位不符。（3）调查阶段出现对案件定性及法律适用问题的辩论，导致程序混乱。（4）举证内容缺乏关联性，并只简单列举缺少质证过程，致使证据证明力不足，影响到对事实的认定。（5）法庭辩论不是围绕事实证据及法律法规的适用展开，片面强调个人的口才，法庭辩论成了"辩论会"。（6）审判长不能及时规范辩论行为，致使辩论失控，出现混乱。（7）不顾庭审内容，直接宣读庭前拟定的判决书。（8）判决书没有必要的论证过程，只是简单罗列事实和法律法规，既不规范更难以令人信服。

3. 后期夯实提高阶段

主要包括庭后讨论和书面总结。这是模拟教学活动能否达到预期效果的关键阶段。存在的主要问题有：（1）庭后讨论流于形式，不能从知识和实践两个方面进行深入的剖析。有的甚至只是在开庭结束时由指导老师做一个简单的总结，学生根本就不再参与讨论，遗漏了重要的环节。（2）没有书面总结或书面总结过于简单，总结不够全面和深刻，不能挖掘深层次的问题，达不到巩固提高的目的。

（二）模拟教学应用过程中出现问题的原因分析

1. 主观原因分析

一是对模拟教学理论认识不足。如前所述，模拟教学理论现在从研究上讲还有很多不太成熟的地方，老师和学生对其认识还有很大差异，容易导致出现"硬伤"。特别是在对模拟教学的内容和环节的把握上往往容易出错。二是组织者主观上重视程度不够。模拟教学在教学中的重要地位还未被老师和学生普遍接受，一部分院校组织模拟法庭只是走个形式，有的甚至只是作为党团活动或对学生进行法制教育的一部分。三是学生参与此类教学活动少，精神高度紧张，慌乱中出错。四是不排除部分学生思想上懈怠，准备不足。

2. 客观原因分析

一是对实体法和程序法中的知识点把握不够深透。模拟法庭的过程就是让学生灵活运用书本知识全程模拟参与司法实践的过程，参与主体对基本知识的把握程度直接影响到模拟教学活动能否顺利进行。很显然，如果学生对行政法和行政诉讼法学知识掌握不够扎实，在模拟行政诉讼过程中必然捉襟见肘、漏洞百出，很难达到理想的效果。二是某些院校和法院等司法机关合作联系少，难以开展观摩开庭类似教学活动，甚至连现场开庭的一些影像资料也没有，学生仅凭借书本知识进行模拟活动，此过程出现问题也就不足为怪。三是现有课程设置模式不尽合理。在实践课中还没有把模拟教学课程作为一门独立的主干课设置，课时不足，导致经验缺乏。四是缺少一支强有力的指导教师队伍。模拟教学效果如何，在一定程度上取决于教师的指导，教师的培养是第一位的。而我们的教师多数热衷于知识的传授，而缺乏对实践教学方法的研究。五是模拟教学规章制度和教学效果评价指标体系的缺乏。规章制度为模拟教学的开展设定了基本的行为规范，是保障教学过程有条不紊地进行的必要条件。而教学效果评价指标体系是对模拟教学效果的跟踪和测评，是师生总结经验教训的重要指标。

二、模拟教学体系的构建和完善

要搞好模拟教学，就必须建立一套系统完善的模拟教学体系。这就要求我们必须从软硬件两个方面着手组织建设，其中软件建设是核心。

（一）硬件建设

硬件建设是指模拟法庭实验室及其配套建设，这是搞好模拟法庭实践教学的物质基础。根据教学的实际需求，我们投入大量资金建设了标准的模拟法庭实验室并配备了齐全的配套设施，包括可同时容纳 500 人的模拟法庭会堂，多媒体、录音录像设备、照相器材、国徽、法槌、法官袍、律师袍、法警服及席位牌等，为搞好模拟实践教学做好了充足的准备。

（二）软件建设

1. 现有课程设置模式的转型

目前我国绝大部分法学院校还只是在实体法和诉讼法的教学过程中偶尔运用模拟教学法，并没有单独设立模拟法庭教学课程，这对模拟教学法在法学教育中的应用及作用的发挥构成极大的障碍。毕竟，由于课时或教师工作重点等各方面的原因，传统教学过程中对模拟法庭教学的适用往往暴露出许多弊端，比如模拟次数少、走形式或忽略前期准备和后期总结等重要环节。现在的法学院校应当根据自身的条件专门设立模拟法庭教学必修课或选修课，真正把模拟教学法充分运用到模拟实践教学中来以发挥其最大作用。

2. 模拟教学教师队伍的组织和加强

模拟教学法是一种行之有效的实践性教学模式和方法，但其功能的充分发挥离不开高水平的教师的指导。我们强调的高水平教师既要有深厚的法学理论基础，又要有较高的实践能力（对司法实践有较好的把握），还必须对实践性教学方法有研究有热情。如本文起始所述，我国传统法学教育过多的关注于理论的传授而忽视了实践能力的培养，一定程度上缘于对实践性教学方法研究的匮乏，所以我们需要的是"理论（知识）＋实践＋研究（方法）型"的师资队伍。我们的教师队伍中 60% 以上具有律师资格和实践经历，只要不断加强对教学方法的应用研究就能取得理想的成绩。

3. 制定和完善模拟教学规章制度

没有规矩，不成方圆。规章制度建设是模拟教学得以有序开展的重要保障。我们根据实践教学的需要，先后研究、制定了《模拟法庭实验室管理办法》、《模拟法庭教学人员岗位职责》、

《模拟法庭教学教学计划》、《模拟法庭教学程序规范》等较为全面的规章制度。

4. 制定模拟教学效果评价指标体系

对模拟教学效果的评价实质是对模拟实践教学的跟踪测评，有利于我们及时总结经验教训，不断完善提高模拟教学的水平。这方面的指标主要包含两个方面：一是对学生主体在单位模拟案件中的具体表现的评价，比如对知识运用是否灵活，法律程序是否正确，逻辑思维是否清楚，语言运用是否流畅以及法律文书的写作是否规范等。二是对教学方法、教学质量的评价。两个方面相辅相成，又自成体系，因此具体量化指标应从两个不同的层次分别编制。

通过以上分析我们可以看出，法学作为一门应用性很强的学科是不能脱离实际而进行孤立的理论研究和知识传授的。传统的法学教育模式和方法已远远达不到现代法学教育的目的。联合国教科文组织、国际教育发展委员会早在 1972 年编著的《学会生存——教育世界的今天和明天》中说，教师的职责已经越来越少的传授知识，而越来越多的激励思考。① 除了他的正式职能外，他将越来越成为一个顾问，一个交换意见的参加者，一个帮助发现矛盾论点而不是拿出现成真理的人。因此，我们必须在法学教育中对传统教学模式和方法进行改革。模拟教学作为一种行之有效的教学模式和方法在法学本科教育中应得到广泛的推广和应用。本文结合模拟教学的理论和实践进行了初步探讨，也希望有更多的专家学者对模拟教学进行教学方法和教学特色的研究，我们有理由相信模拟教学必将在法学教育中发挥越来越大的作用。

---

① 联合国教科文组织、国际教育发展委员会编著：《学会生存——教育世界的今天和明天》，上海译文出版社 1979 年版，第 115、118 ~ 119、284 ~ 285 页。

经济法学本科教学思路探讨

冯志强[*]

经济法学是法学专业本科教学的 14 门核心课程之一，与其他核心课程相比，在教学内容、体系结构、实践应用等方面，都有其独特之处，所以其教学方法与思路也应有所不同。无论哪门专业课程，其教学目的都要围绕学生"学有所用"为中心。因此经济法学的教学思路首先应确定学生在这门课程中要学到什么，其次是选择用何种教学手段达到此教学目的。笔者认为，通过学习经济法学这门课程，学生最基本的要学到三个方面的知识与技能：一是基本理论知识；二是实践应用知识；三是司法考试知识。经济法学基本理论知识是学生掌握理解经济法学这门课程的基础知识，是其学习实践应用与司法考试知识的基础，也是进一步报考研究生所必须掌握的知识，更为其未来自学打下扎实的基础。实践应用知识是学生毕业后必然用到的，虽然学生不会在学校里学到全部经济法学的实践应用知识，但应当掌握一些基本的知识与技能。司法考试知识也是学生必须掌握的，一是不通过国家司法考试，学生未来的就业会受到很大限制；二是大四的法学本科专业在校生可以参加司法考试；三是司法考试内容及学习方法与现在的本科教学既有联系也有不同。不同的教学内容需要采取不同的教学方法与手段。下面就以教学内容为主线深入探讨本科经济法学教学的一些思路。

---

* 冯志强，河北经贸大学法学院讲师，主要研究方向为经济法。

一、基本理论知识教学

理论指导实践，扎实的理论知识是从事法学实务工作的基础，所以学生在本科学习期间必须学好理论知识，它是学生走出校门应用法律、自学法律的必要条件。现在的法学硕士研究生考试也主要以基本理论知识为主，有相当一部分学生读完法学本科后想进一步报考研究生，所以基本理论知识的学习对这部分学生来讲更显重要。现阶段，经济法学基本理论知识与其他核心课程相比有三点不同：一是整个理论体系尚处于探索阶段，观点不统一；二是内容较多，知识点广；三是综合性强，需要相关的专业知识为基础。针对以上三个特点，需要有不同的教学思路，采用不同的教学方法与手段。下面逐一进行分析。

（一）理论学习方法与理论知识并重

对于其他核心课程而言，一门课参考不同专家学者的专业教材，其中观点虽有不同，但在结构体系、基本内容如调整对象、主体、客体、基本原则、基本特征等方面应该是大同小异的。而由于经济法学的整个理论体系尚处于探索阶段，观点难以统一。如果拿出不同的经济法学教材，你会发现，结构体系、基本内容等方面都有很大的不同，具体内容的论述差异会更大。仅就有关基本原则的内容举例，经济法的基本原则应当包括哪些，不同的教材，不同的专家学者观点各不相同，归纳起来有 18 种之多。其他方面同样如此，对于经济法的概念、调整对象这些最基本问题的认识也是观点众多。这为经济法学的学习和教学工作带来了较大的难度。难怪有人认为"在不少法学院学生看来，法学院设置的所有课程当中，经济法应当是最难学的课程之一了。其实，站在教师的立场上，这门课的讲授也颇让人困惑，理论与实证之间的转换，深奥与明晰之间的平衡，难以拿捏"[①]。针对经

---

① 张靖：《对经济法本科教学改革之探索》，载《当代教育论坛》2013 年第 5 期。

济法学的这一特点，笔者采取的教学思路是"理论学习方法与理论知识并重"，即要让学生明白，学习经济法学并不是单单记住某些观点，更重要的是从这些不同观点中发现为什么会有不同的观点，这些不同观点产生的原因是什么，我们支持哪一种观点、反对哪一种观点，理由是什么。为了达到这样的教学目的，笔者主要采用以下三种教学手段。

1. 学生课前查找资料

在讲解内容之前，笔者要求学生要提前去查一些相关资料。这样做的目的主要有两个：一是锻炼学生查资料的能力。笔者告诉学生，查资料并不是让你找到一些资料，然后记下来，为课堂发言做准备；查资料应当是一个鉴别、筛选的过程。当学生查阅资料时会发现，对同一问题有不同的观点和说法，当出现多种观点时，他会分析支持哪种观点、反对哪种观点。通过长期查阅资料，可以锻炼学生的鉴别选择能力。二是让学生对相关内容有一个初步的认识。由于经济法学不同观点较多，如果在课上直接讲解不同的观点有可能会让学生感到无所适从，或只认为老师支持的观点就是对的。如果课前对不同观点有一个初步了解，在上课时学生便有了很强的目的性，可以更好地理解老师的讲解。查找资料并不是让学生在课上念资料，而是要求学生对所查资料进行归纳总结，帮助学生形成自己的观点。所以要求学生在课上简要地表观述点，一方面可以锻炼学生的表达能力，另一方面可以锻炼学生的概括能力。

2. 学生课上表述观点，相互辩论

学生课前查阅资料的时间有限，所查资料相对较少，但不同学生所查找的资料一般是不一样的，所以让不同的学生在课上表述不同的观点，对其他学生而言也是一个学习的机会。真理越辩越明，比较出优劣。让学生辩论，对不同观点表达见解，一方面可以锻炼学生的辩论能力，另一方面可以在辩论中对所学知识有更深刻的认识。查找资料，对学生而言，更多是了解记忆；但辩论可以让学生认识到自己所坚持观点的合理性，从而修正自己的观点。

3. **重点讲解代表性观点，简要评价学生观点**

如果前两个手段可以锻炼学生的能力，同时让学生明白经济法学的理论知识观点较不统一，那么老师的引导与讲解就至关重要了。因为它关系到学生能否正确认识经济法学这门学科，也关系到学生如何学好经济法学的基本理论知识。为了解决以上问题，笔者的做法是选择讲解有代表性的观点，并简要评价学生观点。在讲解代表性观点时，并不是只讲这些观点是什么，而是更深入地讲解为什么会有这些不同观点。在讲解这些观点时，要让学生明白，可以坚持自己的观点，笔者的讲解只是告诉学生老师更倾向于支持哪种观点、笔者运用的分析方法是什么，而不是要求学生应当记住哪些观点、反对哪些观点。同时告诉学生，理论是允许有争论的，而且需要有不同声音，这也是促进理论更新和发展的重要途径。在简要评价学生观点时，主要做两件事：一是如果学生在表述中有法律常识性错误，要明确指出并告诉其应如何正确理解。二是努力让学生在学习中独立思考，形成自己明确的观点。通过以上做法最终让学生明白，学习方法与理论知识同样重要。

（二）重点讲解与自学相结合

经济法学的基本理论知识较多、知识点广，要让学生学习并实践应用知识，在有限课时内无法面面俱到。所以，笔者一学期会安排近一半的时间来讲解经济法的基本理论知识，主要以总论为主兼顾分论。重点讲解的内容主要做到两点：一是通过重点内容的讲解让学生对经济法的主要理论知识有一个系统而正确的认识；二是讲解重点内容的同时让学生明白学习经济法学的方法。对于无法讲解到的分论的基本理论知识，让学生运用学到的学习方法进行自学。

（三）讲解相关知识，拓宽学习思路

经济法学的另一个特点是综合性强，如果要正确而深刻地理解经济法的理论知识还需要学习部分经济学、管理学、金融学、社会学等相关专业的理论知识，也会涉及民法学、商法学、行政法学与诉讼法学等相关的法律知识。这为经济法学的学习与教学带来了不小的难度。法律说到底是对行为的规范，是对社会关系的调整，是利益的调整与平衡。经济法是调整国家在协调国民经济的运行中发生的社会关系的法律规范。调整经济关系就先要了解国民经济运行的常识，国家要调控经济就要了解相应的调控手段，在个人利益与社会利益出现冲突的时候，如何做到二者的利益平衡。要学好经济法学，如果不了解这方面的知识，只能是知其然而不知其所以然。因此，在讲解经济法时首先要讲解一下相关的知识，让学生明白经济法为什么要调整这种法律关系，如何调整这种法律关系。同时让学生明白单纯学习经济法的理论知识并不能理解真正的意义所在，要学好这门课程还需要拓宽知识面，加强相关知识的学习。

二、实践应用知识教学

学以致用，学习的最终目的是运用相关知识解决问题。实践教学应是法学学科的本质所在。[1] 学生在将来的工作中，无论是从事律师工作，抑或当法官、检察官，还是从事其他的法律实务工作，都要用所学的经济法学知识去解决实际问题。所以在经济法学教学中必须教授学生运用所学知识的方法，锻炼学生实践应用能力。为达到此目的，案例教学法是教师们常用的教学方法，但如何运用，各个学科、每个教师都各不相同。针对经济法自身特点，笔者主要从以下三个方面来运用案例教学法。

（一）选择重点法律加以运用

经济法学所涉及的法律规范众多，如果全部运用案例教学是不现实的。所以选择部分法律进行案例教学是比较合理的做法。在日本、德国等大陆法系的代表国家，反不正当竞争法、反垄断

---

① 张秀芹：《论我国法学本科实践性教学环节存在的不足及完善》，载《法制与社会》2013 年第 8 期。

法是经济法主要组成部分，所以这两部分法律知识是当然之选。在我国经济法学领域，产品质量法、消费者权益保护法也是相对重要的内容。笔者个人认为这四部法律也是运用案例教学最好的法律素材。随着食品安全问题日益引起社会的重视，食品安全法的讲解也会更多地采用案例教学法。案例教学法能起到锻炼学生实践能力的作用。

（二）以真实争议案例为主，教学案例为辅

案例教学能否真正起到锻炼学生实践应用能力的作用首要因素在于案例的选择。多数人建议用编辑好的教学案例，有也人建议用法院已经结案的真实案例。选择这些案例的确能起到一定作用，对于教师来讲也容易把握。笔者认为，编辑好的现成教学案例，或是法院已经结案的真实案例，主要能达到让学生准确理解法条的目的，笔者在讲解法律基本知识与法条适用时，也常用这些案例。但如果要锻炼学生的实践应用能力，最好的选择是真实且有一定争议的案例。一个真实的案件，在没有结案之前，没有人能完全准确判断出最后的结果。让学生们用学到的法律知识去探讨这样的案例，才能真正锻炼他们的应用能力。多年来，笔者多用的是这样的案例，如人人网诉百度案、可口可乐收购汇源案等。如果一时难以找到这样的案例，笔者也会去找法院已经结案的真实案例，但一定是有争议的案例。因为，法院的判决仅仅是一种结果，而不代表正确。这种案例的教学难度比较大，对教师要求比较高。教师不仅要深入研究案例的各个方面，找出与法律的结合点，还要找出争议点，更要正确地引导学生去探讨案例，对学生的观点给出相应意见和建议。如果把握得好，学生们会积极参与，并且非常有成就感，对法律的认识和理解也更深刻；把握不好，学生会感觉没有头绪，无法判断对错，甚至会感觉到迷茫。从这几年笔者的教学实践来看，整体还不错，基本能达到预期的效果。

（三）以扮演角色为主，模拟真实诉讼

案例教学能否达到相应的教学目的的第二个关键因素是进行

的模式，即以何种形式开展。最理想的模式当然是模拟法庭开庭模式，但此模式的要求极高，要求学生必须掌握一定程序法与实体法的知识，更要有充足的时间保证。所以这种模式在现在本科教学中，还不可能成为一种常态教学模式。多数的案例教学只能锻炼学生某一面或几方面的能力，经济法学案例教学也不例外。我们所谓模拟真实诉讼指的是在某些方面进行模拟，而不是全部的真实模拟。在哪些方面进行真实模拟呢？在法律辩论阶段。有学者认为，"在法学的教学改革中，角色入住课堂是一种重要的方法。"① 笔者赞同此观点。经济法的教学更侧重于实体法理解与运用，所以不太可能注重对程序的模拟，诉讼法中大部内容是无法涉及的，不过证据学方面的知识倒是常常运用。一般的实体法案例教学，多数教师可能主张，此案最终如何处理是最公平的，或应当如何运用所学实体法来解决这一案例中的法律问题，允许学生可以从各方当事人角度或法官角度来讨论案例，允许一个学生既可以从原告角度来发表观点，又可以站在被告角度来辩论，更可以站在法官角度来讨论案例。但笔者认为这种做法既与真实诉讼不符，也不能锻炼学生的应用能力。在现在生活中，一般的法律工作者往往只能站一方当事人角度或法官角度来思考问题，做律师更是如此，如果一方当事人委托你代理案例，即使明知己方处于不利地位，也要尽力去维护委托人利益。因此，模拟真实诉讼时，笔者要求一名学生只能站在一个角度去辩论，不允许从其他角度去谈观点。甚至事先分配角色，哪些学生站在原告角度，哪些学生必须站在被告角度，哪些学生应该以法官的身份发表观点。在进行辩论时，要求学生与真实开庭一样，要有明确主张，要运用证据和法律来支持自己主张，并且要对对方主张或观点予以反驳。笔者认为这样的案例教学才与现实接近，才能真正锻炼学生的实践应用能力，对法律的理解也更深刻透彻。

---

① 万蓉：《以角色入住课堂的法学教学改革》，载《法制与经济》2013 年第7 期。

三、司法考试知识教学

法学专业毕业的学生多要从事与法律有关的工作，如律师、法官、检察官等，而通过司法考试，取得从业资格，是从事这些工作的前提条件。因此法学本科教学必须加入这一教学内容。大学四年，学完本科全部课程难道还无法通过司法考试吗？答案的确是不一定。从实际情况看，本科毕业生的通过比例是非常低的。为什么会造成这种结果呢？原因在于司法考试的考查内容与我们大学本科的教学内容并不是完全一样的，甚至可以说在很多方面是有所差异的。笔者仅提出如下几点差异。

（一）司法考试与本科教学的差异

1. 内容与范围的差异

大学本科法学教学更注重法律理论的教授，而司法考试更注重法律条文的考查。多数的本科法学教材都是法学理论为主线来编写的，虽然必然有法律条文的内容，但相较而言，理论知识要占更大的比例。在一般教学中也是如此，多数教师也是按教材的体系和内容进行讲解，非常注重理论的教授。但司法考试却主要考查具体的法律规定和对法律的理解和运用。虽然这几年对理论试题的考查比重有所增加，但主要考查方向还是不可能改变的。我们可以从大学本科的试卷与司法考试的试卷的对比中发现这一巨大的差异。

在大学本科法学教学中，要注重培养学生各方面的能力，加之课时有限，许多法律规定是不可能讲到的。但司法考试中所涉及的法律、行政法规与司法解释非常多，如果不在本科教学工作中有意识地加入司法考试的内容，学生在参加司法考试时会发现多数内容都是陌生的。所以有人提出在平时的考试中就应该"参照司法考试，不只限于教材，加大与司法考试的仿真度等"①，这种看法是有道理的。

2. 学习方法的差异

由于考查内容的不同，在学习方法上对学生的要求也是不同的。本科的教学注重对学生各种能力的考查，所以教师在教学时也就以培养学生的能力为主，注重知识的广度与深度。学生在学习时更多注重的是法律思维，不但了解是什么，更探求为什么，对各种争议观点也非常感兴趣。但司法考试虽然也非常注重理解，但同时对学生的记忆能力与答题技巧的要求也非常高。因此用学习本科法学知识的方法去学习司法考试内容，会有一定的难度。在本科教学中加入司法考试的内容，对学生学习方法与思路的转换有一定的好处。

3. 知识理解的差异

大学本科教师讲授的内容与司法考试内容在适用上多数是一致的。但由于教师学者理解的不同，加上部分法条本身也会让人产生理解的差异。所以常常会出现这种情况，即用在本科所学到法学知识去做司法考试题，无法理解所给出的参考答案。这也要求本科教学工作中要时刻注意司法考试出题教师对某一知识点的理解情况。且不管谁对谁错，在司法考试答案不做出更改的情况下，我们必须告诉学生，在参加司法考试时对这一问题应如何理解才能拿到分数。

具体到经济法学，是参加司法考试的学生最头疼的内容，也是得分难度最大的部分。这是因为，经济法学司法考试所涉及的法律众多，但具体到每一部法律的试题分值却很少。经济法学在考试所涉及的法律有 20 部以上，但每年考试分值却在 30 多分。更难的是，许多法律在本科教学中是讲不到的，学生参加司法考试时，学到经济法这一部分时常常感到无从下手，不知道哪里是重点。

---

① 罗云方等：《司法考试碰撞下法学教学评价调查探析》，载《中国科教创新导刊》2013 年第 23 期。

（二）讲授司法考试内容的方法

针对上述情况，笔者采用以下方法来讲授司法考试的有关内容。

1. 分情况讲解部门法

由于课时与教学要求的限制导致不可能对所有涉及的法律一一进行讲解，所以应针对不同法律难易程度、在历年司法考试中的重要程度，以及本科有无相关课程的情况，对不同部门法区别对待。有相关课程的就不再重复讲授，如劳动法和劳动合同法。没有相关课程的，或虽有相关课程，但无法涉及相应法律内容的，再分情况进行讲授。历年司法考试出题概率极高的，又非常重要的，重点精讲，如反不正当竞争法、反垄断法、产品质量法、消费者权益保护法、食品安全法等。历年考试中有试题出现，但不是太难的，选择重点法律进行讲解，如环境保护法等内容，而其他的则归纳一些法条，但不做深入讲解。

2. 以历年试题为主讲解相关知识

分析和讲解历年司法考试试题，既可以较准确地掌握司法考试出题重点和思路，又可以让学生更深刻地理解相关法律知识。因此，以部门法为依据，分门别类地总结历年司法考试试题并进行讲解。精讲的，如反垄断法、消费者权益保护法等，在讲相关法律知识的同时以历年试题为素材进行分析讲解。在最后以复习的方式对相关历年试题进行统一分析讲解。其他的部门法则主要以历年试题为依据来讲解所涉及的法律知识。

3. 内容与应试方法并重

"授人以鱼不如授人以渔"，只要是考试，必须有应试技巧，应试技巧在许多重要的考试上都会起到重要的作用。掌握应试技巧可以让学生事半功倍，避免无谓的失误。应试技巧既包括复习技巧，如如何安排时间、如何学习相关内容、如何区分重点与非重点内容等，也包括参加考试时应注意的事项，如单项选择题、多项选择题与不定项选择题的解答应该注意什么问题，不同的案例分析题应注意哪些环节等。在讲解历年试题的同时，讲解有关司法考试的各种应试技巧与注意事项。

法学专业本科毕业论文教学改革初探

张立锋　　魏　佼[*]

2012 年 3 月，教育部发布了《关于全面提高高等教育质量的若干意见》，针对当前影响和制约质量提高的薄弱环节和突出问题，围绕大力提升人才培养水平、增强科学研究能力、服务经济社会发展、推进文化传承创新，提出了全面提高高等教育质量的 30 条具体措施。作为高等教育人才培养水平重要标志之一的本科毕业论文的完成质量的高低，是判断是否真正践行该意见精神的一个非常重要的方面。同时，教育部颁布的《学位论文作假行为处理办法》也自 2013 年 1 月 1 日起开始施行，该办法是首部处理学术不端行为的部门规章。该办法对学位论文作假行为情形、学位授予单位和导师职责以及各有关主体作假行为的处罚等方面作出了明确规定。

本科毕业论文是高等院校应届本科毕业生独立完成的一篇总结性学术论文。毕业论文应该反映出作者扎实的专业基础知识，一定的独立科学研究能力，对所研究的论题有自己独到的见解，论文应有一定的学术价值。法学专业本科毕业论文写作是法学教育的重要教学环节之一，也是检验法学专业本科学生四年学习成果的最后"试金石"。法学作为一门实践性很强的学科，极为注重专业知识的实际运用，而毕业论文教学环节为法学专业本科生提供了较好的实践法学理论的平台，这不但有利于研究型法律人才的培养，也有助于应用型法律人才的培养，因此，在法学专业

---

* 张立锋，河北经贸大学法学院副教授，研究方向为环境与资源保护法学；魏佼，河北经贸大学 2013 级环境与资源保护法学专业硕士研究生。

本科阶段设置毕业论文写作极其必要。① 虽然法学专业本科毕业论文没有法学硕士、博士毕业论文那么严格、严谨的要求，但是基于近些年对毕业论文的指导，笔者发现学生毕业论文中存在的问题众多，法学专业本科毕业论文的质量亟待提高。

鉴于质量每况愈下的法学本科毕业论文和近两年教育部颁布的一些规定，法学本科毕业论文教学即将拉开改革的大幕。

一、法学专业本科毕业论文中存在的问题

（一）选题、开题略显仓促

1. 选题不够慎重和适当

选题适当与否是决定本科毕业论文成败的关键。但实际上，每届毕业生通常根据指导老师的要求进行写作方向的选择，在论文选题时也只考虑日后撰写是否拥有足够的参考资料，不考虑自己的兴趣。另外，学生选题内容一般是一些原则性的、老生常谈的问题，且多围绕某部门法某项具体法律制度作为研究标的，缺乏实践性、创造性，基本不涉及对我国现阶段法律制度的深究或批判的选题。

2. 开题答辩流于形式

在毕业论文的题目选定之后，学生本应在阅读相关法学理论书籍，查阅相关文献资料的基础上，拟出论文的写作提纲，这个环节能为今后的论文写作提供重要指导意义。但许多学生及指导教师对开题报告认识不足，并未给予重视，有些时候甚至不进行开题答辩，或者由指导教师一人审核写作提纲，不与其他老师进行交流，这容易造成思想的僵化和提纲的不科学，为学生日后论文写作带来误导和困扰。笔者认为，这是影响当前法学专业本科论文质量最关键的一个环节。

---

① 李军：《法学专业本科毕业论文指导模式中的误区及其矫正》，载《新西部》2012 年第 6 期。

（二）正文写作问题突出

1. 写作模式单板，谋篇布局不条理

学校提供给学生的《毕业论文写作格式及范文参考》本是为便利教师指导和学生写作，避免——口头纠正格式错误，节省时间，提高指导效率。但从实际执行效果来看，大有"脱轨"之势，学生机械照搬"模板"，写作套路日趋一致。写作基本上局限于先阐明学术纷争、后分析现有法条、再论证自身观点的模式，虽中规中矩、无大差错，但灵活性不足、个性化缺失，有向"新八股"迈进的趋势。

有的学生论文写作与教科书编纂毫无区分，一味求全，以致内容空泛、无所不包，布局谋篇不甚合理。总是把某一法律制度的概念、特征、分类、法律渊源、意义等内容从各本教材上搬到万余字的学术论文中，看似面面俱到，实则主次、重点不分，不能做到简洁明快、开门见山，甚至本末倒置、远离主题，无法充分论证论点。更有的学生在分析某一法律制度时把社会学、经济学、伦理学等诸多内容不加区分地杂糅在同一论文中，法学专业特征不突出。

2. 观点自我矛盾，法律逻辑思维欠缺

个别学生对文献资料的消化、吸收能力较弱，所述观点相互矛盾，法律中迥然不同的两种观点都可能相互掺杂，你中有我、我中有你，论据整理、运用水平欠佳，指导教师难以从其论述中读懂最终论点，论证缺乏严密性。也有少数学生在论文中会引用典型法律案例，但是通常理论阐述与案例评析不能有效衔接，法理与宪政、实体法与诉讼法等部门法无法有机贯通。还有的论文内容空洞、突兀，原则多于制度，宏观多于微观，提出的问题与结论论证之间缺乏一个合理、平稳的过渡，知其然却不知其所以然，独立判断缺失。总之，论文中运用归纳总结手法较多，逻辑推理则差强人意。①

3. 内容缺乏创新性和新颖性

毕业论文写作期间，大部分学生以参加研究生考试、公务员考试、实习等为由（特别是对法学本科毕业生，参加公务员考试是很多学生的不二选择），在资料搜集、文献综述上投入的时间、精力较少，对论文重视不够。尤其在网络无处不在的时代背景下，资料收集、整理工作过度依赖搜索引擎。绝大部分学生选择从网络上搜集免费的学术期刊，挤出一至两周的时间复制粘贴、加工整合，为完成论文走进图书馆、翻查工具书的比例越来越低，手写基本脱离论文制作过程。加上平时的学习对一些法律制度只了解其通说，对争议点一无所知，严重缺乏对当前中央的法制政策、当下法治热点的敏锐度和观注度，文章的创新性无从谈起。

4. 写作规范性欠缺，法律术语使用不佳

部分学生对论文写作格式、写作规范的掌握极不合格，计算机操作能力低下，个别学生连起码的插入、批注、脚注、行间距调整等初级计算机操作都不能正确掌握，标点符号的运用错误百出。也有学生在写作中，文字表达不够流畅，法言法语使用不佳，语言琐碎，口语化特征明显。

（三）答辩环节亦流于形式

本科毕业论文答辩是对学生所研究选题的专业认识深广度、当场论证能力、独立完成真实性等内容的综合性考察，特别是对法学本科学生而言，严密而谨慎的法律逻辑思维是重要考察内容，其要求学生事先做好充分的、有针对性的准备，准确表述基本概念、理论纷争，较熟练地运用专业术语分析、回答所提问题。事实上，限于本科毕业论文的篇幅和学生理论功底，有些研究在论文当中或未能展开，或论证不够透彻，甚至刻意回避。毕

---

① 李晓瑜：《法学本科毕业论文的现实尴尬——以中原工学院信息商务学院为例》，载《漯河职业技术学院学报》2013年第6期。

业论文答辩恰是对此进行最后的把关，是为学生提供启发性思考、完善论文制作的最后一道工序。

但从毕业答辩的实际效果来看，其很大程度上已流于形式。由于参与答辩的学生数量较多，时间安排非常紧凑，论文本身的写作质量又不敢恭维，答辩委员会所提的问题大多无奈地停留于基本概念的考查上，提问稍一深入，问及制度或法条背后的用意或是将法律制度与法律实践相结合提问时，学生的回答便捉襟见肘，难以继续追问、形成互动。在宽容与爱生之情的驱使下，即使有些答辩情况不甚理想的学生，也稀里糊涂甚至不知其所以然地通过了答辩，年复一年，学生对毕业答辩的重视程度趋减，毕业答辩形式大于内容。①

二、法学专业本科毕业论文中存在问题的原因分析

（一）从学生自身来看

从主观态度来看，学生对毕业论文十分怠慢，认为很好过关，因此对此并不重视。大多数都是敷衍了事，直接复制粘贴的大有人在，大部分也不会主动找指导老师进行交流与改进。许多学生语言功底、计算机操作、逻辑思维和论证能力较差，不能很好地完成毕业论文。加上平时学习，只注重法学理论，缺乏法学实践经验和对法学权威的挑战精神。

（二）从指导教师角度分析

目前，大多数指导教师指导学生数目远远超过规定的个数，教师自身指导的时间和经历有限，不可能面面俱到，处处详细指导。有些学生主动找指导教师进行沟通，但有些时候根本无法实现面对面地指导。更有些教师对学生过度偏爱和放纵，差不多就给予通过，缺乏严谨的治学态度。

---

① 李晓瑜：《法学本科毕业论文的现实尴尬——以中原工学院信息商务学院为例》，载《漯河职业技术学院学报》2013年第6期。

（三）从学校的制度考虑

首先，学校只注重教师的科研能力而忽略教师的教学效果和论文指导水平的高低，在职称评定上，科研成果是唯一的评定标准。正因为教学效果和论文指导水平的高低不会涉及教师的切身利益，所以，导致大部分教师把时间用于科研上，无暇指导学生进行毕业论文写作，忽视毕业论文的教学环节，在论文指导过程中采取放任自流的态度。①

其次，长久以来，本科学校对本科生的实践教学没有引起足够的关注和监督检查力度，即便是对实践有很高要求的法学专业。大多学生在实习阶段，也是忙于应付各种考试，最终找关系盖个公章就了事，学校通常睁一只眼闭一只眼，导致法学本科学生的论文缺乏对现存制度的批判，提出的对策和措施也大多停留在理论层面，缺乏切实的可行性和可操作性。

最后，虽然学校对本科论文的评价设定有一定的标准，但是评判标准太模糊，且缺乏合理性和科学性，给予评判教师太大的操作空间，不利于作出公正的评判。最终的审查也仅仅是抽查而非全部审查，导致许多学生心存侥幸。

三、提高法学专业本科毕业论文质量的教学改革建议

《学位论文作假行为处理办法》规定不可谓不严厉，但是笔者发现在其生效至今一年多的时间里，没有见到也没有听说过一起因毕业论文作假行为而被处理的事件。是大家统统震慑于法律威严而遵纪守法、尽心尽力地在完成这一本该如此神圣的教学过程吗？现实显然并非如此。作为指导教师，笔者认为我们能做的就是呼吁在法学本科教学改革过程中，在对现阶段法学本科毕业论文中存在问题及其原因分析的基础上，审视现行本科毕业论文指导机制，重新构建严格的本科毕业论文教学模式。

---

① 王瑜岭：《论法学本科论文质量的提高》，载《黑龙江省政法管理干部学院学报》2013 年第 4 期。

（一）提高学生对毕业论文的认识，采用学生为主教师为辅的反向指导模式

法学本科生在毕业论文写作中，其态度决定过程，过程决定质量。首先，应摆正法学本科生对于毕业论文的性质定位，让其充分认识到毕业论文对毕业、对科研能力培养及今后法学实践的重要意义。其次，在论文选题方面应鼓励学生选择自己感兴趣的论题，加强论文写作对学生的吸引力，促使学生自觉、主动地投入更多的时间和精力去完成毕业论文。同时，法学本科生应比其他专业的学生更加注重对现存法律制度的剖析和批判，法学本科毕业论文既要强调一定的理论意义，更要具有现实意义，关注现实生活中迫切需要解决的前沿法律问题，才能体现出法学本科毕业论文的社会价值和应用价值。

同时，教师也应严谨治学，科学指导，转变以往大包大揽的指导局面，引导学生学会思考，思考当前的制度设计是否合理、比较我国与国外制度的差异等。建立学生为主教师为辅的反向指导模式，通过问题引导的论文指导方式，让学生通过自我实践完成论文，发现和重视学生的自我个性，激励学生论文写作的积极性。

（二）进行专门的法学论文写作训练，同时注重强化法学实践活动的作用

要提高本科生毕业论文的质量，进行专门性的写作训练是必要的。针对法学本科生而言，首先，要改进日常教学。不能机械地采用灌输的讲授方法，即仅教授书本上的空洞法学理论知识，只讲解法律条文的本身含义，而应立足于法律规定背后的精髓和所要解决的问题，从而使学生在理解并接受基本知识的同时，能够运用法律进行推理和思考，培养学生分析和解决实际问题的能力。其次，增加专门的论文写作课程。一篇优秀论文除了具有扎实的专业理论基础外，还要有论文写作基础作为保障。从拟定论文提纲、收集资料，到写作过程全程进行教育。最后，强化论文写作训练。平时课堂中讨论的典型案例或

是当前的热点法律问题，让学生自行写成小论文，加强写作能力的同时，锻炼学生独立思考的能力，还可能为最终的毕业论文提供素材。

法学是实践性很强的课程，在实践中将理论和实际进行整合和梳理，使学生所学的专业知识可以直接转化为解决实际问题的专业素质和技能，为论文写作奠定基础，提高论文的实践性和可操作性。无论是学生还是学校都要对法学实践有足够的重视，学生在实践中应努力适应角色，从中思考法律的理想与现实、法的价值冲突、法律与和谐社会、法律效果与社会效果的统一等。在这一思考过程中，学生要有问题意识，可结合自己的理论向实习指导法官、律师、检察官等请教，听听他们对这些问题的分析和建议，加深对这些问题的理解与把握，从而实现法学理论与法学实践的有机互动；学校也应健全对学生实践的考核和监督检查制度。

（三）让本科生参与科研项目，落实教师和研究生双重指导制

在论文写作的师生关系处理上，可以鼓励指导教师将本科生纳入自己的科研项目，鼓励低年级的学生参与到自己感兴趣的法学课程组，参与一定的科研项目。学生到四年级的时候，可以根据自己的意愿，继续在原先法学课题的基础上完成论文。这也是变通地延长毕业论文时间的方法。通过提前接触科研，学生可以熟悉该部门法的法理依据、法律渊源、法律解释等，平时也会对该部门法的最新进展和当前热点话题和典型案例特意关注，基本的文献调研能力和独立思考的能力也得到锻炼。等到毕业论文真正开始的时候，就可以顺利地开展特定法学课题的研究。由于时间充裕，掌握知识比较系统，遇到问题时，基于平时的积累，也能够知道从哪里找原因，如何解决问题。并且通过这种方式，学生和指导教师之间提前建立了解和信任，后期也可以针对性地给出某一法学课题，真正意义地解决一些法学理论或法学实践问题，把科研前沿融入本科毕业论文，充分体现论文的创新性和学术性。

由于在科研项目中，本科生已与指导教师的硕士学生一起进行过研究，彼此较为了解。研究生与本科生相比知识掌握更为全面系统，科研能力较强，加上指导老师无暇对本科毕业论文事无巨细地指导。因此，指导教师可以和研究生分工合作对本科毕业论文进行指导，教师主要负责论题的审核、提纲的敲定、论证的裁夺一些较为重要的部分，研究生则负责论文格式、语句整合等一些细节的部分，落实教师和研究生双重指导制能充分保证论文的质量和水准。

（四）加强对指导老师的管理，建立严格的毕业论文考核评价体系

从学校方面来看，首先，要加强对指导教师的管理。严格审批指导教师的任职资格，明确毕业论文指导教师应具备的条件：职称、工作态度以及相关培训等。建立论文指导教师考勤制，严格考勤记录，同时明确教务处、院、教研室、指导教师的权责与分工。学校尽可能提供便利条件在保证指导教师相对充裕的时间条件下，促使其对学生的毕业论文指导工作严格要求、认真负责。

其次，建立严格的毕业论文考核评价体系。学校应该成立一个论文督导委员会，由它制定一个合理而又具可操作性的论文评定（包括开题和答辩）标准，便于评定教师给出客观的评判。同时，由督导委员会对论文评定的全过程进行监督，要求评定教师严格按照评判标准给出成绩，防止论文成绩与评定标准的严重不符。对于严重违反评定规则的评定教师，还应追究相应的责任，取消其论文指导资格和职称评定资格，扣除相应的论文指导津贴等，以确保过关论文的质量和评价的客观公正性。本科毕业论文若能实行匿名评审制，就可最有效地排除外界对评定教师的不当干扰，有利于他们按自己的意思对论文给出一个公正的评价。由此，也就杜绝了人情分现象的发生，维护了毕业论文评定的公信力。对此，学校可以推行评定老师和学生双向匿名制。具体的做法就是：学生将论文提交评定时，不署名只编号。评定教

师由小组随机产生，也不在论文上署名。有条件时，学校还可以与其他学校交换，实行跨校匿名评审，以尽量做到防止一切外部因素对论文评审的不良影响。这样，把关不严、人为扭曲论文评定程序的现象必将大为改观。[①]

---

① 李雨峰、王玫黎：《本科毕业论文改革新思路》，载《科教文汇》2010 年第9 期。

专题教学法
——一种有效的教学方法

郝宗珍　毕伟强*

近几年，随着教学改革的不断深入，一些本科院校和成人专科学校在教学中开始尝试运用专题教学法，实践证明这是一种行之有效的教学方法。但是，也有人认为，专题教学法只适合于硕士研究生或博士研究生，不适合于本科生和专科生。这种观点是值得商榷的。

一、专题教学法的要求

所谓专题教学法，是指教师根据教学计划，针对教学中的某个或若干个重点、热点、难点问题，在充分准备的基础上所进行的专门讲授或讨论的方法。这种教学方法重点突出，针对性强，也有一定的系统性，运用得好，可以加深学生对某些问题的理解，有利于提高师生分析问题、解决问题的能力，提高教学质量。至于硕士研究生与本科生、专科生，在教学方法上虽然有些区别，但并不是完全不同。教学内容是可以分为专题的，本科和专科教学也完全可以采取专题教学的方法。例如，法学通论课程，过去对依法治国问题讲得不多，党的十五大做出了依法治国的决策，而教材中又没有这部分内容。那么这个问题应不应该讲？不讲，显然不对；要讲，又不能面面俱到，作为一门课来开，只能作为一个专题来讲。

问题并不在于是否采取专题教学法，而关键在于根据不同

---

* 郝宗珍，河北经贸大学法学院教授；毕伟强，河北经贸大学法学院硕士研究生。

对象，采取不同的专题教学法。笔者认为，采取这种教学方法是十分必要的、切实可行的。下面结合法学通论教学实践谈谈这一问题。第一，从教学内容上看。法学通论这门课具有很强的综合性，有"压缩饼干"之称。它包括法学理论、宪法和部门法。课时一般较少，难以展开讲解。因此，教学中应该在讲好全书基本知识、基本理论的基础上，重点选择几个专题进行讲解。如宪法的有效实施问题、社会主义法制建设问题、经济犯罪问题等。这样可以加深学生对某些理论问题或实际问题的理解。第二，从教学经验教训上看。在过去法学通论课一般从第一章讲到最后一章，平铺直叙，学生虽然学到了一些基本知识，但是对一些重点、热点、难点问题不了解。而采用专题教学法则可以较好地解决这些问题，可以对一些重点、热点、难点问题作专题研究、分析、讨论，丰富学生的知识，提高他们分析问题和解决问题的能力，使教学更加结合实际。所以，笔者认为可以把专题教学法作为一些课程改革的一个突破口，进行试验。

二、如何运用好专题教学法

那么，如何运用好专题教学法，提高教学质量呢？笔者认为应注意以下几点：一是教师对有关问题要深入研究，充分准备。专题教学法对教师的要求很高。讲授每个专题前，教师都要广泛占有资料，认真准备。例如，关于宪法修改问题，讲这个专题之前，教师就应该对每次宪法修改的背景、内容、意义、特点、学术界的不同观点等有充分的了解，提出自己的看法。否则，自己搞不清楚，就无法给学生讲清楚。二是善于选择专题。任何一门课程中都有许多专题，既有基础理论方面的，也有应用方面的，不可能都加以选择。可以根据学生的具体情况，教学内容的多少，课时的多少，问题的重要程度，教师的时间、精力和学识而定。不讲则已，一讲就要讲深、讲透、讲活、讲好；突出科学性、思想性、学术性，给学生以知识和启迪，教师也在教学中得到提高。三是专题教学要适度。这体现在许多方面：要科学制订教学计划，避免重复交叉，注意教学内容之间的衔接，不能喧宾夺主；数量不宜过多，问题不宜过深，要注意本科生、专科生与硕士生、博士生的差异，注意层次性。一般而言，每门课讲 3～4 个专题为宜，若课时不够，可以安排在业余时间开设专题讲座，与正常教学相互配合，融为一体。四是充分调动学生的积极性。过去，人们长期把学生当作被动的教学对象，忽视他们在学习和发展方面的主体作用。这种做法是错误和有害的。现在的大学生视野开阔，思想活跃，有的还有一定的研究能力和表达能力。专题教学既可以由教师主讲，也可以由一个或几个学生作重点发言，全班学生讨论，教师加以引导和总结的方法进行。这样，可以进一步调动学生的积极性，提高他们的能力。五是学校应积极为专题教学法的运用创造条件。如可选择几个专业作为试点，选择一些教师作示范，广泛听取师生的意见，如果切实可行，就逐步加以推广。当然，也要防止一个模式、"一刀切"，要允许有差别、有特色。六是加强社会实践。要结合专题教学组织学生积极到工厂、农村或党政机关调查研究，开阔学生的视野，增强其感性认识，提高其分析问题和解决问题的能力。

关于深化本科生导师制改革的几点构想

任成印*

随着中国高等教育改革的不断深化，完全学分制已成为大势所趋，本科生导师制作为完全学分制背景下的配套制度，事关学分制改革的成败。从 2002 年浙江大学率先实行本科生导师制以来，国内很多高校纷纷跟进。经过几年来的实践检验，本科生导师制对提高本科教育质量的积极作用已得到越来越多的认同和称赞，但同时，也遇到了一些困难和问题。如何克服目前的各种困难，找出有效的应对之策是本文关注的重点。

一、当前推行本科生导师制面临的主要问题

（一）全面推行本科生导师制面临导师资源严重缺乏的困难

一方面，中国高校的师生比普遍偏低，自高校扩招以来，此矛盾越加突出。据统计，目前全国高校的师生比平均约为 1：17，而某些高校某些热门专业的师生比更低。据报道，2004 年广东全日制普通高校师生比为 1：29.35，若加上成教学生，师生比则高达 1：43.92。而美国的斯坦福大学师生比是 1：3，普林斯顿大学师生比为 1：6，布朗大学和达特茅斯学院均为 1：9。中外高校的师生比差距可见一斑。而推行本科生导师制则要求有较高的师生比，以利于导师和学生之间的充分交流，在师生间建立起更加密切的关系，使教师有充足的时间对学生进行个性化指导。国内绝大多数此领域的研究者均认为，一位导师指导的学生人数不宜超过 10 人，照此推算，将有 40% 的学生无法得到导师的指导。

---

* 任成印，河北经贸大学法学院教授。

教师资源严重缺乏成为本科生导师制推行的最大挑战。另一方面，并不是所有的大学教师都适合作本科生导师，按照本科生导师制的教育理念，本科生导师需要具有良好的个人修养，扎实的专业功底和优秀的教育技能。从中国高校师资的实际情况看，精通专业知识与技能者比比皆是，但是集良好的个人修养，扎实的专业功底和优秀的教育能力于一身的老师并非很多，这无疑又加剧了导师资源短缺的矛盾。

（二）全面推行本科生导师制面临部分教师热情不高的问题

有些教师不愿担任本科生导师，还有些教师担任本科生导师后工作热情不高，存在走过场的现象。笔者认为，造成该现象的原因主要包括：第一，有些教师责任心不强，缺乏奉献精神。第二，有些教师指导本科生太多，再加上研究生，有些力不从心，难以周全。第三，工作业绩考核制度不完善，没有把本科生指导工作放在突出地位，存在着重科研轻教学的倾向，教师热衷于搞科研，对指导学生没有热情。第四，某些教师社会兼职过多，社会活动频繁，无暇顾及学生。第五，从教师的角度看，带本科生与带研究生相比，成本高、收益低，研究生大都比较成熟，而且具有一定的专业知识和技能，指导起来比较容易，有些研究生还可以协助导师从事科研工作。与此相对，本科生思想上还不太成熟，需要教师投入更多的精力和耐心。第六，某些学生不主动，请教导师不注意方式、方法。第七，缺乏有效激励和约束机制，很多高校指导本科生是义务性或半义务性的，既缺乏物质鼓励，又缺乏精神鼓励，由于没有相应的待遇，也无法对导师的职责作出严格明确的规定。

（三）全面推行本科生导师制面临思想认识混乱的问题

本科生导师制包括全职型、学术型、思政型和辅导型四种。而真正意义上的本科生导师制是全职型导师制。从中国目前本科生导师制实行的情况看，很多人对该制度仍存在认识上的误区。有些人认为本科生导师和研究生导师功能相同，其主要职责是指导学生的科研活动；有些人则将本科生导师制和教师答疑制度混淆，认为导师的主要任务是解答学生提出的各种难题；还有一些人对导师、普通任课教师和辅导员的关系认识不清。这些认识上的偏差严重影响了本科生导师制功能的正常发挥，使该制度的实行效果大打折扣。

（四）全面推行本科生导师制面临本科教育基础化与专业化的矛盾

伴随高校扩招，目前的本科教育已从精英教育转为大众教育。其主要任务是培养具有宽厚专业知识和广泛适应能力的合格劳动者。而大学教师往往都有自己主攻的专业方向，因此，过早地将本科生交给某位固定导师指导不利于学生兼收并蓄，博采众家之长。有学者认为，导师制是应专业型学习而产生的，是为大学毕业后立志钻研的学生准备的，而大学阶段是基础知识的培养阶段，这样实行有悖于大学的本来作用。本科生应该涉猎广泛，打实基础，过早地专业化会限制他们的发展方向。尽管上述观点存在着对本科生导师制有所误解的成分，但本科生导师制容易导致本科教育过早专业化，不利于本科生打下宽厚专业基础的倾向是值得我们充分重视的。

二、推行本科生导师制的几点构想

（一）以导师组为基本组织形式，科学整合各方面的人力资源，缓解导师资源不足的矛盾

本科生导师制有导师组和个人两种组织形式，相比之下，导师组这种组织形式更具优势，这是因为：第一，导师组可以将各种层次、各类专业和各具特色的教师资源科学地组合起来，发挥团队优势互补的综合效能；第二，有助于将青年教师、优秀研究生、优秀高年级本科生和退休教师等不宜单独做导师的人才吸纳到导师队伍中来，以缓解导师资源严重缺乏的矛盾；第三，有助于对学生进行全方位的指导，使学生打下坚实的专业基础，防止出现过分专业化的倾向；第四，效率高，成本低，导师组成员的工作分工明确，其中导师组组长对导师组工作负总责，由具有高

尚人格修养、宽厚专业功底和优秀教育能力的资深教授担任，其他成员的配备可以吸纳部分身体健康的退休教师、优秀青年教师、优秀研究生和高年级优秀本科生。退休教师阅历丰富，时间充裕，可以和学生更好地交流，青年教师、研究生、高年级优秀本科生精力旺盛，可以多承担一些事务性工作，以弥补资深教授时间和精力不足的缺陷。

（二）实行阶段性分类指导，低年级和高年级学生应采用不同的指导方式

低年级新生和高年级学生具有不同的特点和需求。一般来讲，低年级新生思想上不太成熟，不能很快适应大学的学习方式，对学习生活感到茫然，无所适从，他们最需要的是精神哺育和方法指导；而高年级学生已经基本适应了大学的学习生活，具有了一定的专业知识，他们最需要科研和实践方面的指导。基于这种情况，可以分阶段实行不同形式的指导方式。对低年级新生，可以不配备专任导师，而是由每个系或学院成立一个综合性组织，负责新生的思想教育、专业引导和学习方法指导，帮助新生尽快适应大学生活。同时，建立规范的任课教师答疑制度，回答学生学习中遇到的各种难题。北京大学朱青生教授认为：如果有了明确的教师答疑制度，有没有导师都不重要。这种观点尽管有些偏颇，但对于低年级新生来说，规范的任课教师答疑制度确实具有重要的替代作用。对于高年级学生应配备专任导师，[①]负责对其进行全方位的指导，在指导时要注意学生的个性特征，因材施教。这一阶段要侧重学生专业学习的深化和科研能力的培养。同时，也要注意其实践能力的培养，为下一步的深造或工作奠定基础。这种按阶段分类指导的方法可以有效地缓解师资紧张的矛盾，也基本适应本科生的实际需要。当然，如果导师资源充足，从新生入学即配备导师更是良策。

---

① 一般从大学二年级开始，个别师资紧张的学校也可从大学三年级开始。

（三）从物质和精神两方面建立全方位的导师激励机制

建立激励机制主要措施包括：第一，按导师指导的学生人数和考核结果给予相应的报酬。目前，很多高校不给导师酬金或支付酬金过少，从而导致导师积极性偏低。支付合理的报酬既是对导师工作的肯定，也是重要的激励措施。第二，设立优秀本科生导师荣誉称号，对工作业绩突出的导师给予表彰和奖励，对优秀本科生导师在职称晋升、岗位聘任、深造学习等方面给予一定的倾斜。第三，做好对本科生导师工作的考核评价，坚持工作过程和工作效果并重的原则，评价指标要兼顾过程和效果，把评价的重点放在对导师工作过程的监控上。要对被指导学生的政治表现、平均学分绩点、社会实践情况、获奖情况等进行综合评价，尤其要把学生的科研能力作为评价的重要内容。并且将考核评价结果直接记入教师教学工作量考核表中。第四，建立导师与学生的双向选择制度，赋予导师挑选学生的权利，可以有效地激发导师的工作热情，因为导师对自己喜欢的学生往往更愿意倾注心血。

（四）严格导师选拔标准，保证导师队伍的整体素质

严格选拔导师是保证指导工作质量的关键，有助于使被选拔上的导师产生荣誉感，同时也是提高导师待遇的前提条件。在实际操作中，应注意如下标准：第一，热爱教育事业，具有良好的个人修养和强烈的工作责任心，能够通过言传身教，用为人师表的模范行动和人格力量感化学生，使之形成健康向上的思想品质和职业道德。第二，具有合理的知识结构和较高的科研水平，对教学内容和课程体系有全面了解，这样才能介入学生的培养过程，帮助学生制定切实可行的学习计划和发展目标。第三，具有勇于创新的精神和旺盛的创造力。本科生导师制的根本目标在于培养创新人才，因此导师必须能够胜任创新教育。导师自身应具有强烈的了解专业前沿信息和不断提高业务素质的要求，有与学生一起共同学习的态度，鼓励学生的创造性，重视过程学习和实践活动。第四，具有较强的教育能力，包括信息转化能力、组织调控

能力和教育引导能力。第五，对学校的整体情况比较了解，如学校的发展目标、学校的规章制度等，这样才能对学生实施有效的指导。第六，有很好的耐心，能结合本科生的实际水平因材施教。

（五）加强对导师和学生的培训，使他们正确认识本科生导师制的意义、目标和内容

第一，本科生导师制是个性化教育。要按照学生的个性和经历帮助学生全面发展。实行完全学分制以后，学生的选择空间大大拓展，但也容易造成无所适从。因此，要求导师从每个学生的实际情况出发，帮助他们制定相应的学习计划和发展方向。第二，本科生导师制是素质教育。本科生导师和研究生导师具有很大区别，研究生导师侧重于指导科研，培养学生的科学精神和科研方法。而本科生导师则应将主要力量放在学生的全面成长和综合素质的提高上。第三，本科生导师侧重于业务指导。本科生导师和班主任、辅导员具有不同的工作重点。班主任、辅导员侧重于学生的行政管理和思想工作，具有宏观性、事务性和统一性的特点。而本科生导师则侧重于对学生进行学习和科研指导，当然，导师也应当关心学生的思想和生活问题，但这种关心具有个人性，与统一的思想教育和学生管理有很大区别。第四，本科生导师制是创新教育。导师应注重学生创新能力的培养，通过向学生提供阅读书目和其他学习资料培养其自主获取知识的能力，通过指导学生参与科研活动培养其分析和解决问题的能力，通过指导学生参与实践活动培养其理论联系实际的应用能力。总之，只有导师和学生都能正确认识本科生导师制的教育理念，才能收到良好的实施效果。

（六）明确导师的职责，建立完善的导师约束机制

为了保障本科生导师制的实施效果，增强导师的工作责任感，必须明确导师的具体职责，建立完善的约束机制。结合各高校的实践经验，笔者认为导师的职责主要包括如下几个方面：第一，做好学生的思想教育工作，以自己的言传身教影响学生，用科学的世界观、人生观、价值观和方法论引导、教育学生；第二，向

学生介绍专业知识结构和能力结构，针对学生的个体差异，对学生选课、选择专业发展方向、学习方法、学习计划、个人发展规划等方面进行指导；第三，帮助新生尽快适应大学的学习、生活；第四，主动了解贫困生、学习困难生和心理压力较大学生的情况，尽可能给予他们切实可行的指导和帮助；第五，介绍国内外学术动态，鼓励和协助学生参加科研工作，提高学生的专业兴趣，培养学生的科研意识和科学精神；第六，主动了解并帮助学生解决学习和生活当中的具体问题和困难，帮助他们处理好各种关系，和学生单独会面每月不得少于 1 次；第七，指导学生阅读，召开读书报告会或专题讨论会，举办学术讲座，拓宽学生的知识面，培养学生的自学能力；第八，指导实习和社会实践，提高学生的实践能力；第九，指导毕业论文；第十，指导考研和就业。总之，导师不仅要关心学生的学习状况，还要关心学生的思想和生活。有调查显示，师生间"有事联系，无事不联系"的比例较高（学生 49.5%；教师 54.5%），当学生在学习中遇到困难或家庭有意外情况时，首先考虑的求助对象中导师的比例也只有 20.3%，求助于辅导员甚至同学的占 79.7%。而在导师和学生的关系中，希望导师"既要关心学习，也要关心思想与生活"的则高达 98.4%。这个调查结果既暴露了当前本科生导师制实行中存在的问题，也反映了学生的愿望和期待，应当引起我们的高度重视。除了明确导师职责外，还要明确规定导师的工作规程。一般来讲，导师在指导学生前必须制定明确的培养计划。在指导过程中，必须为自己指导的学生制定具体的指导方案，此外，还应定期或不定期地对学生的学习和研究进度做出客观分析与评价，并将结果及时告知学生本人，以激发学生的学习潜能。在明确导师职责的基础上，要加强对导师履行职责情况的考核，并将考核结果作为教师工作年度考核、专业技术职务晋升和岗位聘任的门槛条件。指导本科生工作考核不合格的教师，视为当年度考核不合格，取消当年职务晋升资格，低聘或暂缓岗位聘任；对于不负责任的导师要进行批评，对不合格的导师要坚决取消其导师资格。

贯通教学法

——改革毕业论文工作的尝试

课题组*

毕业论文（毕业设计）是大学教育中极为综合和复杂的教学环节，是实施素质教育的重要手段，这项工作的质量直接影响着培养学生的质量。几年来，在素质教育观念的指导下，我们从地方普通高校的教学需要出发，根据河北经贸大学确立的人才培养目标，对毕业论文工作进行了以"贯通教学法"为主要内容的教学改革，并在实践中取得了一定的成效，现将我们的做法总结如下，希望得到同行的指正。

一、毕业论文存在的问题及其原因

多年来，学生毕业论文中存在的问题突出地表现在：一是学生缺乏基本的论文写作技能和技巧；二是抄袭、拼凑现象严重，对毕业论文的创造性劳动属性认识不足；三是理论性论文缺乏前瞻性和创造性；四是实践性论文（调查报告）比重过小，且缺乏针对性。毕业论文之所以存在上述问题，除了个别学生自身的原因外，我们认为最主要的是受传统教育观念的影响，学校和教师对毕业论文的综合性教育地位认识不清，在操作中又人为地割裂了毕业论文和其他教学环节的联系。主要表现在：

（一）毕业论文与其他教学环节在时间上互相脱节

传统的教学计划是把毕业论文放在学生毕业前，在教学计划

---

* 课题组成员：郭广辉、任成印、包雯、樊鸿雁、赵一强、刘静仑，河北经贸大学法学院教师。

中规定了严格的时间界限，长不过最后一学期，短仅仅几周时间，要求学生在如此短的时间里写出高质量的学术文章，在没有主动的理论知识积累，没有有目的的实践活动，且在面临沉重的就业压力下，实在难以完成。

（二）毕业论文考核与其他教学环节脱节

传统的教学计划是把专业课、毕业实习、毕业论文和就业教育当作相互独立的教学环节，依次排列，对各个环节的质量考核也单独进行，学生的毕业论文做不好，也只影响到一个环节的成绩，因此学生做毕业论文的压力不大，敷衍交差了事。

（三）毕业论文辅导和其他教学授课内容脱节

在传统的教学计划安排中，教师对学生论文写作的辅导多数是在做毕业论文期间，由于前期授课中教师对学生做论文辅导较少，学生缺少基本功训练、做毕业论文时不知从何下手。

二、贯通教学法的设计原理

贯通教学法的思路是立足素质教育的总目标，着眼大学教育的全过程，从学科、专业教学的整体性、系统性出发，将各个相对独立的教学环节贯通，强调毕业论文是学生知识、能力和素质的集中反映，强调毕业论文教学贯穿于大学教育的全过程。贯通教学法的设计原理包括：

（一）将毕业论文与专业学习贯通

素质教育要求大学生必须具备基本的理论素养，包括理论知识和理论思维、表达能力。要做到这一步必须学以致用，改革传统的灌输式教学方法和死板的闭卷考试方法，将各种体例论文（设计）的写作作为成绩考核体系中的一个重要部分，将平时作业论文、期末考试论文、学年论文、课外投稿和毕业论文连成一个整体。

（二）将毕业论文与毕业实习贯通

素质教育同样要求大学生必须具备基本的实际操作能力，这又需要将毕业论文与毕业实习贯通。对学生来说，毕业论文与毕业实习有着密不可分的关系，实习是基础，论文是成果，将毕业论文和毕业实习紧密结合，让学生在实习中发现问题，探索解决问题的途径，真题真做，锻炼学生的实际操作能力。

（三）将毕业论文、毕业实习和学生就业贯通

此即鼓励学生根据选择的就业目标单位确定论文题目，并带着论文题目到就业目标单位实习。这种做法带来以下好处：一是减轻了学校为学生找实习单位的压力，学生为就业去实习，实习单位为用人而接收实习生，双方都有积极性。二是有利于"自主择业、双向选择"。一方面，学生实习过程即择业过程，通过实习学生深入了解就业目标单位的工作业务和工作环境，最后做出就业决定。另一方面，实习单位可以通过实习生的表现，充分考察录用对象的思想品德和业务水平，最后做出是否录用的决定。

（四）将集体授课和个别辅导贯通

大学生专业学习通常是以班集体形式进行的，而毕业论文则必须以个人撰写和指导教师个别辅导的形式完成。如果能够辩证、科学地处理集中与分散的关系，在授课阶段就适当渗透个别辅导无疑会增加学生的专业兴趣，使学生在专业学习阶段就储存若干兴趣点。为日后进行毕业论文写作打下良好的基础，同时也为日后指导教师指导论文减轻不少负担。

三、贯通教学法的实施措施

基于上述认识，我们认为应对传统的教学方案和教学计划予以适当调整，并应采取以下措施：

（一）提高毕业论文学分分值，突出毕业论文在教学计划和学分体系中的特殊地位

应当说毕业论文质量是一个学生整体素质最直观的体现，它既包括一个学生的知识水平，又包括理论思维能力和实践操作能力，在学分体系中毕业论文必须占有较大比例。过去，四年制本科总学分通常在180~200分之间，其中毕业论文学分一般不足

5%，显然过低。我们认为毕业论文学分应占四年总学分的10%以上。

（二）强化毕业论文意识，尽早进行毕业论文教育

应该让学生认识到毕业论文是一项"一俊遮百丑"的工作，必须高度重视。在开设第一门专业和专业基础课时就在课外给学生进行如何准备毕业论文的业余讲座，并且每年向学生印发本学科理论和实践应用的热点、难点题目，以便及早积累材料，为日后毕业论文写作打好基础。这样做至少可以确保学生有两年以上时间为毕业论文作准备，使毕业论文质量有充分的时间保证。

（三）鼓励学生撰写调研报告

作为地方普通高校的应用性专业来讲，由于受资料和就业去向的限制，我们认为，不应引导学生一味写理论性毕业论文，而应鼓励学生撰写调研报告，重点研究实际问题，这样既容易驾驭，又具有直接应用价值，有利于学生就业。

（四）让毕业论文、毕业实习和学生就业互相渗透，互相贯通

具体措施是，首先打破毕业实习和毕业论文严格的时间界限，除了留有论文修改、抄写、答辩时间外，不再留出专门的论文写作时间，相应地在教学计划中拉长毕业实习时间，要求学生基本上在实习期间完成论文写作。其次，鼓励学生选择就业目标单位作为实习单位，以实习单位需要确定论文题目。如营销专业学生为实习单位进行营业策划，法学专业学生为实习单位进行法律咨询、论证等。

（五）实行导师负责制

此即在专业学习阶段就在双向选择的基础上为学生确定指导教师（导师）。每位导师一般带 4～5 位学生。平时导师负责学生的专业学习论文资料积累，学生向导师学习做学术研究等，在实习阶段负责协调学生与实习单位的关系和毕业论文指导。这种长期的师生协作关系既有助于加深师生感情，也有利于提高毕业论文质量。

四、实施贯通教学法的初步效果

经过几年的教学实践，贯通教学法获得了较为理想的教学效果，主要表现在：

（一）毕业论文质量明显提高

实施贯通教学法的毕业班中，有 50% 学生毕业论文的题目是通过实习发现的实际问题，真题真做，有明确的研究目标和方向。同时由于实行导师负责制，一些学生参与导师的课题研究，有的毕业论文题目就是导师研究课题的一部分，毕业论文质量有了明显提高，有些学生的毕业论文还得以在专业报刊上公开发表。

（二）学生学习专业知识和参加实习的积极性有所增强

由于专业知识可以直接化为素质和技能，而且是其兴趣所在、切身利益所在，所以学生学习的主动性、积极性有所增强。同时，由于毕业实习内容紧密结合各行业的社会实践，毕业论文又是在导师指导下自由选题，在实习工作中，学生可以得到许多有关实践的第一手资料，发现许多课堂教学难以遇到的问题，学生普遍感觉有事可做，有价值去做。

（三）为学生就业创造了条件

实施贯通教学法的企管系三届毕业生中，有 10 余名学生由于毕业论文出色，在毕业实习时找到了就业单位。许多学生通过写调研报告进一步认识了社会和自我，初步适应了社会，树立了脚踏实地的就业观念，顺利地选择了就业单位。

（四）为实习单位做出了贡献

由于不少学生是针对实习单位的某些具体问题选定毕业论文题目，经过认真调查研究和思考，不少论文成果具有重要参考价值，甚至成为实习单位领导决策的依据，从而为实习单位做出了贡献。

民法学教学范式改革的尝试与体会
——在 2014 年全校教学大会上的发言

田韶华*

作为法学院的一名普通教师，从教 20 多年来一直在教学一线从事民法学的教学工作。20 多年的教学生涯，让笔者有足够的时间去体会老师是什么，教书又意味着什么。如果说有些许感悟的话，那便是随着教龄的增长，笔者逐渐开始思考的一个问题：作为老师，什么是你的贡献？这个问题，在上学期我参与的教学范式改革的过程中体会得尤其深刻。下面笔者就在教学范式改革中的一些做法和点滴体会向大家作一个汇报。

上学期，法学院的民法学被遴选为学校第一批教学范式改革试点课程，笔者作为主讲教师之一参与了这项工作。在学校以及法学院领导的大力支持和引领下，在民法学教学团队的共同努力以及同学们的热情参与下，我们在课程内容、教学模式，以及考核方式等方面进行了积极的探索，并取得了一定的成效。一学期下来，可谓感悟良多，受益匪浅。

我们首先对学校有关教学范式改革的文件进行了深入系统的学习，充分认识到教学范式改革的必要性，并在此基础上明确了民法学教学范式改革的基本精神，即坚持以学生为主体，教师为主导的教改理念，以教学模式和考核形式的创新作为教学范式改革的核心，充分发挥学生的主观能动性，培养学生自主学习和实践应用的能力。

其次，努力探索教学模式的创新，提高教学质量。我们结合

---

* 田韶华，河北经贸大学法学院教授。

我校的学科特点和实际，以及民法学本身的特点，将民法学的主导教学模式确定为探究式、实践型的自主、合作学习模式。在此基础上，我们依托法学院三个国家级基地和项目，即法学国家特色专业、国家级本科专业综合改革项目，以及与河北省高级法院共建的国家级校外大学生实践教学基地，积极开展教学模式的改革。我们以学习小组为载体，以司法案例为素材，通过小组讨论、专题报告、课堂辩论以及模拟仿真、社会调查等多种教学手段，激发学生的学习兴趣、鼓励探究式学习，提高学生的能力；同时，我们还充分利用网络课堂这一平台，通过作业提交、课程博客、课程答疑等板块广泛开展师生互动以及生生互动，有效地拓展了课堂教学的空间，激发了学生的兴趣，进而充分调动了学生学习的自主性和积极性。此外，我们在进行教学范式改革的同时，还积极进行民法学精品资源共享课的建设，并于2013年获批河北省精品资源共享课，这给同学们的学习提供了很好的平台。

再次，改革考核方式及评价标准，改革的方向和目标是突出对学习全过程及自主学习能力和知识运用能力的考核，促进学生从被动学习向主动学习转变。在这方面，我们的做法主要是提高了平时成绩，将其由之前的20%提高到40%，同时结合小组讨论、课堂发言、网络课堂学习等学习过程对考核标准予以了细化。

经过一学期的改革与探索，我们的教改取得了一定的成效。同学们积极主动地投入课堂以及网络课堂的学习、讨论中，热情参与实践教学以及与老师及同学们的沟通互动。他们自发在网络课堂上提交各种作业达569人次，上传课程博客近100条，讨论板的帖子近300条。一学期以来，同学们在语言表达、逻辑思维、资料查阅、合作精神、实务操作等各方面都获得了一定程度的提高。上学期期末的时候，有学生在网络课堂上留言：这学期感觉真是收获颇丰啊，不仅收获了好多知识，收获了学习的乐趣，收获了老师的谆谆教诲，也收获了同学之间的交流和学习。

看到这样的留言，笔者由衷地感到欣慰，因为作为老师，最大的收获就是学生有所收获。为了这一点，这一学期的付出，虽然辛苦，但并不痛苦。

那么，回到之前的那个问题：作为老师，什么是你的贡献？笔者的体会是：其一，老师应当把所授课程的魅力充分展现给学生。老师应当意识到，自己只是将光折射给学生的那面镜子，而不是光本身。就此而言，创新教学模式的主要目的其实在于让学生充分领略到所学课程的魅力，进而引领他们走入学科的大门。其二，老师应当意识到，对于学生的成长而言，思考比记忆更重要，心智的培养比智力的提高更重要。因此，教学的过程其实是一个让学生学会思考并努力探寻的过程。优秀的老师应当像苏格拉底所说的那样，是一个接生婆，要把学生自己的思想引导出来。其三，老师应当给学生提供更为广阔的思维空间和发展空间。从本次课改中，笔者深深地感觉到，那些走在大学校园里的年轻学子，他们有激情、有思想、有能力，他们渴望成长、渴望参与也渴望被认可，老师应当充分相信并挖掘学生的能力和潜力，并对他们的学习热情予以积极地回应，继而引导他们，成就他们。就此而言，老师的贡献不应当仅仅是让学生获得一种知识，更重要的，是让学生拥有一种思考、一种精神、一种态度和一种不懈的追求。笔者很想努力做到这一点，尽管做得还很不够。

最后，感谢学校以及法学院领导对我教学工作长期以来的支持和鼓励，感谢法学院这个积极、上进、温馨的大家庭给我们提供的优良的教学氛围和环境，同时，还要感谢同事们的帮助和同学们所给予我的充分信任。正是这些鼓励、支持和信任，让我感觉到做老师的快乐，让我有力量继续前行。教书是一种职业，同时也是一种修行。它在修行学生的同时，也修行着自己。而做老师越久，教改越深，便越会发现自身的不足。我们将在教改这条路上继续探索。只是因为，讲台在那里，学生在那里！

司法实践能力培养目标下的法学本科毕业论文训练模式探讨[*]

王　韬[**]

一、法学本科毕业论文选题导向的转换

在传统的本科毕业论文写作训练中，选题偏重立法论角度，而缺少解释论角度；论证方式采用教科书式的阐发，而不是严密的推导；论证结论难有价值。不仅浪费了宝贵的时间和学习资源，而且，使得学生对法学研究乃至对法学知识留下了恶劣的感性评价。而司法实践中真正需要的法律论证能力，由于没有教师的系统指导，只能留待学生到工作中自己进行碎片式的摸索和碰壁后的自悟了。

解决上述问题的方法，可能有很多种，但是，从目前国外法科学生的培养方法来看，普遍性的规律在于，法科毕业论文，甚至是学习中间的论文写作，都应该树立以司法适用为导向的培养目标，而不是树立以培养法学家为导向的培养目标。具体而言，需要改变以下三个方面的观念：

第一，法科论文的写作价值目标，从立法建议导向到司法适用导向。所谓立法建议导向，指论文的论述结论，是建议法律的立改废。由于我国法治建设的不断推进，法律体系基本完备，法

---

　　* 本文为河北经贸大学教学项目"司法实践能力培养目标下的法学本科毕业论文训练模式研究"（2013JYY05）最终成果，项目主持人为王韬。

　　** 王韬，河北经贸大学法学院讲师，法学博士，执业律师，研究方向为刑法学、经济法学、经济刑法学。

律研究的主要问题已经从研究法律的立改废而进入研究法律的解释适用规律，立法建议导向的论文写作，难有价值。

第二，法科论文的训练能力目标，从训练学生的理论思辨能力到训练学生的法律适用方法。从培养法律适用能力导向上看，司法适用中，找法、解释法律、事实辨认和法律说服能力等才是学生最为急缺进行系统训练的能力。

第三，法科论文的成果形式，从著书立说到案例研判。要求仅仅进行了4年法学初步训练的本科生进行著书立说式的论文写作，不仅高估了学生的写作能力，更低估了法学研究的专业性和严肃性。要求学生进行案例研析式的写作，才能更加符合法学本科毕业生的知识结构和培养目标。

二、法学本科毕业论文的写作步骤

本文主张的案例研析型学术论文写作训练，是大陆法系法科学生的传统做法。在德国、日本、韩国的法学本科教育中，教授将具体案例交给学生，由学生根据该案例写出分析报告，报告要求学生找法准确、解释合理、论证深入、符合司法习惯，并且要考虑到案件解决的其他社会影响因素，因此，论文写作不仅要求学生翻阅查找大量法律法规、学术文献，还要求学生根据本案调查法官和律师的司法心理和判决习惯。本文主张在我国法学本科毕业论文训练中，引入这种培养方式，并就该方式具体的运作流程设计如下：

第一个环节，案例材料的选取。案例材料应该尽量遵循实例原则，在教师自己从业的判例中选取适例为佳，因为这种案例，第一手材料最为丰富，不仅能够为学生提供案件的基本经过，而且能为学生提供案件的各种证据和诉讼文书，有利于训练学生从最原始的材料中认定事实、发现问题以及查找证据等能力。

第二个环节，论文题目的确定。案例研析型论文，并非简单的案例研析。而是要在案例中，选取案例所体现出来的重要争议点，在此基础上进行论证。所以在选取案例之后，还要进行案例中争议点的选取与研判，并且确定论文写作的立场（控方、辩方还是裁方），这都需要指导教师的指导与分工。另外，还要注意判断学生选题的题目的大小与难易，不宜选取太大或太难的题目。

第三个环节，法律、相关案例与学术成果的获得。这是一个广义"找法"的过程。司法实践中，如何获得能够支持自己观点的依据，包括现行法、相关判例以及权威学者的学术成果，至关重要。需要指导学术熟练运用各种工具和方法。

第四个环节，对司法习惯和案外因素的调研。影响案件判决的，绝不仅仅是法律、判例和学者论著，法官判决中的司法习惯和判决心理以及其他案外因素，都会影响法官对案件事实的识别，也会影响法官对法律解释的立场，进而最终判决。一篇有价值的案例研析型论文，不仅要通过文献资料法搜集法律、判例和学者论著，还要通过调研的方法搜集司法习惯和案外影响因素，并评价其影响的方式（影响事实认定还是影响法律解释，抑或影响量刑或赔偿数额的量定）程度和合理性。

第五个环节，论文的写作与修改。这是最基本的环节。这个环节中，训练最基本的谋篇布局、论证方法和语言运用能力等。

三、法学本科毕业论文的训练目标和评价标准

案例研析型论文，应该遵守其特定的，符合司法实践标准的论文评价标准，主要包括：

其一，案件事实类型化准确。即对案件争议问题性质的归纳准确，能够明确是属于民事案件还是刑事案件；民事案件的，是侵权还是违约；侵犯哪种权利；刑事案件的，属于哪个罪名范围的问题。

其二，找法全面、准确。能够查找到全部现行适用的法律、法规、司法解释；能够查找到最高院以及本省级高院的相关权威判例；如果没有上述两种依据的，能够找到其他省份的判例，或者找到多名权威学者的论著。

其三，解释合理。对所找到的法律、法规、司法解释，能够正确运用法的解释方法，恰当处理法律中的模糊冲突与空白，能够有理有据地选取合理的解释结论。

其四，理论论证充分。理论点选取、论证充分，司法判例选取充分、准确，理论与司法判例运用恰当。

其五，案件攻防点选择合理。能够从同一案件的不同立场思考，选取控辩双方可能最为关注的焦点，选取本方最有利的攻击点，并能够充分准备好对方最为薄弱的防卫点的防卫。攻防点选择，符合法官接受程度、符合司法习惯和社会接受能力。

其六，论证推导，逻辑严谨。证据链条、法解释、逻辑判断过程严密，能够得出唯一的结论，不存在漏洞。

其七，术语运用标准、体例规范，法言法语运用得当，论文体例符合学术标准。

其八，表达流畅，不违反诉讼参与人和社会的基本情感和表达方式，可接受性强。

完成上述论文指导，不仅需要学生的努力，也对指导教师提出了较高的要求。指导教师不仅应从事法学理论研究，也要从事司法实践，才能具备选取恰当案例、熟练进行法律解释和法律适用等能力。只有指导教师熟悉司法习惯、法官心理和社会心理，论文的指导和写作才不至于闭门造车、坐而论道。

论复合型国际化会计人才的培养[*]

郭广辉　　孟彩英^{**}

随着经济全球化和会计的国际趋同，会计在促进国家贸易、国际资本流动和国际交流方面发挥着重要媒介的作用，会计国际化成为会计改革的必然发展趋势。随着越来越多的外企和外资进入我国市场，为了更好地参与国际资本市场的竞争，我国高校有必要培养通晓法律、英语和会计的国际化会计人才来满足市场需要。

一、我国高校会计人才培养的基本模式

我国高校特别是普通高校，培养会计人才的模式主要有以下四种：

（一）双学位（历）制

双学位（历）制是指在本科学习期间完成两个或两个以上专业的学习，培养学生复合型知识和能力的模式。由于我国高等教育体制的局限，学校要在 4 年时间内完成原本属于两个 4 年制本科的教育内容，在有限的时间内增加学习内容，还可能由于课程安排的冲突，使学生听不了课，只能参加考试。这种模式肯定会影响专业知识的学习效果，影响专业能力的培养和锻炼，最终影响的是毕业生在就业中的竞争力。

　＊ 本文是 2012 年度河北省高教改革研究项目"法学与经济学融合——基于卓越人才培养的理念"（2012GJJG012）研究成果。

　＊＊ 郭广辉，法学博士，河北经贸大学法学院教授，研究方向为经济法；孟彩英，河北经贸大学旅游学院副教授，研究方向为企业管理。

（二）主辅修制

主辅修制有两种具体方式：一种是在学习其他非会计专业的同时辅修会计专业，另一种是在主修会计专业的同时辅修其他非会计专业。两种方式都能使学生掌握两个专业的知识。这种模式存在的主要问题是学生学习时间太紧张。两个专业的学习交叉同时进行。大学生的专业课程设置一般是在大二、大三两年，学生从周一到周五学本专业，业余时间学习辅修课程，精神高度紧张，考试更是应接不暇，学习效果很不理想。辅修专业学生的社会认同感低于双学位学生，很多地方甚至根本不承认辅修专业的学位证明。

（三）选修制

我国高校实行选修课的方式是让学生学习本专业之外的其他专业，目的是拓宽知识领域。学生选课时一方面考虑兴趣，另一方面考虑是否好过，目的是拿学分，对选修课的内容并不重视。选修课一般是大课，逃课现象严重。学生一般参加考试即可通过，学习效果差。由于学生对选修课不重视，所以在选课时不考虑知识的复合型效果。例如，会计专业的学生选茶艺课，只是兴趣所致。在4年制学分固定的情况下，学分选够了，但复合型知识结构并没有实现。

（四）专业硕士教育模式

我国有很多高校招收专业硕士研究生。这种模式的目的是培养高层次复合型会计人才。但由于选拔的学生专业层次不一样，在有限的学制3年中，教学内容只能是普通本科会计专业的核心课程，学习水平可想而知。更重要的是，会计硕士很难满足攻读会计或管理学博士研究生所要求的专业知识条件。这就导致专业硕士教育模式陷入尴尬境地。

二、"法学＋英语＋会计学"国际化会计人才培养模式的构建

一般来说，研究型高校应以培养高层次研究人才为主，应强

化精英教育理念，应采用专业化班模式，而教学型高校应以培养应用型人才为主，强调学以致用，主要采用双学位（历）制和选修课模式。我国高校会计学院目前每年招生量很大，分为财务会计、财务管理、审计、电算化等专业。目前这两种方式培养出的学生能达到厚基础、宽口径、高素质的目标，但还远远不能适应会计国际化的需要。因此，有必要在此基础上创新培养模式，建立"法学＋英语＋会计学"国际化会计人才培养模式，实现培养高层次会计人才的需要。这种模式可通过建立国际化班来实现。

国际化班是在新生中选择一定数量的学生，本着学生自愿，符合培养要求的双向原则，专门制定培养计划。国际化班对学生的某些课水平有较高的要求，如英语、数学都要求在 120 分以上。南开大学和武汉大学都有成功的案例：南开大学的"经管法"试点班71％的学生考取了研究生；武汉大学的人文科学实验班、数理金融实验班、WTO 实验班等都非常有效，达到了预期的培养目标。这种模式尊重学生的意愿，有目的地制定教学计划，组织不同专业层次较高的教师任教，注重实训实习，学生毕业后就业方向明确，职业层级较高。

（一）国际化班的培养目标

国际化班的培养目标是：适应市场经济国际化的需要，德、智、体全面发展，系统掌握会计学、审计、法学、外语等学科的基本理论知识，熟悉国内外与会计、财务相关的方针政策、法律法规以及相关的国际惯例，专业基础扎实，实践能力较强，富有创新精神，具有较强的语言和文字表达能力，具备会计、法学、审计、税务鉴证等技能，适应外资、合资企业、中介机构、企事业单位需求的国际型综合人才。

（二）国际化班的培养特点

"法学＋英语＋会计学"国际化班是法学与英语、会计学多学科结合的新兴专业，同时涉及法学、英语、会计、审计、管理、金融等多个领域。其既是法学、会计、语言等思维的结合，具有较强的综合性；又是多学科交叉，是适应我国经济国际化发展的需要而产生的新兴复合型专业方向；还具有创新性特点，是我国高校在现有专业基础上的创新，仍处于试验阶段。

（三）国际化班的培养要求

本专业方向毕业生应达到以下要求：

1. 本专业学生必须掌握法学、英语、会计学等方面的基本理论、基本知识和基本业务技能；接受法学、会计以及两者结合部分的实务训练，掌握会计的基本分析方法；熟悉国内外相关的政策、法规及相关国际惯例，具有运用法学、会计学知识去认识问题和处理问题的能力；具备会计、审计、税务、鉴证等职业技能。

2. 掌握文献检索、信息搜集、资料查询以及法律、会计信息的处理方法，计算机能力达到非计算机专业计算机二级考试水平。

3. 能熟练运用英语，具有听、说、读、写、译的基本能力，达到国家大学英语四级及以上考试水平。

4. 体育达标，符合《国家学生体质健康标准》要求；普通话达到国家语委颁布的普通话标准二级乙等。

（四）国际化班的主要课程

国际化班的主要课程包括：西方经济学（包括微观经济学、宏观经济学）、会计学基础、中级财务会计、高级财务会计、财务报表分析、财务管理、成本管理会计、法务会计学、会计信息系统、审计学、财务造假甄别、经济法、战略风险管理、证据法学、经济犯罪调查、法理学、民法学、商法学、知识产权法学、税法、合同法学、民事诉讼法学、英语等。

（五）学制与年限

本科基本学制 4 年，学校实行弹性学制，3～6 年。

（六）学位

会计学学士学位。

会计专业（国际化会计）本科指导性教学计划

类别	课程编码	课程名称	学分	总课时 课堂教学	总课时 实验教学	学期	1	2	3	4	5	6	7	8	备注
大学通修课		形势与政策	2			1～6	★	★	★	★	★	★			报告会
		思想道德修养	3	32	16	1	2								课外1学分
		马克思主义基本原理	3	54		3			3						
		毛泽东思想和中国特色社会主义理论体系概论	6	54	54	4				3					课外3学分
		中国近现代史纲要	2	36		2		2							
		大学英语	12	280		1～4	4	4	4	4					
		大学语文	3	64		1	4								
		微积分	7	118		1～2	4	3							
		线性代数	3	54		3			3						
		概率论与数理统计	4	72		4				4					
		大学计算机基础	3	32	32	1	4								
		数据库基础与应用	4	36	54	2		5							
		体育	4	128		1～4	2	2	2	2					
		通识教育选修课	10			2～8									
学科基础课		法理学	3	48		1	3								
		战略与风险管理	3	48		1	3								
		民法	4	64		1	4								
		微观经济学	3	54		2		3							
		会计学基础	3	54		2		3							
		管理学	3	54		2		3							
		中级财务会计	4	54	18	3			4						

类别	课程编码	课程名称	学分	总课时		学期	按学期周课时分配								备注
				课堂教学	实验教学		1	2	3	4	5	6	7	8	
学科基础课		宏观经济学	3	54		3			3						
		民法学	2	36		3			2						
		刑法学	3	54		3			3						
		刑事诉讼法学	2	36		4				2					
		成本管理会计	3	54		4				3					
		审计学	3	48		5					3				
		商法学	3	48		5					3				
		跨学科选修课	12			2~8									
专业主干课		法务会计学	3	48		5					3				
		证据法学	2	32		6						2			
		经济犯罪调查	2	32		6						2			
		司法会计鉴定	2	32		7							2		
		财务造假甄别	3	48		7							3		
		逻辑学	2	32		1	2								
		财务管理	4	72		4				4					
		高级财务会计	3	54		4				3					
		会计信息系统	3	32	32	5					4				
		经济法学	3	48		5				3					
		合同法学	2	32		5				2					
		财务报表分析	3	48		6						3			
		行政法与行政诉讼法学	3	48		6						3			
		税法	2	32		7							2		
		专业选修课	12			5~7					4	4	4			

续表

类别	课程编码	课程名称	学分	总课时		学期	按学期周课时分配								备注
				课堂教学	实验教学		1	2	3	4	5	6	7	8	
实践教学环节		军事理论与训练	4			1									
		暑期社会实践一	1			2		★							
		暑期社会实践二	1			4				★					
		暑期社会实践三	1			6						★			
		讲座与读书报告	1			1～8									
		学年论文	1			6						★			
		会计核算模拟	1			5					★				
		案件模拟审判	1			6						★			
		创业与就业指导	1			6						★			
		公司财务建模	1			7							★		
		毕业实习	4			8								★	
		毕业论文	4			8								★	

会计专业（国际化会计）选修课

类别	课程编码	课程名称	学分	总课时		学期	按学期周课时分配								备注
				课堂教学	实验教学		1	2	3	4	5	6	7	8	
专业选修课		会计准则与审计准则	2	32		5					2				研究类
		资产评估学	2	32		5					2				
		民法专题研究	2	32		5					2				研究类
		刑法专题研究	2	32		5					2				研究类
		中国法制史	2	32		5					2				
		外国法制史	2	32		5					2				
		国际法	2	32		5					2				双语
		证券投资学	2	32		6						2			

续表

类别	课程编码	课程名称	学分	总课时		学期	按学期周课时分配								备注
				课堂教学	实验教学		1	2	3	4	5	6	7	8	
专业选修课		非营利组织会计	2	32		6						2			研究类
		诉讼法专题研究	2	32		6						2			研究类
		理论法学专题研究	2	32		6						2			研究类
		案例研究	2	32		6						2			
		商法经济法专题研究	2	32		6						2			研究类
		知识产权法学	2	32		6						2			
		西方法律思想史	2	32		6						2			
		财务会计案例	2	32		7							2		
		劳动与社会保障法学	2	32		7							2		
		国际经济法	2	32		7							2		双语
		国际私法	2	32		7							2		双语
		环境与资源保护法学	2	32		7							2		
		房地产法	2	32		7							2		
		律师实务	2	32		7							2		
		票据法学	2	32		7							2		
		金融法学	2	32		7							2		
		国际投资法	2	32		7							2		双语

　　建立国际化会计班是为了在现有基础上提升我国高校培养会计人才的层次。我们不仅要严谨的设计教学培养方案，还要严格审视教学计划和教学大纲，建设课程体系和教学内容，为国际化班配备高水平的师资队伍，以保证国际化班培养出来的学生能达到预期的目标。

实践教学模式探讨

法学专业校外实践教育基地
建设的探索与实践[*]

王利军　孙亚聪[**]

美国法学家霍尔姆斯曾经说过："法律的生命始终不是逻辑，而是经验。"确实，法学是以法律为研究对象的科学活动和知识体系，其价值在于为实践服务，其发展有赖于实践的推动。法学本身的实践性决定了法学教育不能脱离法律实践，但现实的情况却正如学者所说的，法科毕业生大多是"半成品"，一个毕业生非常清楚合同订立中的要约邀请、要约、反要约和承诺等原理，然而却从未起草过，甚至都没有见过一份真正的合同。这真令法学教育者们沮丧、尴尬和汗颜。法学教育绝不可以成为象牙塔里的坐而论"道"，而应该是一种在真正的实践理念指导下的现实的实践教学活动。因此，法学专业校外实践教育基地的建设就成为实现法学教育培养目标，培养学生的创新精神和实践能力的关键环节。校外实践教育基地建设直接关系到法科学生实践教学的质量，对于法学人才的创新精神和实践能力的培养有着十分重要的作用。

一、法学专业校外实践教育基地建设的必要性

法学实践教学主要是指在课堂教学之外通过真实的或模拟的

　　* 本文是 2013 年度河北省高教学会课题"国家级法学专业校外实践教育基地建设研究"（GJXHZ2013－27）的研究成果以及河北经贸大学 2012 年校级教学研究课题"法学教学团队建设的问题与完善"的部分成果。

　　** 王利军，河北经贸大学法学院教授；孙亚聪，河北经贸大学法学研究生。

法律实践情境来培养学生的法律实践能力的教学方式，包括社会实践、实习、法律实验（法律诊所、模拟法庭等）和毕业论文等环节。而法学实践教学基地模式是现有可行的法学实践教学模式中最重要的一种，可以归于实习环节。法学实践教学基地是在法学院系主导下，通过和法律实践部门的友好合作而在法院、检察院、律师事务所等机构建立起来的学生法律实践环境，其目的就是要在这一特殊的实践教学活动中培养法科学生的实践能力和创新意识。和传统教学相比，法学实践教育基地培养模式具有法律操作的参与性、法学理论的渗透性、司法环境的亲历性等特点。法学实践教学基地的建设的重要意义不言而喻。

（一）有助于改变固有的培养模式，把法学教育从课堂延伸到社会，使学生获得一个真正的法律实践情境

只有身处其中，才能真正对法律的运作有较深的感悟。正如博登海默所说："如果一个人只是一个法律的工匠，只知道审判程序之程规和精通实在法的专门规则，那么他的确不能成为第一流的法律工作者。"① 我们必须让学生通过自己的感悟真正把握住法的精神所在。在法学实践教学基地里，对法律的理解和运用总是在一种真正的情境下，学生通过承办真正的案件的基地导师的指导，通过亲身的参与和具体的操作而深深地感悟着死的法律文本与活的生活事实是如何对应的。不仅学习到收集和分析证据、人际沟通与协调、法言法语的思维与表达等技能，并进而完成认识上的飞跃，即学会"像律师那样思考"（Think like a law-yer）。

（二）有助于法学本科教育由通识性转向职业性目标

法学教育特别是法学本科教育的目标是什么？有人认为，"只有将法学本科教育明确定位为通识教育，才能在教学环节中真正贯彻德、智、体、美全面发展的教育方针，才能培养出宽口

---

① ［美］博登海默：《法理学：法律哲学与法律方法》，邓正来译，中国政法大学出版社 2004 年版，第 531 页。

径、厚基础、强能力和具有创造性、创新性和创业性的法学人才，才能为后本科法学教育和法律职业教育或培训提供优质的生源"。① 也有人认为，"本科阶段的法学教育，目标在于让学生获得从事多种法律职业都必须具备的能力，因此，大学本科法学教育的定位只能是职业教育，认为通过本科法学教育就能培养出法学大师的建议，只能是一个从来没有实现的梦想"。虽然这两个定位不一定是绝对的冲突，甚至二者完全可以融会贯通，因为法学教育既应该是一种职业教育，又在最深层的意义上更应该是一种人文教育，但这样的教育目标的定位应该是分层次和分阶段的。② 同时，应该考虑到社会在不同的历史时期总有对特定职业的不同需求。从此出发，法学这一经世治国的学问就具有了明显的功利性。今天我国更需要在本科阶段培养法学大师还是培养法律职业者，答案似乎不言而喻。但是，迄今为止，我国高校法学教学长期过分偏重于理论教学，而忽视学生的实践能力和创新能力的培养，法学毕业生在实际法律工作中操作能力不甚令人满意。

（三）有助于引导学生面向生活本身，养成关注问题的批判意识和创造精神

法学最终要实践于生活，服务于生活。而"我们当前的法

---

① 曾令良：《统一司法考试与我国法学教育发展的定位——我国多层次兴办法学教育的反思》，载《法学评论》2002 年第 1 期。

② 我国也已经开始探索真正的法律职业教育，并模仿美国模式推出一个只招收非法学专业毕业生的法律专业硕士学位，目的是培养复合型、宽口径的法律实务人才。法学本科生如继续求学则只能攻读学术型法学硕士学位，随后有呼声要求逐步压缩法学本科的招生数量，逐步向美国模式靠拢，但法律硕士学位在实际运作中发生了变异——对于在职人员攻读硕士学位（没有毕业证，只有学位证）的却不要求一定是非法学专业毕业，另外从 2009 年起，为了缓解就业压力，教育部又推出一个"法律硕士（法学）"来招收法学本科毕业生。2008 年起，司法考试也允许大三和大四的法科学生报考，此举对于法学本科的职业性目标有着倾向性诱导。这样，我们似乎可以基本揣测教育主管部门对于法学本科教育的职业性目标的定位，教育部关于法科研究生培养的结构性调整，可参见孙笑侠：《2009 新创 J. M 引起怎样的变革》，载《法制日报》2009 年 4 月 8 日。

学教育也正缺少某种世间情怀。法学院与现实生活之间存在一个巨大的鸿沟。大多数法学教师都把自己和自己的学生们封闭在大学校园之内。课堂上的法学理论听起来很美，但远离实际……学生的惟一工作就是忠实地记录教师的每一句话，以备在考前背诵。关注和研究现实的法律和社会问题，培养批判性的、创造性的思维，仍然是法学教育的盲点"[①]。这不能不说是中国现代法学教育的悲哀！在法学本身已经迷失方向的背景下，法学教育的现状更是令人堪忧。法学实践教学基地的培养模式如果真正能够发挥作用，那么在一定程度上可以对这样的缺憾稍作弥补。

二、法学专业校外实践基地建设

（一）有针对性地选取建设单位

建设校外创新实践基地，主要目的是培养学生的实践能力、职业技能和就业能力。所以，校外创新实践基地的选取和建设，必须紧密围绕人才培养这一中心。

首先，在建设单位的选取上，既要凸显专业要求和特点，又要兼顾学生就业的流向。所以，在建设单位的选择上，应当以公安司法机关以及司法行政机关作为首选。尤其是检察院和法院，这些单位案件集中、丰富，检察官、法官经验丰富，学生能更多地接触实务。除此以外，还要注重律师事务所以及涉及法律事务的咨询机构，这些机构也能为学生提供从事法律实务的机会。

其次，在建设单位的选择上应当充分考虑到建设单位是否具备对学生进行培养、教育、锻炼的条件，如是否能够提供学生参与具体实务的机会、是否有具备相应知识和经验的指导老师，以及相关单位对这一工作的配合及重视程度等。

---

① 王军：《法学的贫困》，载《法制日报》2008 年 2 月 3 日。

（二）与建设单位签署长期合作协议

选取好建设单位，在与之协商的基础上，签署长期合作的协议。在合作协议中要明确双方在建设创新实践基地工作中各自的责任和任务、创新实践基地运作的保障机制、双方基于创新实践基地开展的在科研、教学等方面的合作。通过合作协议的签订，建立与建设单位的长期合作关系，既推进了实践教学活动，也向社会推广、宣传了学院，还可以加深和促进学院与司法实务机关及企事业单位间的交流与合作。

（三）制定具体的管理制度

选取好建设单位并达成协议之后，就需要为创新实践基地的运作制定明确具体的管理制度。这些制度主要是针对参与到创新实践基地的学生的管理及考核和评价，用以明确双方各自的管理职责及培养任务和目标。其主要包括参与创新基地的学生的日常管理，参与创新基地的学生的考核评价制度等。

（四）明确具体负责的管理机构和人员

学院可以设立创新实践基地管理机构，机构负责人由学院领导兼任，机构内设专职管理人员。创新实践基地的管理人员主要负责与基地建设单位的沟通、联络，负责创新实践基地的经费管理及运用，负责安排、制定创新实践基地的活动规划，安排、分配指导老师，组织学生培训等。

三、我校校外实践基地建设的探索与实践

进入 21 世纪以来，社会对于法科毕业生的需求空间越来越狭窄，与此同时，法科毕业生的质量也难以满足市场的要求。法学教育陷入了尴尬的局面，面临着前所未有的困境和挑战。为了更好地生存与发展，河北经贸大学法学院开始尝试进行法学教育改革，加强实践教学、培养市场需求的合格法科人才就是其中的重要改革措施之一，实习基地建设也是改革的重点建设对象。经过几年的努力，2012 年河北经贸大学法学院与河北省高级人民法院共建的实践教育基地被批准为河北省省

级基地。2013 年被批准为国家级校外实践教育基地。

（一）我校校外创新实践基地建设的基本内容

1. 提高教师实践能力，实现高校与法院人员互聘

在法学专业校外实践教育基地建设过程中，首先是领导和教师必须从思想观念上对其高度重视，打破以往不重视或没有必要建设实习基地的错误看法。由于我国在法学教育中长期以来重视书本知识教学的传统，实践教学在法学专业的培养过程中是作为"点缀物"出现的，长期处于被忽略的地位。法学教育的实践性要求我们的法科学生毕业后在直接面临各种法律问题时，能够轻松和熟练地运用所学知识解决具体实际问题。而这些现实问题书本上根本没有提到。因此，对法科学生的分析解决实际问题能力的培养和提高，很大程度上依赖于法学实践教学，依赖于实习基地的建设。这些问题的解决在一定程度上需要依靠我们的教师，任课教师与学生在日常教学活动中的良好沟通，提高学生实践的积极性。因此我校法学院教师可以同时在校外兼职从事律师、仲裁、陪审、企业法律顾问等工作，支持教师到法律实务部门挂职，建设一支专兼结合的法学师资队伍，完成 90% 以上教师的"双师型"转化。同时学校可以聘请法院有较高理论水平和丰富实践经验的专家到学院任教。比如讲到刑事诉讼法，可以请长期从事刑事案件处理的法官、检察官或律师来结合司法实践讲讲，讲到劳动合同仲裁可以请到劳动仲裁委的工作人员来讲讲，这对学生从理论和实践两方面全面掌握相关知识非常有帮助。我校正逐步实现高校与法律实务部门人员互聘。

2. 增加实践课程，在实践基地授课

通过在实践基地开展形式多样的实践教学，了解各实践教学在实际教学中的优劣势，利用实习基地的各种资源，促进法学实践课程体系的改革。首先，利用校内外实习基地的案例，选取典型案例建立了案例库，在理论教学中利用这些进行案例教学，增加了理论教学中案例教学的比例；其次，增加实践教

学在法学教学环节中的比重，根据有关规定和法学院的实践教学的现状，在培养方案的修订中，增加了实践教学的比重，其中实践性环节，占总学分的 20%，比以往的培养方案增加 6% 左右；最后，健全法学实践课程体系，稳定的实习基地可以给实践教学提供场所和资源，在充分考虑实用性与可行性的基础上，法学院可以在培养方案的修订中，调整课程设置，增设民事、刑事、行政等法律实务课、诉讼技能课，增加通识性的实践课程——写作与口才训练，专业限选课程——法庭辩论，专业任选课程——谈判技巧、法律职业技巧、法律诊所与模拟法庭实践五门实践课程，进一步完善法学实践课程体系，提高学生的实践能力，并与司法考试衔接。

3. 完善仿真教学、诊所教学等实践教学方式

改变单一的法学实践环节，实践教学方式多样化。在很长的一段时间里，由于观念的禁锢和条件的限制，法学实践环节较为单薄，除了培养方案中必须开设的毕业实习和毕业论文之外，几乎没有开设其他可操作的实践环节。实习基地的建设，可以使大部分的实践环节拥有可操作的场所，实践教学方法日趋多样化，如创新并完善开放式教学模式、模拟仿真教学模式和法律诊所式教学模式，改善既往的实践教学模式与方法。[①]使实践教学真正落到实处，不再流于形式。改变以往的实践教学在形式和方法上的单一形式，完善原有的案例教学、模拟法庭、诊所式教学方式。增加课余观摩活动，譬如赴实践基地参观交流、观摩庭审等实践活动，提高学生和教师参与的兴趣。

4. 合理安排学生实习

校外实践基地是开展法学实践活动的作用平台，当前，校外实习（包括毕业实习，也包括二、三年级的暑期实习）是法

---

① 法律诊所是指 21 世纪 60 年代美国的法学院普遍兴起的临床法学教育课程，意图仿效医学院利用诊所实习培养医生的形式，让法学院学生参与实际的法律应用过程来培养学生的法实践能力，我国的诊所式法律教育于 20 世纪末开始出现。

学实践教学的重要方式，因此，校外实习制度规范化、常态化是推进实践法学的重要举措。

第一，做好实习前动员工作。应明确校外实习的重要性与必要性，要求学生实习时以主人翁姿态参加实习工作，要求学生放低身份以适应社会。对于毕业实习，则要求学生将毕业实习与毕业论文结合起来，以便学生完成理论性与实践性相结合的毕业论文。

第二，实习时间合理安排。考虑到学生理论课学习安排，学期实习应尽量安排在假期进行，由于暑假时间较长，学生利用暑假实习较为合适。

第三，学生实习双导师制。实务部门应保证每个学生均有专职的学院老师和法院的资深法官的共同辅导。虽然把学生分配给不同的指导老师指导，但在具体的实践教学活动中仍要统筹安排。一是因为实际部门工作人员可能会出差在外，二是为了使学生在实践教学期间能够接触到不同类型的案件，体验到办案的不同风格。为此，可以与具有丰富实践经验的法院工作者共同组成实践教学的指导团队，以统筹安排实践教学活动。

5. 实行法律实务进校园活动

第一，搞好"法官进校园"活动。学院聘请高院资深法官走进校园，做客座教授，定期到学校为学生作讲座，讲座内容涉及法学专业知识及实践、法官职业教育、各个法学职位面临的现状及未来发展趋势等多方面，这不但可以使学生的专业知识水平有所提高，让学生更了解其所处行业的现状和未来，明确作为法学专业人士在今后行业中应拥有的专业素养及应秉持的职业道德。这样就拓宽了学生的知识领域，重塑了学生的思维方式，对法学专业的人才培养素质的提高有显著的促进作用。

第二，具体案例引入理论课程教学。法学院组织教学骨干梳理筛选精选案例，建立案例库，理论课程教学时运用其典型案例，组织学生对疑难案件进行讨论，将有典型意义的案件带入模拟法庭进行模拟审判，并由资深法官现场点评。①

第三，参与课题研究，提升学生法律实际问题研究能力。学生通过参与中心承担的法律课题的研究，在老师的指导下，有选择性地进行课程和学位论文的选题和撰写。

6. 实行实践基地创新计划

通过在实践基地每年开展的形式多样的实践教学，了解各实践教学在实际教学中的优劣势，利用实习基地的各种资源，对实习中发现的前沿问题、典型问题以及法学实践教学模式改革设立一项研究课题，利用校内外实习基地的案例，选取典型案例建立案例库，在理论教学中利用这些进行案例教学，增加理论教学中案例教学的比例。并由法学院和共建单位专、兼职教师以及实习学生组成课题组开展理论研究，切实做到法学理论教学与实践教育相结合，同时对我国当前司法实践提出针对性的合理化建议。

7. 完善实践教学管理制度

在学院选取好建设单位并达成协议之后，就需要为创新实践基地的运作制定明确具体的管理制度。

第一，加强对实践教学基地的领导与监督，对实习质量进行必要的监控。完善的制度与考核目标是学生实习教学质量得以保障的基础，也是对基地进行规范管理和监督的依据。对此，首先，学院层面应当制定完善的实践教学基地规范管理文件，明确实践教学将要达到的目标、各部门职责以及对实践教学基地监督和检查的各种具体指标；其次，各专业应当充分结合专业制定详细的实践教学基地建设与管理的具体措施，这包括但不限于实习的教学规范，如实习的教学大纲、实习指导书等，还包括定期检查制度、实习终结总结制度、基地意见反馈

---

① 模拟法庭（MootCourt），起自美国的法学院中通常设置的模拟教学课程，是指在教师的指导下由学生模仿现实的法庭审判的一种实践性法学教学活动，用来教授法庭程序、证据规则、法律辩论和具体审判制度等。

机制的建立等。

第二，建立与校外实践教学基地的良性沟通机制。与实践教学基地保持良好沟通，不但能及时发现问题、解决问题以提高实践性教学的质量，还可以巩固双方的合作关系，拓展双方的合作领域。在这方面法学院的各个专业的实习，除了要求带队老师与实践教学基地保持定时联系外，还可以要求学院专业负责人邀请教务处相关领导到实践教学基地检查工作，与实习基地单位负责人、业务骨干、实习生座谈。座谈的内容，其一，了解学生的实习动态，及时听取实践教学基地的意见，对存在的问题及时解决，明确今后实践性教学环节应当改进的目标。这种改进不仅仅涉及时间安排等细节，更多的涉及人才培养的内容和方式。其二，包括如何促进专业人士进课堂，如何加强学生的严谨的职业精神和有关法律的逻辑思维与方法的培养等。这些意见都可以为提高法学专业的实践性教学、提高法学专业的人才的培养质量提供重要借鉴。座谈的另外两个内容则是对实习基地的支持表示感谢和探讨如何进一步拓展双方的合作空间。这种检查与沟通既能够加强实践性教学环节的规范性，及时改进实习中存在的问题；也能使学校职能部门切实地感受到学院、专业存在的困难，取得学校的支持；还能够使实践教学基地感受到学校对实践性教学环节的重视。另外，在双方不断地互动与互相适应中，也有助于发现更为宽广的合作空间，实现双赢的局面。

与实践教学基地建立良性沟通的另一个作用，是使实践教学基地更加明确学生实习的目的与目标，并相应地制定配套的培训制度与相应的规章制度。比如，与法学院合作的法院可以专门安排一个副主任负责对学生实习进行管理，并对学生实习制定完整系统的规章制度，明确实习过程中所在各个部门的职责、实习各个阶段的任务以及实习生在实习期间的行为规范。在实习内容安排上，第一个月是实习培训，然后有针对性地安排实习生进入实习岗位上岗，接受专业化的指导，感受团队间的合作。安排上充分兼顾了循序渐进与系统完整。另外，专门建立实习生的激励机制，比如组织在法院实习的河北省各高校的学生竞赛，就命题法律问题进行分析与探讨，使得学生通过竞赛提高专业水平和团队合作精神；又如，评选优秀实习生，并对其进行奖励，极大激励实习生的工作、学习热情。学校与基地的良性沟通能够推动双方工作的开展，也能极大地提高实践教学的质量。

学院建立负责学生实践活动的领导机构，为保证实践活动的有效开展，应制定一系列的规章制度，包括带队指导教师的工作职责，学生的日常考勤、请假制度，学生在实践期间应当完成的任务要求以及对学生的考核评价制度；并且在学生开始实践前、实践中及实践后走访实践基地单位，调查了解学生进行实践的情况，听取实践基地单位对学院的实践工作的建议及对学生情况的反馈。

第三，探索"全程实习"模式，提高实习的前后衔接与完整性。"全程实习"模式是一种新型的教育实习思想、教育实习体系、教育实习方式的统一体。具体地讲，全程教育实习是在大教育实习观指导下有目的、有计划、有组织地对在校学生进行的全方位、全过程教育实习。之所以称为全程实习模式，主要是相对于传统的毕业前一次性突击实习而言，它具有前期基础扎实、形式多样性、参与的全员性、与大学的协调性和适应性等显著特征。对此，法学院与实践教学基地和河北省高级人民法院，建立法学专业二年级学生认识实习、三年级暑期社会实践、四年级毕业实习等一系列的合作。其间，省高级人民法院负责人还可以定期到校做法学专业知识讲座和职业教育、指导点评模拟法庭。这一方面促使学生得到系统的学习和锻炼；另一方面，在不断的合作中，实践教学基地和学生之间加深了了解，每年都能使实习生留用于实习单位，通过实习解决就业。

此外，完善的实践教学管理制度还包括教师到实践部门挂职制度、模拟法庭管理制度、法律诊所管理制度、专业实习基地管理制度、教师教学和科研考核制度、模拟教学考核制度、法律诊所式教学考核制度、学生实习考核制度和学生评价教师制度等。

（二）校外实践教育基地建设的完善

我校与河北省高级人民法院的法学专业校外实践教育基地由于成立时间、规模的限制，在实际运作中还存在一些问题，需要进一步完善。第一，针对更好地实现教师到实践部门挂职，应解决好工作量计算、津贴发放等问题；针对法官如何到高校挂职，应解决好时间安排、待遇问题。第二，搞好诊所式教学，提高教师参与的积极性，培养学生处理实际案件的能力。第三，增加实践课程，处理好和核心课与司法考试的关系。第四，完善实践教学管理的各项制度，如学生实习考核制度、毕业论文的改革、教师考核制度等。

我校法学专业校外实践教育基地的建设是不断摸索与创新的结果，加强校外创新实践基地建设，充分利用法院这一社会资源，是促进我校法学教育的有效途径。因此，我们要不断总结经验，克服困难，继续完善，促使校外实践教育基地的作用得到更好的发挥。

论我国法学教育中实践性教育的缺失

王晓烁[*]

近些年来，法学教育界关于我国法学教育的教学内容、教育改革、培养模式等问题进行了一系列探讨，观点不一。本文认为，目前我国的法学教育对实践性教育重视不够，针对职业的训练太少，没有很好地关注学生以后的工作所需，使得法学专业的毕业生缺少运用法律解决问题的能力，从而影响了学生培养的质量。

一、法学教育的方式

法学教育主要存在两种方式。在较早时，两种方式差别较大。在欧洲大陆法系国家，法律教育方式一般较理性化和正规化，法律注释主义是法律教育的主要特色。在英美普通法系国家，法律教育中的"投师见习制"或"师徒制"，以及普遍采用的"判例教学法"，使法律教育带有浓重的行业主义、实用主义色彩。随着法律的不断发展和变革，两大法系逐渐趋于融合，整个法律教育的方式也在发生着较大的变化。以美国独立后的历史为例，那种"行会式"的培养法律职业工作者的方式已经完全不合时宜。"正规化的学徒制度"也被法学院取而代之。学院和大学在法律教育中被赋予越来越重要的地位。于是产生了一种介于英国训练方式和大陆法系国家法律职业者必须接受的法学教育之间的制度。法律训练和教育在美国属于职业训练，最早是由律师事务所进行的，后来才正式进入大学；但是进入大学后也一直

---

[*] 王晓烁，法学博士，河北经贸大学法学院教授。

是作为职业训练学校。其目的是培养合格的律师，学生一毕业就可以进行法律实务的操作。由于这一目的，法学院集中力量进行种种律师的技能训练，学术性探讨也是为培养合格和优秀律师而附设的，在法学院中并不占主导地位。由以上可以看出，虽然美国法律教育方式发生了变化，但仍属于职业训练。因此，一般我们仍习惯于将英美国家的教育方式归为一类，以区别于大陆法系国家的教育方式。中国的法学教育方式类似于大陆法系国家。由于制定法是中国法律的主要表现方式，因此法律教育也就自然注重正规化的理论教育和法律知识的系统培养和传授。尽管在教育过程中也掺杂了一些法律实践性教育因素，如案例分析、模拟法庭审判，直至毕业前的司法实践实习，但总体上并没有摆脱理论传授的方式。

二、我国法学教育中实践性教育的缺失及其后果

（一）实践性教育缺失的表现

长期以来我国传统法学教育注重书本、课堂理论教学，而疏忽实践能力的培养。表现在：在校期间的基本知识学习阶段，局限于知识传授和使学生取得良好的成绩，不够重视培养和训练学生掌握从事实际工作的技能，较少顾及学生今后个人的发展与工作的需求，造成学生"知晓"过于"能作"。也即学生头脑中主要是书本上的法律，活法的状况是模糊的或基本没有。有关法学教育的一次问卷调查也反映出了我国法学教育不注重实践性。

答卷者普遍认为，目前法学教育的主要问题是法律教学理论脱离实际、教材老化等。他们认为，法律教育只能起一个入门的作用，而主要靠在实践中学习；要求增加公文写作、模拟法庭等非常务实的课程；中国法律教育的道路应当更加务实；主张编写案例配合教科书教学。尽管调查距今 10 多年过去了，情况并未发生大的变化。有法学学者认为目前我国法学教育存在两个根本性缺陷，这两个缺陷也暴露了对实践性教育的不够重视。第一个缺陷是基本的司法伦理的缺陷。法官、检察官和律师在处理案件

的过程中一定会遇到许多的义务冲突，一些义务对他自身来说是不利的，那么这个法官、检察官和律师首先选择对他不利的义务履行，并且这个心理的最后形成是比较稳定的，在这种状态下他的司法伦理就基本形成了。所以司法伦理是训练出来的，不是读出来的，也不是背过的。但是目前我们的法学教育，这种训练几乎是缺乏的。第二个根本性缺陷是，法学教育中缺乏对学生的职业技巧的训练。

如今法律逐渐走向职业化，本科生中的优秀者及研究生应当是法律职业人员的主要人选，对研究生进行实践性教育更加重要。但实际情况并不乐观。调查表明，研究生普遍认为研究生专业课程设置和本科大量重复，没有拉开距离，且授课内容陈旧、老化，跟社会现实几乎没有什么关系。由于教学体制问题，对实践知识教育没有硬性要求，学生的学习方式往往理论脱离实践，典型地表现在：一类研究生学习方式仅仅是读书、闭门造车，实践性知识远远少于理论知识；另一类是无意研究枯燥的理论，整日奔波在外，名义搞实践，但对专业学习并不一定有帮助，因为很大一部分人所从事的实践与法学理论、法律职业并无联系或联系很小。

（二）造成的后果

法学院的学生在毕业之后缺乏从事法律实践工作所需的许多技能，包括从最初的法律文书制作技能，到难度较大的法庭审判技能、辩护技能、口头表达及文字表达能力，以及解决复杂法律问题所需要的综合素质。中国的法律教育模式深受苏联的影响，法律教育方式上也有许多共同点。从苏联法律教育的弊端中可以看到我们教育方式的缺点。

莫斯科律师协会前主席阿普拉克辛认为，法律院校的毕业生还不适合于职业活动，要给他们在毕业后上专修课，而以后许多时期，则要有专人指导。考上助教或科研人员研究班的，以作为未来的教师和科研人员的，都是一些没有在实际部门工作过的年轻人。中国同样存在以上问题，原因在于法学教育重理论、轻实践，理论与实践严重脱节。

三、法学教育应注重实践性的必要性

法学是一门具有高度实践性的学科。霍尔姆斯曾经说过："法律不是逻辑的结果，而是经验的积累。"我们必须承认法学除了是思维之学外，也是经验之学。

在某种意义上，就像我们所说的医学，就像有的教授所讲的没有几十年经验的积累，是做不了法官的。由于法律不仅是一门学科，而且是一项职业，所以脱离法律职业的法学教育不仅其最主要目的不复存在，而且将迷失正确的发展方向。法学教育要与职业相连，要为社会培养法律职业人员，就必然要增强法律实践性教育。

法律职业者如果不懂得社会是如何运转的，法律是如何操作和起作用的，就不能适应工作和职业要求。具体体现在以下几方面。

第一，强调法学教育中的实践性环节，并非应忽视理论。理论与实践必须在互动中才能达到完美结合，从而互相促进。从课堂授课来说，如果仅仅是枯燥的理论解说，不与操作层面加强联系，则学生感觉不到理论的指导意义，就会厌倦学习。学生不多接触一些法律实践知识，不参加一些实践活动，读书会很茫然，找不到自己的兴趣点，学习被动，缺少创造性、创新性思维。第二，为了使法学毕业生更快、更好地适应工作，必须加强实践性教育。假定法学毕业生进入法院、检察院，由于这样的职业实践性尤其突出，如果在校期间学到的仅是书本上的法律，则工作中还要进行较长时间的实践学习和培训。这样一方面耗费人力、精力，给单位带来负担，另一方面中国法官不像美国法官可以终身任职，发展自己及为国家高效率的服务时间太短。假定法学毕业生从事实践性相对不太强的职业，如教学、科研或公务员。这些职业同样要有一定的实践经验、实践知识、实践能力才能很好地胜任工作。否则教师只能照本宣科，延误新一代学生；科研人员必然不会有好的、真正的科研成果。

四、加强实践性教育的对策

第一，法学教师应该具备丰富的实践经验和从事实际法律事务的能力。为了使法学教学内容紧密结合联系司法实践和社会实际，有必要在学校和社会法律实务部门之间建立灵活的人员交流机制，使法学教师定期有机会参加司法实务工作，能够不断丰富和增强这方面的实践经验和能力。

第二，改进教学方式，使学生掌握一定的实践知识。克服灌输式、填鸭式的教学方法，采取双向互动式、启发式、辩论式的教学方法。各个学校、法学院、老师应结合自己的优势、教学特点进行。教师本人是律师或曾经担任过律师或在司法部门工作过的，可以结合实际案例、工作经历讲解。有的老师科研成果较多，经常进行社会调查，可以结合调查情况授课。另外，学院组织或教师本人邀请法律实务工作者讲授专题或部分教学内容，或者聘请一些有理论水平的律师、国家工作人员在法学院任兼职教授，如立法工作者、具体执法人员、法官和律师等。目前，很多院校已经开始实行的研究生双导师制也是一种非常好的改革，即一个导师为法学院教授，另一个为法律实践工作人员。这将有助于研究生实践水平的提高。

第三，调整教学内容，安排一定量的法律实践活动，使学生具备一定的法律实践能力。根据具体情况，每门课要求学生每学期必须有一定量的法律实践活动。如法庭旁听、模拟法庭、教学实习，假期要求学生进行社会调查，尤其是已引起广泛关注的诊所式法律教育。尤其要注重效果，不能流于形式。

当代中国法学教育中的实践问题*

武建敏**

当下中国的法学教育不仅存在着理论训练的严重匮乏，而且在实践训练方面也有不足。虽然法学界能够认识到法学教育的实践趋向，但是并不能真正地理解实践到底意味着什么，因此也难以真正地在法学教育中认真贯彻实践之维度，这就难免使得法学教育出现这样一种倾向：一方面高喊着要加强实践训练，另一方面却只是弄出了一些实践的花架子，因此从法学院毕业的学生多数既匮乏理论的感知力，又无法在具体的工作中得心应手地解决现实中的问题，尤其是不能对问题拿出漂亮的对策。

一、关于什么是"实践"的问题

在中国社会的各个领域存在这样一种现象：人们动辄谈到理论和实践的问题，又论及理论与实践的统一性，同时还会反复倡导理论联系实际。所有这样的话语给人的感觉是大家都理解了实践，当然也理解理论，人们总是以为理论是那种所谓抽象的知识，而实践则是具体的社会运行过程。这样的说法其实很有问题，当人们这么说的时候其实并没有真正理解理论与实践的关系，当然也没有理解理论和实践的概念，正是因为我们在根本上并没有理解两者的关系，而总是将其当作一种知识话语进行无限

* 本文系河北省高等教育学会"十二五"高等教育科学立项课题"当代中国法学教育的困境与希望"（GJXH2011-44）的研究成果之一，河北经贸大学 2012 年度教学研究项目成果之一。

** 武建敏，法学博士，河北经贸大学法学院教授，研究方向为法律思想史、法哲学与司法行为理论。

的谈论与传播，这其实不仅不利于人们树立理论与实践相互统一的理念，反而会导致理论与实践的分野，现实的中国法学教育即是这个方面的明证。

由于法学界与其他领域一样多数人将实践看作是与理论相对立的一个领域，于是为了解决理论教育的局限性，就主张加强法学教育的实践性。在他们看来什么是法学教育的实践性呢？他们拿出了一些举措：加大实践性课程的设立比重、定期开展模拟法庭的活动、带着学生到司法机关去实习，另外如加大国际性教育等。所有这些举措听着都没什么问题，但在实践中并不能增强学生对于法的深刻理解，也难以使他们在所谓的实践活动中真正地增强实践能力。这是一种严重的对于法学教育之实践性的错误解读，按照这样的法学教育模式发展下去，则我国之法学教育很难真正体现自身的特色，也难以对中国的法治建设发挥真正良好的促进作用。

中国当下法学教育模式的形成有着诸多原因，其间历史和政治的原因自然是非常重要的方面，但是人为的原因也是不可忽略的。中国法学教育之设计在事实上总是取决于几个所谓的专家，这些专家当然都很有名气，他们凭借着自己对于法学教育的理解设计了法学教育的基本模式，尽管每个学校会有一些区别，但并没有本质的差异，这就使得中国法学教育大同小异，没有什么特色。不同的教育模式会塑造不同的师资力量，不同的师资力量会塑造不同的学生，而不同的学生会造就不同的法治实践。当下中国不管我们在法学教育中如何地增加了所谓实践的因素，在其本质上依然是一种单纯的知识化和专业化的教育进路，甚至根本都不是理论化的教育进路，因为理论和知识是根本不同的。

我们必须清楚，当下的法学教育对于实践有着严重的误读，实践不是一种与理论对立的概念，而其本身就是一种理论，理论就是实践，实践就是理论。一个真正把握了理论的人，他的实践能力一定是很高的；而真正能够驾驭实践的人，必然具备理论的天赋。如果法学教育能够坚持这样的理解，那么理论和实践就不会分野，两者就不会被人为地分开，并在分开之后高呼"让理论联系实际"。其实"理论联系实际"是一种错误的认识，理论本身就是实践的，它不需要联系实际，如果一种理论还需要联系实际的话，那就不是真正的理论；而如果实践本身缺失了理论之维，那就不可能真正实现人类之目的性关怀。

古希腊的亚里士多德在理解实践的时候，不是从一种所谓技艺的角度进行理解，而是从人类的目的性角度进行理解，将实践看作是一种向善的事业，所以实践在根本上是要关注于人自身之存在命运的。倘若实践远离人的目的，那就不可能真正地具备属人的价值。所以实践绝不能等同于技艺，技艺乃是一种匠人之学，当代中国的法学教育实际上就是一些匠人在培养着另一些匠人的过程，而根本没有对于人类命运的深切关怀。中国社会在自身的运行中具有一些很有特色的东西，比如我们天然的价值关怀，这就是深藏于我们的传统之中的儒家价值系统，但中国也缺乏一些真正的具有形而上学关怀的价值理论。中国社会的价值追求也恰恰体现了中国乃是一种实践理性的文化传统，纯粹程序化的东西在中国是行不通的，也是难以建立的，即使我们有着实践所真正要求的具备实践智慧的主体，恐怕也很难做到他们去推动程序理性的构建。因此，实践合理性永远都是我们筹划法学知识、法律理论、法律实践以及法学教育的根本性认知前提。这其中渗透了我们对理论与实践的合理阐释，更包含了一种关于实践的崭新话语体系，这是我们应该认真琢磨的理论问题。

二、法学教育中的"判例"问题

多数人认为加强法学教育的实践性就要加强案例教学，这其实是很有道理的，因为案例作为沟通普遍世界与具体世界的桥梁，其自身就是理论与实践的统一，所以如果能够对法学教育中的案例教育多进行探寻，就会有利于法学教育的改进，真正促进法学教育的发展。当然，这样的认识并没有被人们真正地消化，因为多数人还是在固有的理论与实践二元论的框架内对判例教学的理解。他们往往这样认为：加强判例教学，生动的案例去教育，有利于学生们真正的理解知识理论。这里并没有或者说缺乏一种实践的面向，因此也就不可能真正地做到理解判例教学的价值。

在中国法学教育中，有一些老师很受学生的欢迎，为什么呢？因为这些老师很能够结合案例进行教育，往往把一个案例讲得生动活泼，学生们也听得津津有味。然而，这样的案例教育是不是真正地具有一种培养人的功能呢？有学生曾经对笔者说，有的老师把课程讲得很生动，大量贯穿各种各样的案例，当时听着感觉特别好，但是事过之后发现除了当时心情的愉悦之外，其实没有任何有启发的收获。并且说：如果我们学校的老师都只是会讲案例，那么我们就选错了大学。这样的学生当然是有思想的学生，也是真心想学一点东西的学生，他们都很真诚，年轻的心是不能欺骗的，尤其是对于渴望知识思想和理论的年轻的心，我们更应该投注我们的真诚，让年轻人的心灵更加充实。法学教育必须承担这样的历史使命，因为法学教育所培养的法官正是要以心正心，推动我中华法系之复兴。

我们先分析一下判例。一个判例就是一种浓缩的法，它不仅代表着普遍世界的合理性追求与关怀，而且体现着现实世界的复杂性，尤其是一个判例还体现了法官运用普遍世界的合理性追求解决现实世界复杂性的实践智慧。真正的或者说有价值的判例就应该是这样的。作为一个法学老师要是给学生上课讲判例，那就一定要从这样一些前提出发进行讲解：一是案例反映的普遍世界的问题；二是案例反映的具体世界的复杂性问题；三是解决普遍世界与具体世界问题的实践智慧。如果能做到这些，那么笔者相信中国法科学生的素养绝对在世界上都是一流的。即便是英美法教育发达之国家也未必能够在这个方面体现出法学教育的如此品性，但毫无疑问它们具备这样的思想指向，并且总是力图将普遍与具体链接到一起，并且认真思考其中的复杂性问题。关于这个问题，只要看看美国人所撰写的各种法学著作，就能够有一个特别清晰的体会。

最近看一位美国学者撰写的一部专著《先例的力量》①，它对于判例的运行机理的分析可以说细致入微，笔者没有机会去聆听这位学者的课程，但笔者相信在他的课堂上一定能够欣赏到判例的连贯运动，那些判例的运动或许就构成了法律的发展过程，这就是美国人所理解的判例，他们的课堂上所讲授的也是这样的判例。这种判例教学自然是十分必要的，并且也是非常有效的，如果我们的法学教育能够真正贯彻这样的判例教育的话，那笔者可以说我们真正做到了"实践训练"，而这种训练必然会促进法科学生素养的整体提升。这是真正的理论与实践的内在统一，与我们所讲的"理论联系实际"是截然不同的，"理论联系实际"是外在的。

因此，我们可以说加强判例教学是非常有益的，但要想实现这个目的其实还是很困难的，因为我们的老师还缺乏一种真正分析判例的能力和素养。我们的很多老师把案例教育理解为讲故事，讲述案件的发生过程，最后告诉学生法院的判决结论，这样的案例教学实际上是没有作用的，甚至根本就不需要讲授，因为学生完全可以通过自己的阅读熟知这些案例。老师要讲的一定得是学生所不知道的，或者说学生通过自己的学习无法掌握的东西，那永远是思想的魅力。

当代中国法学教育的判例教学模式是重要的实践训练方式，

---

① Michael J. Gerhardt: The Power of Precedent, Oxford University Press (2008). 该书极为细致地描述了最高法院先例的存在模式、先例理论、黄金规则、非司法先例、先例的多样功能，典型分析了那些在美国司法发展史上难以被推翻的伟大判例，并且探讨了先例的未来。所有这些都让我们感到判例的存在机理，这种存在机理正是判例法得以运行和发展的根本之所在。中国虽然没有美国式的判例法，但其案例指导制度也具有相当的判例法功能，这种制度同样需要我们的法学教育能够对判例甚至干脆就叫作先例进行认真的研究，不仅在学术专著中进行研究，而且要在教学中与学生们一起进行研究。一个没有突破精神的民族是没有希望的，不能在法治发展的道路上敢于探索，则中华民族难以将自身建设成为现代性法治国家。而现代性法治国家的建设，其中一个重要维度就是法学教育的改进。

因为在判例中典型地体现了理论与实践的完美统一和结合。判例教学理应在三个方面多下工夫：

一是加强传统中国的判例教学。中国历史上存在着大量的优秀的判例，这些判例典型地表达了中华法系的基本精神，正是从这样的判例中我们才能够真正地体会到传统中国的法律到底是如何运作的。千万不要认为传统判例是历史上的东西，就想当然地断定它属于历史，而不属于实践。历史与实践又在本质上是相通的，并且是内在统一的，深切地把握历史与实践统一的智慧是我们理解当代法学教育之实践性的重要理论基点。如果我们不能真切地懂得历史上的判例的运行，我们就不会懂得法文化的历史与实践，也不会懂得当代中国法文化的传统意蕴。只有通过对传统判例的了解，我们才能够达到对传统法的实践性品质的理解和把握。加强传统判例之教学维度是我们的法学实践教育必须解决的问题，这个任务可能要落到法制史教师的身上，但多数法制史教师多是学历史出身，虽然精通文献，却并不真正懂得法律本身的特质，更难以在对判例的运行特质进行分析的基础上真正促进传统判例教学的发达。

二是加强西方的判例教学。判例在西方国家，尤其是美国发挥着非常特别的法律作用。法官们写的判决主要是由司法意见构成的，这些意见都是漂亮的论文，经常地被学术界和司法界所引用。如果要了解美国的法律，或者要了解美国的法律理论，而不懂得美国司法意见，恐怕永远不能说懂得了美国的法律文化。我们之所以要在中国的法学教育中加大美国的判例比重，是因为美国的判例典型地体现了理论与实践的有机结合，通过对美国判例的了解可以提升我们对于法律之实践品性的认知。但这里依然存在着一种问题，就是我们的法学老师可能真正能够讲授美国判例的人太少，哪怕是结合自己的课程讲一些美国司法史上的典型判例也是很难做到的。所以为了加强真正意义上的实践教学，更需要老师们先做知识上的储备。

三是要对当代中国的判例进行认真的研究，加强其在法学教育中的比重。中国有很多典型的案例，这些案例都是对法律本身的挑战和丰富。我们当下的法学教育中很多老师能够在课堂上讲授这些案例，但是存在一个问题，那就是这种案例教育不是真正的判例教学。判例教学一定要结合法官的行为讲授，否则就不可能真正达到大学法学教育的标准，就不会是一种批判性的法学教育，"热热闹闹说说笑笑"的案例教学不可能真正提升学生的法律意识和法律精神。

判例作为一种法的存在方式，典型地体现了理论与实践的有机统一，加强判例教学既是加强理论教育，也是强化实践训练，这两者在判例教学中达到了合题之统一，具有良好的教育价值。① 判例教学之训练是一个需要经常化的过程，并且不仅要讲授，而且关键的是要写作，必须要让学生去写判决书。我们当前的法学教育中有一门课叫作"法律文书"，但这门课更多的是在讲形式化的东西，而且时间太短不足以真正训练学生的实践性思维。因此，建议通过各种方式增强法学教育之法律写作的成分，美国就有专门的法律写作训练。如果我们现在难以在课程体系中专门开设法律写作课，那完全可以采取弥漫式的教学方式，每门课都可以进行写作，所以可以要求每门课都加强法律写作成分。这时候可能有人会提出疑问，中国法制史的课程怎么能够进行法律写作之训练呢？其实这很简单，那就是可以针对传统判例进行研究，在此基础上要求学生写出符合儒家观念和传统法律的判决书。笔者在给法律硕士讲授中国法制史时，就非常注重给他们讲

---

① 最近阅读美国的法哲学著作，深感即使在深厚的法哲学理论中也内在地包含了一种实践面向，笔者感觉这才是法之实践理性的真正体现，在美国法学家的内心中一定包含着理论与实践内在统一的观念，也一定从未想过理论与实践是可以分开的。比如在美国著名学者 Ronald A. Cass 的法哲学著作 "The Rule of Law in America"（The Johns Hoplins University Press, 2001）中，作者始终具备一种实践的面向，不仅详细分析了有关尼克松和克林顿两位总统的判例，而且运用很大篇幅表达了法官中心主义的法学思维方式。正是这样的法哲学著作才使得我们深切感受到理论与实践的内在性统一，而不是高喊自由平等的抽象的政治哲学话语。

古代判例，最后考试的时候总是要让他们去分析一份古代社会的判决，或者站在儒家和传统法律的立场上撰写一份判决书。可能还有人说，法理学怎么能贯彻判例教学，加强判例训练呢？提出这样的问题正是对法理学的无知的结果。法理学可以说处处是判例教学的机会，不仅在讲授法律论证的时候可以分析判例中的论证风格，而且在讲自由的时候，也完全可以去分析自由主义理论下的判例问题。①

三、法学教育中的"时代性"问题

时代性几乎是所有学科都要关注的问题，即便历史学也不能离开对于时代性的反思，否则就是没有意义的历史学。法学教育必然具有一种深刻的实践面向，而这种实践面向本身就包含了时代性。所谓的时代性就是当下实践的根本特质和意向，如果没有对于时代性的深刻把握，就难以真正确立自身的实践价值。法学教育中要始终贯彻时代性的基本使命，无论在任何一个课程中都要从所处的时代出发，也就是从自身存在的实践语境出发去分析和认知问题，并在此基础上去开展法学教育。

我们先从法学教育的内容上考虑这个时代性问题。其实法学教育最为根本的就是其所传递的内容，因此这个内容就一定要具备时代性的特质，在这个意义上的时代性往往不仅包括了中国的实践意向，而且包括了整个世界的实践意向。但是我们总是会在理解时代性问题的时候忽略我们中国当下的实践意向，缺乏对于中国社会实践之基本状态的认知性把握。比如，人们对于废除死刑的问题，好像大家都认为这是体现了世界范围的时代性，我们从内心世界中的确可以作此判断，并且真诚地希望能够在世界范围内废除死刑，这或许将是世界范围内人权事业的伟大胜利。然

---

① 朱苏力先生就陕西黄碟案阐发出了许多自由主义的沉思，让人很受启发，这在他西南政法大学的演讲中可以看到。另外，在美国最高法院的判决书中也有大量的自由主义思想的运用，完全可以在谈自由问题的时候对其进行分析论证。

而当我们将时代性当作这样的一种共性去理解的时候，其实恰恰忽略了我们中国自身的实践问题。在中国的实践语境中包含了人们对于死刑的态度、情感以及废除死刑之后对整个社会的可能影响等。

从法学教育的形式上讲，我们当然更应该强调时代性。只有强调时代性，才能使我们的法学教育跟得上时代的步伐，真正培养时代所需的人才，才能够让这些人才真正在法律实践中发挥更大的作用。在法学教育中为了跟上时代的步伐，几乎所有老师都使用了多媒体，并且很多法学院都有一流的模拟法庭，这些都是实践教学的形式化载体，当然也体现了时代的发展。但以这样的时代性为基础的实践性其实并不是真正的实践性。这些多是增加了法学教育之实践性的形式化趋向，并不一定能够真正促进法学教育的发展。真正的实践必然是一种有目的性的实践，是对人自身的一种关怀，并且必然要表达为实践智慧。

现在很多法学院为了跟上时代的潮流，动辄在法学教育中提出一些战略性的口号，似乎多在追求世界化、国际化。而笔者认为，真正的实践应该是本土化的，而非国际化的，当然我们并不拒绝国际化。

试论我国高校法学教学实践环节的改革与完善

宋忠胜　王艺霏　陈　娟*

　　高校培养出的法学应用型人才不能很好地适应法律实务工作，究其原因在于高校法学教学实践环节薄弱，法学教育过分强调理论知识的学习而缺乏律师实务的训练。因此，只有增加实践教学的模式，完善实践教学的课程设置，建立校内外实践基地，才能培养出理论功底扎实、律师实务精通的法学应用型人才。

一、高校法学教学实践的意义

（一）实践教学是培养法学应用型人才的关键

　　实践教学对于培养法学应用型人才起着举足轻重的作用。实践教学可以培养学生的综合素质和实践能力，尤其注重培养学生的自主性、实践性、研究性和创新性，并有利于转变学生的学习观念，培养学生的自主学习能力，开发其潜能。但是首先，我国的法学教育比较注重于理论性的学习，而忽视了对法律实务的教学。课堂中学生既缺少主动性、积极性，又缺乏思辨能力、表达能力、实践能力。其次，部分院校的实习流于形式。一些学生在实习过程中缺乏老师必要的指导和监督，有些打算考研或不自觉的学生甚至就不实习，直接找个单位开一张实习证明，这根本达不到实习的效果。最后，我国法学专业实践教学尚未引起足够的

---

　　* 宋忠胜，河北经贸大学法学院教授，研究方向为国际法；王艺霏、陈娟，河北经贸大学国际法专业 2013 级法学硕士。

重视，实践教学尚未形式化、模式化和系统化。这些都严重制约法学应用型人才的培养，因而要提高对实践教学的重视程度，并对其予以完善。

（二）法学教育最终要应用于实践

法学是一门实践性很强的科学。法学教育最终要应用于实践，而学好法学最好的学习材料也来源于实践。法学教育要培养的是理论功底扎实、律师实务精通的法学应用型人才。法学教育的本质是要求学生懂法、用法。实践教学的价值就是教会学生如何运用法律去解决现实问题。实践性教学能够很好地培养学生理论联系实际和处理案件的能力。实践性教学可以有针对性地制定教学目标，运用角色扮演、分组讨论、教师归纳和因材施教的方法对学生进行系统的训练。

（三）社会迫切需求法学应用型人才

随着我国法制建设的完善和市场经济的发展，我国对于法学应用型人才的需求量大增，对于法学应用型人才需要服务的范围也在扩大，对于法学应用型人才在解决实际问题能力方面的要求也在提高。需求量较大的，首先是在我国的法院、检察院、公安机关、高校等国家政府部门和事业单位，其次是在企业、社会组织等社会机构。而高校是培养法学应用型人才的载体，所以高校要培养法学应用型人才，必须要注重实践性教学环节，才能更好地满足社会的需求。

二、高校法学教学实践中存在的问题

（一）实践教学缺少重视

高校法学教学一般会安排学生在第七学期去法院或检察院实习。但是学生在实习前缺乏对法院或检察院等机构的了解，加之实习时间较短，学生只能走马观花地了解一下，这显然不能收到很好的效果，失去了毕业实习的价值。还有一些高校在三年半的教学中，安排去听庭审的机会也比较少，并且缺乏系统的、有计划的教师指导。

（二）实践教学模式单一

首先，一些高校法学教学采取的是单一的授课方式，学生既缺乏与老师之间的互动，也缺少主动性、积极性，更缺乏思辨能力、表达能力。其次，这些高校也没有与国家各行政机关、立法机关、司法机关建立普遍联系，因而缺少法庭旁听、模拟法庭、法律咨询、法律援助、模拟审判、专业实习等方式的实践性教学。[①]

（三）实践教学缺乏充足的师资

培养出理论功底扎实、律师实务精通的法学应用型人才，需要具备学术和实践经验的老师，但是我国双师型的教师数量还是比较欠缺的。与此同时，实践教学是需要老师付出更多时间和精力的教学方式，而高校以科研成果为评定职称[②]的标准，使得教师陷入两难境地。

（四）实践教学缺乏足够的硬件设施

实践教学缺乏足够的硬件设施。实践教学需要大量的硬件设施，而大多数高校专业实习经费不足。这必然使实践教学受到较大的限制。法学实践教学所需教学条件包括模拟法庭、固定实习基地、指导教师等，这些条件的缺少都影响着实践教学活动的有效开展，使得教学质量难以保证，不利于培养应用型法学人才。

三、高校法学教学实践的路径完善

（一）实践教学模式应多样化

为了培养出理论功底扎实、律师实务精通的法学应用型人才，需要实现教学模式的多样化。主要包括以下内容：

[①] 王雷：《实践性教学模式初探》，载《山东省青年管理干部学院学报》2006年第9期。

[②] 房文翠：《法学教育的属性及其层次定位》，载《四川行政学院学报》2002年第2期。

1. 观摩审判

第一，学生通过观摩整个庭审现场，可以观察到当事人、律师、证人、鉴定人以及刑事案件公诉人、法官等的诉讼行为，同时对学生进行法制教育。这种方式更简单直观，使得学生印象深刻。

第二，通过观摩审判还可以观察到当事人、律师、证人、鉴定人以及刑事案件公诉人、法官等的诉讼参与人具体对法律条文的理解和运用，学生可就此与自己对法律条文的理解去比较，可以使知识掌握得更加牢固并达到活学活用的效果。

第三，选择适当的案件是观摩审判[①]的关键。观摩审判一般宜选在已经学过实体法或程序法或者正在学习程序法的过程中。待庭审结束后，指导教师一定要对案件进行评价。

2. 模拟法庭

通常在观摩审判后就可以进行模拟法庭。[②] 要进行两种审判，一是刑事模拟审判，二是民事模拟审判。学习刑事实体法和程序法后进行刑事模拟审判，学习民事实体法和程序法后进行民事模拟审判。开庭前指导教师首先要整理好比较完备的案件材料，给学生讲解案件。然后给学生分组，确定审判员、陪审员、公诉人、原告、被告、代理人、诉讼人、证人、鉴定人等角色，每个角色还要准备好自己的文书或材料。最后，所有角色按照法庭程序来进行。

3. 法律咨询或法律援助

学生通过法律咨询或法律援助既可以通过实际法律问题来检验自己的所学，又可以运用自己的所学回报社会，帮助更多的公民或者单位。在法律咨询或法律援助前，学生要熟读大量的法律

---

① 林亮景：《学生参与备课模式在高职法学教学中的应用》，载《职业教育研究》2007 年第 2 期。

② 蒋志宏、刘朝晖：《论法律教学中的案例教学法》，载《成都教育学院学报》2006 年第 9 期。

条文和司法解释，强化训练专业知识，增强独立的交际能力、工作能力，了解司法部门工作的具体内容和流程，并且以上工作要由学生独立完成。

4. 专业实习

专业实习的目的是学生把所学的法学知识运用到协助司法人员、企业、法律服务机构的工作人员处理案件上。专业实习结束后要写关于本次见习的总结，并由学校进行评比和总结表彰。专业实习一般安排在第八学期进行。专业实习包括高校老师的指导、实习学生的工作、学校与实习单位的合作、学生实习成绩的考核。指导老师不仅要对学生进行专业的指导，而且要每月到自己所负责的实习单位去指导学生，以便及时发现问题并予以解决。为使规定得到贯彻和实施，指导老师在每次检查后都要有相关记录。

5. 以师带徒

培养优秀法学应用型人才的一种良好方式是以师带徒。一位老师带领十来个学生一起讨论法学问题和案例，并定期带领学生去进行社会调查和观看庭审现场，效果是非常明显的。当然，这对老师的要求也是非常高的，只有真才实学才能带好学生。牛津、剑桥大学①之所以人才辈出，"以师带徒"这种方式就起着举足轻重的作用。一个理论功底扎实、律师实务精通的高级律师如果带上几个徒弟，几年后他们的收获绝对会比上大学还大，因而，这种教学方式是非常值得推广的。

6. 法律诊所

医学院诊所式教育是指医学院学生在诊所实习。而作为法学教育也可以像医学院学生在诊所实习一样进行学习，这种教学实践方式称为"诊所式法律教育"。这种教学方式可以使学生直接接触到当事人并处理真实的案件，使得所学充分地运用到实践当

---

① 黄卫东：《模拟立法是法学教学自主创新的重要形式》，载《辽宁教育行政学院学报》2006 年第 8 期。

中。它的特点是学生才是学习的主人；接触到的是真实的案件材料；教学手段多样化；培养学生"律师式的思维"。诊所式法律教育是对案例教学的补充和完善，曾于 20 世纪中叶在美国掀起了一股法学教学的改革浪潮。

（二）完善实践教学的课程设置

完善实践教学课程设置是关键。在教学计划中应着重改革实践的内容。

1. 增加社会调查、案例讨论、模拟法庭、法律实务讲座等方式将法学知识与实践结合起来，并纳入学生的成绩考核当中，以提高学生学习的积极性。

2. 增加法律文书、律师诉讼技巧课程、① 商务法律实用课程、非讼处理课程、谈判技巧课程等课程，并聘请法律实务方面的专家来授课，以增加学生的法律实务能力。

3. 实行诊所式教学，让学生担任一方当事人的代理人，参与实际案件的处理。

（三）培育双师型师资队伍，提高教师实践能力

要提高实践教学的水平，就要建立一支理论功底过硬，实践能力够强的师资队伍。因此，建议高校一方面在引进师资的同时，也要注重引进兼职的专家型法官教师队伍用以达到法官教法官的效果。另一方面，要鼓励高校老师在法院、检察院等司法部门挂职锻炼、庭审观摩、切磋交流的方式，多掌握法律实务的技能，使得法学理论与实践得到更好地融合。这样可以更好地培养出理论功底扎实、律师实务精通的法学应用型人才。

（四）建立校内外实践基地

法学教学实践基地②包括两个部分，一是校内实训基地，二

---

① 吕英花：《我国高等法学教育中的教材建设若干问题研究》，首都师范大学 2005 年硕士学位论文。

② 黄文艺：《全球结构和法律发展》，法律出版社 2006 年版，第 107 页。

是校外实习基地。学校应保障必要的经费，并每年都有所增长，这样才能维护基地的正常运作。并且要充分利用学校的教学场所、会议中心、图书馆等资源，开展普法宣传、法律咨询、法律援助等活动，为实践基地单位提供帮助。这样才能赢得对方更好的合作，达到互利双赢的效果。

法学实践教学体系的重构

丁　渠[*]

一、法学实践教学的价值呈现

（一）法学实践教学是创新型法律人才培养的需要

传统的法学教育模式难以满足创新型法律人才培养的需要。我国大学法学高等教育始于 20 世纪初，其主要是学习与模仿。由于我国是一个以制定法为法源的国家，所以，我国大学法学院在考察、学习西方国家法学教育的基础上，多数大学选择了欧洲国家法学院法学课程体系的设计思路。大多数教师在课堂上所讲授的主要是如何理解、阐释现有的法律条文以及各门课程的体系和基本理论，其目的是引导学生掌握系统的法律知识体系。这种以教师为中心、以教材为中心、以课堂为中心的封闭式教学模式重在传授法律知识，忽略了对实践能力的培育。培养出来的学生纵有满腹经纶，也只会纸上谈兵，不会解决实际问题。重理论、轻实践的法学教育模式已经不能适应社会对于法律人才的需要，不利于具有创新和竞争能力的法律人才的培养，而且法学教育的相对落后已直接影响到法律制度的正常运行和整个法制建设的进程。

法学教育的基本目标是培养从事法律工作的专门人才，这决定了法学教学的出发点和落脚点应该是学生的法律实践工作能力。实践能力的培养是培育创新型法律人才的关键。美国法学家霍尔姆斯曾指出："法律的生命不是逻辑，而是经验。"法学是

---

* 丁渠，法学博士，河北经贸大学法学院副教授，研究方向为行政法学。

一门行为科学、实践科学。[①] 因此，对于法科学生而言，固然需要系统地学习法学基础理论知识，但接受有效的、有特色的法学实践教学的训练更为重要。

（二）法学实践教学是提高学生核心竞争力的需要

在传统的教学模式下，法科学生的实际操作能力、动手能力极差，不能适应实际工作的需要，这不仅影响着我国竞争能力的增强，而且牵涉到学生自身的利益和前途。就我国目前大学生就业困难情况来看，虽然和我国连年高校扩招存在一定的关系，但其实质原因是大学生实践能力低下所造成的结果。尤其是在高等教育大众化的今天，劳动力市场供过于求，大学毕业生的实践能力越来越受到用人单位的青睐，实践经验和实践能力往往成为用人单位筛选毕业生的一个标尺。实践能力欠缺的学生，在应聘职位或实践工作中，难以被用人单位录用或认可，他们为了达到工作职位的要求一般需要再经过岗位培训才能逐步胜任工作。因此，目前法学教育迫切需要解决的实际问题是如何培养并提高大学生的实践能力。[②] 因此，在法学课程教学过程中，需要认真思考、探索的新课题就是建构一个科学的实践体系，提高学生的实践能力，增强学生的竞争能力。

二、法学实践教学的原则梳理

（一）系统化原则

法学实践教学作为一种具有独特教学目的与手段并依托于课程而实现的教学模式，系统化是其应当坚持的首要原则。法学实践教学的目的在于全面训练、提升学生的实践技能，而学生实践技能的形成不是一期一夕即可实现的目标，它依赖于科学的课程设计和恰当的训练手段。因而，法学实践教学必须认真研究学生

① 谭秋霞：《创新型法律人才培养目标下的法学实践教学研究》，载《湖北函授大学学报》2013 年第 2 期。

② 鲁峥：《建构法学实践教学体系新思路》，载《创新科技》2012 年第 6 期。

实践技能形成和发展规律，并据此构建符合我国法学教育实际的法学实践教学内容体系。目前，走出对法科学生实践技能训练不足的瓶颈，重构法学实践教学体系，遵循学生能力形成规律，构建一个既与理论教学相衔接，又相对独立的实践教学内容体系是首先要解决的问题。

（二）差异化原则

实践教学方法是实现实践教学目的的必要手段，然而不同的教学方法对学生能力训练是不同的。在法学实践教学过程中，应当按照学生法律技能形成规律采用不同的教学方法。法学实践教学中坚持差异化原则应当把握好以下几点：一是实践教学方法应当遵循从简单到复杂、循序渐进训练学生实践技能规律；二是实践教学应当转变教师角色，使其从知识传授为主，转变为策划教学内容，创设学习情境，配置学习资源，引导学习方向，点拨学习疑难，监控学习过程，评估学习效果为主，从讲台上的主角转变为讲台下的导演；三是倡导自主式学习，使学生从知识的被动接受者转变为学习问题的探究者，使其学习内容不仅来自课堂与教师，还来自于网络，来自于其他学习伙伴。

（三）德能统一原则

法律人才一定要有法律学问，才可以认识并且改善法律，一定要有法律的道德，才有资格来执行法律。学法律的人若是没有人格或道德，那么他的法学越精越会玩弄法律，作奸犯科。在法学实践教学过程中，注重培育学生的法律职业道德修养，就是培养学生正确驾驭知识和技巧的态度和能力。因此，法学教育应当将学生的职业道德修养作为法学实践教学的一个重要目标，将训练学生的法律职业技巧与对学生的法律人格培育有机结合起来。通过实践教学环节对学生进行法律职业道德教育较之理论教学的灌输更有实效。一方面，通过实践教学，可以使学生亲身体会作为一名法律职业者所应当承担的社会责任。法学实践教学将学生置于一个真实的人与人的关系——律师与法官、律师与当事人、律师与律师的关系中，使学生亲身体验了法律职业各种角色所承担的社会责任，并使其面临法律实务中出现的更复杂的、更有创造性和更令人尴尬的道德问题，学生在试图解决这些道德问题的过程中，领悟道德规则在实践中的微妙之处。[①] 另一方面，实践教学为学生解决法律实践中的道德困境提供了真实的场景。道德学习最根本的是一种态度学习，态度学习必须通过学习者自身的体验、认同。实践教学中的体验角色的代理活动等则可以为学生创设情感场，为学生积累情感经验提供机会。这些方法对学生从道德认知向道德品行的转化起着重要的推动作用。

三、法学实践教学的内容厘定

（一）培养目标的确定

根据王泽鉴先生的观点，法学教育的基本目标是培养法律人，而法律人应当具备三种能力：一是法律知识，即明了现行法制的体系、基本法律的内容、各种权利义务关系及救济程序；二是法律思维，即依循法律逻辑，以价值取向思考、合理的论证、解释适用法律；三是解决争议，即依法律规定，作合乎事理的规划，预防争议发生于先，处理已发生的争议于后，协助建立、维护一个公平和谐的社会秩序。具体来讲，应从以下三个方面确定法律性人才培养目标。

一是社会人才需求。在市场经济条件下，高等学校也被推向市场。国家取消了毕业分配制度，高校毕业生走向人才市场，直接与人才需求单位洽谈协议。符合人才市场需要的人才容易就业并获得较为优越的工作条件，不符合人才市场需要的高校毕业生就业艰难，有些无奈从事非所学专业。高校毕业生就业动向是高校生源的晴雨表。那些具有较好就业渠道的学院会获得充足而优秀的生源，反之，只有很差的生源。一个学校培养的学生不能就业，不被市场需要，这不仅使教学活动无效益，而且会严重影响

---

① 房文翠：《法学教育中的法学实践教学原则》，载《中国大学教学》2010年第6期。

学院的进一步发展。

二是学校人才培养的能力。社会需求的人才是多层次的，并非所有的法律性人才，学校都能培养。学院能够培养什么样的人才，由学院的教学能力决定。比如就法律人才学历层次看，目前有专科、本科、研究生、博士四个层次，这四个层次各有其社会人才需求目标，由此决定了各自教学的内容、模式应是有别的。

三是法律事务自身的特点。法律事务有两个特点：第一，法律事务本身有其独立的概念、制度、理念，也就是通常人们所讲的法言法语。法律是市场经济健康有序发展的必要保障，从这一意义来说，市场经济就是法制经济。人们欲以法规范市场活动行为，预防纠纷并解决纠纷，必须领悟并掌握法律的知识与技能。尽管人们尽力使法保障社会正义、促进社会正义的实现，但法律正义不完全等同于社会的实质正义，有时甚至背离社会的实质正义。法律有法律的理念和程式，法律有自己的王国，是非曲直有其特有的评价视角与评价方式，正所谓法眼看天下。[①] 法律的特性使法律性人才成为一门具有特有技能的人才，所以法学人才目标确定应体现法律专业人才的特点。第二，法律是规范调整社会关系的手段，但社会关系的内涵是什么，则涉及各行各业的实务。

（二）具体教学内容的确定

1. 专业认知式的实践教学

第一，专业认知实习。通过专业认知实习使学生初步了解国家立法、司法机关、法律服务机构等相关机构的性质、设置、任务、职责等，明确法律职业（律师、法官、检察官、公证员、企业法律顾问等）的特点、种类、任职资格、工作范围、内容等，使学生在今后的学习中有的放矢、明确目标，为自己未来职业发展方向进行规划奠定基础。

---

① 杨征军、鲁玉兰：《法学实践教学的内容》，载《北京市政法管理干部学院学报》2004 年第 1 期。

第二，课堂案例教学实训。课堂案例教学是老师根据教学进度和需要精选案例。也可以聘请优秀的法官、检察官或律师为客座教师，定期为学生开设案例课，他们丰富的实践经验和生动的案例分析，有利于培养学生的法律思维、法律推理、分析技能和法律实践能力。

2. 理论应用式的实践教学

第一，模拟法庭实训。模拟法庭教学是对学生所学基础知识、专业知识灵活运用的实地检验与训练，推行模拟法庭教学，实现学生之间模拟角色的轮换互动。模拟法庭是一种系统的全过程的专业技能的训练。教学目的是通过审判实务的模拟，培养学生的法律职业技能，是将法学通识教育与法律职业教育相结合的有效手段。

第二，法律论辩实训。法律论辩实训是指法学专业学生运用专业理论知识、职业语言和思维，根据案件事实进行论证、辩驳以说服对方及裁决者的技能，是其语言表达、逻辑思辨等能力在法律业务中的具体运用。掌握严谨的说理技术、雄辩的口才对律师等法律职业者来说无疑是一项相当重要的技能。

第三，诊所式法律实训。诊所式法律实训强调职业教育，主要是教授学生如何去做律师工作，树立律师的职业责任心，为社会提供法律服务。主要是把学生所学的专业基础理论与实践结合，培养学生理论和实践结合的能力，也是对学生所掌握的基础理论的检测，是学生走向社会的前期工作准备。

第四，企业法律事务实训。企业法律事务实训是使学生初步了解企业法律顾问事务实体与程序的基本问题、难点问题及操作实务中的有关问题。了解企业基本法律实务的特点、种类和基本内容。

第五，毕业实习。法学专业学生毕业实习是法学专业本科生培养与教育中的一个主要教学环节，是法学专业教学计划的重要组成部分，是培养法学专业学生综合运用本专业所学的基础理论、基本技能和专业技能解决实际问题的重要教学过程，也是法学专业学生走出校门、适应社会、顺利就业的排演和前奏。

3. 理论研究式的实践教学

第一，法律问题调查实训。法律问题调查实训的目的在于培养学生观察和认识社会的能力，提高学生对法律理论与实践的理解力，同时也为学生写作毕业论文提供选题思路。它不仅要求学生对所学知识和技能进行综合运用，而且使学生通过关键或焦点问题进行社会调查，圆满完成学习计划，实现教学目标。

第二，学年论文实训。学年论文综合实训的基本教学目的是培养学生综合运用所学知识、独立分析和解决问题的能力；培养学生运用法律逻辑思考法律问题的能力；培养学生勇于探索的创新精神、严肃认真的科学态度和严谨求实的工作作风；培养学生从事科学研究和专门技术工作的初步能力，为将来毕业论文的写作奠定坚实的基础。

第三，毕业论文实训。对法学专业的毕业生进行毕业论文实训学习的目的在于使学生在专业基本知识、基本理论、基本技能和运用知识能力、文献检索能力、外语能力以及文化素质、思想品德素质、业务素质等方面得到综合训练。[①] 通过撰写毕业论文，可以使学生了解科学研究的过程，掌握如何收集、整理和利用材料；懂得如何围绕选题进行调查、对掌握的材料进行科学的分析；掌握如何利用图书馆收藏的资料，如何检索文献资料，如何运用文献资料等方法。

四、法学实践教学的路径选择

（一）提高师生对实践性教学重要性的认识

真正发挥法学实践教学的作用，必须从根本上消除重视理论传授、轻视实践训练的传统，加强实践教学重要性的宣传，强调实践教学与理论教学的平等地位，彻底改变学生应付实践性课程

---

① 郭义、姚秀盈：《中外法学实践教学模式研究》，载《学理论》2012 年第 15 期。

的做法，使学生真正参与到实践教学过程中来。只有学生在思想、观念上对实践教学给予高度的重视，才能根本地提高实践教学活动的质量。在这个过程中，加强新生入学职业教育至关重要，在入学教育中，重视对法学专业课程体系介绍和法学生个人职业生涯的规划设计，使学生进入大学伊始对自己所学专业及其发展有清醒的认识，有利于学生实践教学环节的参与积极性。[1]

（二）加强诊所式教学

在教学计划中将诊所式教学纳入必修课进行学分制管理是很有必要的，这样有利于教师进行有效监管，避免实习流于形式化。诊所式教学是20世纪60年代美国法学院兴起的一种新的教育教学方法，是一种从案例教学法发展出来并借鉴医学临床教学方法的一种全新法学教育模式，即让学生在"诊所"中在教师的指导下为处于困境中的委托人提供法律咨询，"诊断"他们的法律问题，开出"处方"，为他们提供解决问题的途径和法律服务。在诊所式教学过程中，学生以"准律师"的身份来接待真实的当事人，办理真实的法律援助案件，接受真实的立法委托，讨论和解决真实的公益纠纷，参与真实的社区法律服务等，做到学有所用，并最大限度地激发自身主动学习的欲求，增加其角色意识和责任感。在实践活动中，"诊所"教师仅仅是建议者，除非学生的决定严重损害当事人利益，一般情况下教师将尊重学生的决定和选择。通过这种实践性教学方式，师生之间形成了良好的互动过程。笔者所在的法律系正在为这一实践教学方式展开深入研究，改革教学培养方案，制订新的教学计划，增加法律诊所教育设施，补充硬件设施。[2]

（三）创新案例教学

案例教学法最初来源于美国。采用这个方法可以充分发挥学

① 王伟、金疆：《法学实践教学体系构建探索》，载《河北民族师范学院学报》2013年第3期。

② 廖柏明：《法学实践教学与法律职业人才培养的探讨》，载《教育与职业》2007年第36期。

生的积极性。因为在整个过程中教师只是做一些辅助的工作，就是帮助学生确定案例，参与学生的讨论，适时给予一定的指导。除此之外，完全由学生们自己去了解案例、确定争执点、分析案例中的争议原因、提出解决争议方案。在整个的教学过程中，学生就像律师一样身临其境地去思考，形成自己的观点。要创新案例教学方法，可以要求学生在理解原有的案例之后，针对案例中的既有原则，假设变化案例中原有的事实或条件，再继续讨论。这样当学生讨论结束时，就能多角度地理解案例规则的应用条件，进而使学生了解法律是如何发生作用的，一旦事实或条件发生变化将会怎样影响某个法律原则的适用等。[①] 这种教学方法实现了由学生被动接受的模式向学生自己分析研究案例、最终得出结论的模式的转化，实现让学生在分析和研究中掌握知识、熟悉并适用法律条文的教学目标。

（四）改善教师队伍结构

高质量的法学实践教学，离不开高质量的实践教学师资团队。然而，现行从校门到校门的人才引进模式，使得大多数法学教师实务工作经验不足。为此，应实施"走出去，引进来"的政策，改善教师队伍结构。所谓"走出去"，就是要通过调整业绩考核指标、职称评定条件政策等做法，鼓励教师走出校园，积极参与律师、仲裁、陪审员、社区法律服务等法律实务工作，接受相关实务训练，以积累从事实践教学指导工作所必需的实践经验，提高其实务工作能力。对于一些有条件的院校，可以选派一些骨干教师到相关的实务部门进行挂职锻炼。所谓"引进来"，是指大学法学院系应当遴选一些法律实务工作者到大学做兼职教师，自 20 世纪 80 年代以来，随着中国法制建设的推进，法律实务界出现了一些优秀的法官、检察官和律师，他们不仅具有丰富的法律服务实践经验和高超的司法技巧，又有扎实的专业知识和

---

① 任波：《法学实践教学探讨》，载《山西煤炭管理干部学院学报》2010 年第 2 期。

较深的学术素养。① 他们既可以讲授律师实务、司法文书写作、司法谈判等一些实践性较强的课程，也可以指导学生开展模拟法庭、法律咨询等实践教学活动。从他们身上，学生不仅能学到"活"的法律知识，还能感受到法律的力量，增强学生对法律的信仰与敬畏感。

（五）完善保障体系

法学实践教学的保障体系包括三个方面：一是建立实践教学激励机制。为提高法学专业教师的积极性和创造性，应该将实践教学的工作量计入教师教学的总工作量中，并针对教师的实践教学能力及指导学生改革创新的情况设立一定的奖励基金和科研基金，建立实践教学激励机制，鼓励教师积极开展实践教学活动。二是建立实践教学评估体系。传统的教学评估体系一般包括理论教学与实践教学两部分，但由于实践教学在整个教学评估体系中没有详细的评估指标，所以对实践教学的评估容易走过场，难以起到促进实践教学改革和发展的目的。为此，我们主张建立理论教学与实践教学两套独立平行的教学评估体系，具体可分为实践教学管理评估、实践教学内容、质量的评价以及实践教学实效评估三部分。三是建立实践教学管理信息反馈系统。② 一种教学管理制度和政策是否科学合理，是否能有力地促进实践教学，只有通过教学管理实践才能得到检验。而教学管理者了解教学管理制度与政策实施效果的有效途径就是建立教学管理信息反馈机制，以此来促进实践教学的规范发展。

① 龙著华：《创新型法律人才培养目标下的法学实践教学》，载《重庆电子工程职业学院学报》2011 年第 1 期。

② 王婧、赵丽莉：《创新性法学实践教学方案的重构与实施》，载《新疆财经大学学报》2009 年第 2 期。

法学综合实践教学模式的探索

宋忠胜　贡　蕊[*]

　　法学是关于法律的本质和规律的科学，实践性是法学的显著特点。由于传统的教学模式是以传授知识为主，注重学生对基础理论的记忆程度而忽视学生的实际操作能力，导致法学教育很难培养出既具有深厚的理论功底又具有很强的实际操作技能的法律人才。针对现阶段我国法学实践教学主要存在问题的分析，有必要探索出一种切实可行的、科学有效的实践教学模式，这将有利于学生形成法学专业思维、强化法律职业伦理修养，更有利于训练法律专业应用能力，使法学专业学生顺利实现学院教育与司法实务的无缝衔接，对法学教育乃至中国的法治化进程也具有长远的意义。

一、法学实践教学的价值

　　法学作为一门应用性社会科学，其生命力在于实践性。实践教学是法学专业教学的重要组成部分，贯穿、渗透于法学教育的全过程，是主要针对专业思维训练、职业伦理修养和实践能力培养的法学教学方式。通过对实践教学的逐步探索、完善，实践教学日益显现出其自身独特的教育价值和重要地位。实践教学作为完成法学教育系统工程的重要组成和有效途径，既可以检阅、修正和巩固已有的专业知识和理论体系，又有利于形塑法学专业思维、强化法律职业伦理修养，更有利于训练法律专业应用能力，

---

　　* 宋忠胜，河北经贸大学法学院教授，研究方向为国际法；贡蕊，河北经贸大学国际法专业 2012 级法学硕士研究生。

因而是高素质法学人才培养的最有效方式。

实践性法律教育将法律条文及其理解和运用放在一种真正的事实环境之中，从而使学生掌握如何能够使法律文本与社会现实结合的分析方法，得到进行法律分析和运用法律解决实际问题的机会。通过承办真正的案件和教师的指导，学生能够得到更多的技巧的训练，以便他们真正地"像律师那样思考"，使其在分析案件事实、收集证据、更好地进行人际交往和沟通、起草法律文书等技能方面的训练得到强化，从而真正地培养学生从事法律职业的能力。① 近年来，我国各大高校法学院系陆续开展了法学实训实验教学，并且将法学实训实验融入培养方案中，体现了我国法学教育向法学应用型人才培养模式的积极转变，以及法学实训实验教学的有益尝试。目前，教育部正在实施的"卓越法律人才教育培养计划"将建设法学教育实践平台明确为需要着力解决好的四方面问题之一。同时，为了进一步推进高等学校实验室建设和实验教学改革与创新，教育部决定在"十二五"期间建设一批学科专业实验教学示范中心，明确了法学实验教学的基本方向和目标模式。法学实践教学关系到高等教育法学人才培养目标的实现，其质量决定着卓越法律人才培养教育的水平，是法学教育体系的重要组成部分。完善的实验教学体系建设对于培养学生的实际操作能力和开发学生的科研创新能力都具有举足轻重的作用。因此，实践教学应处于相对独立、与法学理论教育对等的地位。

二、当前法学专业的实践教学模式存在的问题

自改革开放以来，中国的法学教育无论是在法律人才培养的规模，还是法学教育本身的发展都取得了显著的成就。但不能回避的是，传统模式教育下培养的法学毕业生难以承接法律职业的

① 王晨光、陈建民：《实践性法律教学与法学教育改革》，载《法学》2001 年第 7 期。

要求，显现了当下法学教育的诸多问题。在我国的传统模式教育中，由于缺乏实际应用，法学知识变得生硬而抽象。实际应用的欠缺，也使得所学的知识得不到准确的认识和理解，知识掌握难以牢固，以致法学院的毕业生大都很难较快地胜任实际的法律工作，动手能力较差。正如美国法律哲学家埃德加·博登海默所指出的："如果一个人只是一个法律的工匠，只知道审判程序之程规和精通实在法的专门规则，那么他的确不能成为第一流的法律工作者。"① 现阶段，我国法学专业实践教学主要存在如下几方面的问题。

（一）实践教学的地位尚未得以确立

实践型课程和实践教学等是培养法律执业者基本素养的重要环节，但实际上并未引起足够的重视。从课程设置方面来看，法律课程的开设主要以理论知识为主，培养和训练学生实际操作技能的课程很少甚至根本没有；从授课方式上看，教师的教学是单向性和封闭性的，其经典模式为"灌输式"的课堂讲授，教师仅仅就理论进行阐释，学生的学习也呈现出被动性、消极性和应付性；从师资队伍看，大部分教师没有在法院、检察院、律师事务所等司法实务部门工作过，缺少丰富的实际工作经验。因此，学生并没有掌握将知识转化和运用到实践中的能力。

（二）实践教学尚未形式化、模式化、系统化

根据我国目前的情况，实践教学没有形成统一的、系统的模式，由于各个高校情况差异非常明显，造成了实践教学发展得不平衡和整体的不发达；此外，在绝大多数高校，实践教学并没有被纳入教学体系的框架之中，从而缺乏统一、系统的管理，也客观上造成了实践教学远远不能适应形势要求的状况。法学实践教学的各种模式只有以一种固定的形式、被系统地确认下来，才可以使其在整个法学教学体系中占据应有的地位。

---

① ［美］博登海默：《法理学：法律哲学与法律方法》，邓正来译，中国政法大学出版社 2004 年版，第 531 页。

（三）各高校对实践教学投入严重不足

这种投入的不足主要体现在人力、财力和基地建设上。人力投入不足主要有两个方面：一方面，缺乏专门从事实践教学的教师，能够从事实践教学的教师必须既具有扎实的理论功底，又有丰富的司法实践经验；另一方面，实践教学没有专门岗位和人员负责。财力投入缺乏是指对于实践教学各种模式的资金投入都非常不够，各高校一般都没有专项经费投入实践教学中。实践教学的发展离不开完善的基地，这是关乎其能不能系统化的关键，现阶段，各高校对于实践教学基地建设还远远不够，一方面是很多基地不能提供高素质的指导教师，另一方面是基地过少或者范围过窄。

由此可见，原有的重理论、轻实践的法学教育模式已经不能适应社会对于法律人才的需要，不利于具有创新和竞争能力的法律人才的涌现，而且法学教育的相对落后已直接影响到法律制度的正常运行和整个法制建设的进程。①

三、法学实践教学体系的构建

只读法学书籍不参加社会实践，是不可能完全懂得法律的。只有既读书又参加社会实践，才能真正懂得各种实体法和程序法的精神实质。② 法学实践教学体系构建的形式可以是多种多样的，并且可以是多元化的，主要分为以下几种类型③：

（一）法学实验

包括模拟法庭、模拟仲裁室、法务实训室、法务仿真实验室、案例研讨室、文书检验实验室、痕迹检验实验室和案例库等实验室的建设与使用。

---

① 陈大钢：《中外高等法学教育比较与研究》，上海交通大学出版社 2003 年版，第 176 页。

② 朱遂斌：《法学的实践性特点与法学教育》，载中国人民大学法学院网站。

③ 韩涛：《法学综合实践教学模式的探索》，载《现代妇女》2013 年第 3 期。

（二）法学实训

法学实训是在校内专业教师的指导和教学大纲的规划下，对学生进行有目标的法律实务训练，包括庭审观摩、案例诊断、民事法务实训、刑事法务实训、行政法务实训、非诉讼法务实训等多门实训课程。

（三）法学实践

鼓励学生深入乡镇、街道、监狱和劳教所，或联合行政机关、金融行业、国有企业、私营企业、村委会和居委会，在专业教师的帮助下，进行普法宣传、法律咨询、法律援助等多种形式的社会实践活动。

（四）专业实习

专业实习是指学生在学校的组织、安排以及实习单位指导教师的指导下，从事一定的司法实际工作以验证所学的理论知识、训练综合运用专业理论知识的能力、了解司法实际、借以掌握一定的实际的工作技能和有关的社会知识，积累实践经验的实践性教学活动，包括开展法律诊所和校外实习教学工作。

四、法学实践教学模式的探索

对法学实践教学模式的探索我们希望达到这样的目标，首先，在对法律教育目标进行总结和反思基础上做出有益探索，实现实践教学的模式化、系统化。其次，通过创新改革现有法学实践模式培养应用型法学专业人才。训练学生多维的思维方式，培养学生综合运用知识能力。最后，健全和完善现有法学教育特别是实践性法学教学活动的考评机制。我们应在以下几个方面做出实质的努力和改革：

（一）核心课程的实践教学内容改革

解决核心课程的教学中实践课程的设置与实施，大力推行案例教学法和模拟法庭等实践性教学法。案例式教学法是美国法学教育首创并得到不断发展的一种实践教学方法。在法学教育中，适用案例教学法能够为学生提供一种真实的法律适用环境，充分调动学生学习的主动性，有利于克服案例讨论中的依赖性，提高学生创新的能力和综合职业能力，让学生在训练中去感受获得法学理论知识的过程，去体验法律职业的思维方法，不仅要学会"像律师那样思考"，而且要"像法律人一样思考"。具体来说是培养学生的法律运用能力、逻辑思维能力、表达能力以及法律信仰，使他们能够像法律人一样具有敏锐的社会洞察力，在纷繁复杂的社会现实面前能够以法律人的眼光思考和分析。① 模拟法庭教学的目标是培养学生的实际操作技能，法律知识的综合运用能力，掌握法庭的运作程序和办案技巧。为克服表演型模拟法庭的弊端，真正发挥模拟法庭的训练作用，应充分挖掘模拟法庭的实战作用，实现模拟法庭由表演型向实战型的转化，并将实战型的模拟法庭作为实践教学的辅助模式，为学生自行思考、独立解决争议的法律问题创造真实的环境。

（二）实践教学教师队伍的建设

有较高理论素养与司法实务经验的实践教师是实践教学的重要条件，必须要解决实践教师特别是有法律实务经验的教师缺乏的问题。这要求从事实践教学的教师树立从学历教育向职业教育转化的教学理论，在从事教学工作的同时，鼓励教师多从事兼职律师工作或者到法院、检察院挂职锻炼，积累办案经验，熟悉法院的工作流程和诉讼程序，以利于有针对性地指导学生处理实务过程中出现的各种法律问题。另外，可以聘请司法实务部门中有实践经验又懂教学的法律工作者来校任教，以帮助学生在运用法律知识和法律技能方面能力的提高。

（三）专业实习制度的改革与创新

专业实习是培养学生探索法律事实，提高综合实践能力的重要途径，是法学教育所采用的最普遍的一种实践教学方法。真正发挥专业实习对学生实践能力培养的作用，我们首先应在思想上予以高度重视，本着培养学生实践能力和创新精神的宗旨，制定

---

① 李文桥：《法学实践教学模式之探索与创新》，载中顾法律网。

法学专业实习工作条例，明确学生的实习身份，建立实习工作领导小组，利用现代化的高科技手段，将实习管理工作落实到实处；除此之外，还可以协议合作方式，与相关实务部门建立长期有效的合作机制，创建稳定的、互惠的、共赢的实习基地，同时，还要与实习单位建立融洽的沟通方式，使其按照一个法律执业人应有的标准来安排各项实习内容。

（四）评估机制的建立

科学的评估机制是实践教学的重要保障，而目前缺乏完整的评估机制使得实践教学流于形式。在改进实践教学模式的过程中，建立并完善科学的评估机制，已成为保证实践教学规范化和提高实践教学质量的重要手段。法学专业实践教学科学的评估机制的构建，着眼点并不仅在于对社会调查、专业实习、毕业实习等活动进行效果评估，而是旨在建立整个实践教学模式的评估标准机制，这就要求评价主体、评估指标、评价手段和评估目标的多样化。对教学评估机制的改进，不应只流于形式，应拓宽学生们对教师提出意见建议的反馈渠道。而教师应当适当加大课堂检测力度，使学生们在适度压力下学习。同时教师也应当多提供与学生交流的机会，改变以往课程结束而大部分学生没有与教师交流过的局面。

综上所述，法学实践教学应在传统的基础上进行改革创新。为此，在法学实践教学中，要确立学生主体的地位、学校和教师的主导地位，采用法学实验、法学实训、法学实践和专业实习等多形式的教学方法，通过拓展校外实践基地领域，加强过程控制以及效果评估机制，完善并创新多元化的综合实践教学模式，进而形成符合我国国情，切实有效的训练学生实践能力的教学机制。因此，对法学实践教学模式的探索和完善势在必行且任重道远。

法学职业化培训之诊所法律教育

冯红霞*

法学是一门应用性很强的学科。传统的大学法学教育立足于学术研究，注重理论基础知识的灌输，忽略对职业教育的关注，不能满足社会的实际需求。许多用人单位对法学类毕业生的专业功底评价都不错，但这些毕业生要把工作干得得心应手还需要一定的时间，这也就是人们常说的学校学习和实际工作是两张皮，也是用人单位对应届毕业生不感兴趣的原因之一。为此，2000年后，北京大学、清华大学、中国人民大学等国内多个大学引进了诊所法律教育，尝试对传统的教育模式进行改革。诊所法律教育从美国兴起，与传统的教育模式相比，诊所法律教育注重实践能力，运用多种教学手段和教学方法调动学生学习实践的积极性和主动性，注重职业道德和职业责任，并将其贯穿于法学教育的始终。这对于我国的法学职业化教育而言有很好的借鉴意义。

一、诊所法律教育的特点

在诊所法律教育这种教学方法中，学生面对的问题和律师在执业过程中遇到的情景相类似，学生通过进入自己的角色来解决问题，在努力判断和解决问题的过程中，要求与他人进行交流，学生的表现也会得到仔细的评价。概而论之，诊所法律教育有如下特点：

（一）诊所法律教育使用真实的背景材料

传统的法律教育常用已知的案件或虚拟的案件作为背景材

---

* 冯红霞，河北经贸大学法学院教师。

料。而诊所法律教育用的是真实的案件背景材料、建立在真实的当事人基础之上。因为是真实的案件，学生会设身处地地替当事人着想，理解当事人的感受，真正负责地去办案，增强学生的职业责任心。此外，还可以对法律领域中的许多技能，如接待、咨询、谈判、起草文件等多个方面进行训练，让学生理解法律和律师的社会角色。

（二）诊所法律教育使用有特色的教学方法

诊所法律教育常使用的教学方法有提问式教学法、对谈式教学法、互动式教学法、模拟训练教学法和个案分析教学法等。这些教学方法可以充分调动学生关注问题的积极性，培养独自探求真理的习惯，掌握处理问题和解决问题的思路和技巧，借以培养学生独立分析问题和自主解决问题的能力。

（三）诊所法律教育培养学生完全不同的思维方式

传统的法学教育重视培养学生的学理性思维，将公平和正义的理念植入学生的头脑当中，即"法官式思维"。诊所法律教育要求学生用律师的思路去思考问题，从委托人的角度出发，寻找有利于委托人的解决问题的途径。

（四）诊所法律教育对学生使用全新的评估方法

传统的法学教育以学生的成绩作为唯一的评价标准。而诊所法律教育更注重学生的自我评价。学生关心自己承办案件的成败、关心当事人对案件结果的感受、注重自己办案的感受。案件的成败不是评价学生的唯一的标准，重要的是让学生在办案过程中得到锻炼，学到方法、知识、技能，即使没有成功，也可以获得很好的评价。

二、诊所法律教育中的诊所构建

（一）确立法律诊所的目标

第一个目标是教导学生对真实的当事人有重大意义的事件接受和承担责任。这个目标并不适用于所有诊所，有的诊所可能更重视研究和写作技巧。第二个目标是教授学生新领域中的法律。

大多诊所只关注实体法的一个或两个领域，希望学生熟悉该领域中独有的原则、制度、程序、冲突、习惯及职业道德问题。第三个目标是为有需要的人提供免费服务。提高学生解决问题的能力是诊所的第四个目标。第五个目标是教授合作，让学生学习与同伴合作的技巧。第六个目标是教学生学会处理复杂的情况，理解理论、事实和证据之间的关系。第七个目标是为学生创造机会使他们思考自己的社会价值，而且可以鼓励学生考虑职业选择。第八个目标是遇到有挑战性的职业伦理道德问题时，诊所教师在鼓励学生处理案件的同时去思考这些问题。第九个考虑的目标是提高学生的创造力，诊所可以通过讨论多种工作方案、运用角色扮演等方法来刺激学生的创造力。最后一个目标是教授传统的技能。就是在学生进行标准的法律活动时，如调查、法律写作、咨询等，向学生传授经验，给予他们引导及个性化的信息反馈。

（二）配备诊所教师

一个诊所可以配备两个或更多的教师，也可以在同一法学院内设立几个不同的诊所，每个诊所都配备自己的教师，让助教或研究生进行辅助，在少量案件中聘用非诊所教师一同参与指导。诊所配备教师的数量不仅取决于法学院提供资源的能力，还要看诊所的目标。例如，诊所教师主要传授的是传统的辩论技巧，那么，他就可以指导相对多的学生，需要诊所教师的数量就可以较少。另外，诊所教师应同时具备诊所实践知识和多方面的教学经验。这就要求诊所教师需要有该诊所代理案件的专业知识，不能因为教师和学生都是诊所专业领域的新手而使当事人蒙受损失，诊所教师应当经常拜会当地有经验的执业者，经常与司法机关进行接触，还可以参加实务方面的培训，诊所教师可以利用业余时间来代理案件。

（三）配置诊所设施

诊所应该准备某些实务手册。这种实务手册是让学生熟悉在某一特定法律领域中适用的实体法和程序法的，可以采用现成的，也可以编写一本新的。诊所应收集一些和诊所工作联系特别紧密的资料，建立一个小图书馆，最好还要有一个电子数据库。诊所还应该有一个专门的办公室，以及一间专门用于会见当事人的专用房间以及购买和维护设备的资金。除此之外，诊所还应该建立一个标准化的档案管理系统、制定受理案件的标准和程序及案件的终结和交接程序。诊所法律教育虽然强调实践，但也应该有课堂教学的内容。课堂教学可以由诊所教师亲自完成，也可以聘用其他教师来完成。

三、诊所法律教育中学生的主要工作

第一，会见真正的当事人并为他们提供服务。在诊所中，学生与当事人进行面谈，分析他们提出的问题，提出自己的建议并在各种非正式的场合作为他们的代理人。指导律师（诊所教师）主要是为学生提供咨询、指导学生如何做出决定。学生行为的后果由诊所教师来承担。

第二，学生在诊所中做的是真正的律师工作，也就是说，学生要写诉状、调查取证、询问证人、到法院阅卷、与对方律师或当事人谈判、向当事人提出建议、写信、打电话等。

第三，在诊所中，学生把课堂上学习的实体法、程序法、律师职业道德、司法文书等内容用到实践中，让学生从一个全新的角度去理解法律。

第四，在诊所中，学生用自己的聪明才智和常识去帮助那些无力支付律师费的当事人，实现自身的价值。

法律硕士教学改革

法律硕士实践教学改革探析[*]

——以河北经贸大学法律硕士实践教学为视角

王利军 王 娟[**]

美国大法官霍姆斯曾说过："法律的生命始终不是逻辑，而是经验。"法律实践教学的目的，借用美国法学院的一句格言，即"thinking like a lawyer"。换言之，学生应当学会如何像法律职业者那样思考、写作、表达和行为。法学是一门实践性极强的学科，加强实践教学是提高法律硕士专业学位研究生教育水平、培养高水平、应用型法律硕士人才的必要手段。

一、法律硕士实践教学的现状

从法律硕士试办至今的 15 年来，为实现法律硕士培养目标和要求，以达到法律实践教学及法律职业化人才培养的目的，在全国法律硕士专业学位教育指导委员会的直接指导下，各培养单位在不断总结法律硕士实践教学的经验与教训的基础上，积极探索法律硕士实践教学的方式、方法，创新培养理念，改革、完善培养模式，确保培养质量，以保证培养出的法律硕士专业学位研究生是符合法律实务界需要的高层次应用型复合型人才。

综观我国法律硕士培养单位实践教学方面的一些经验与做法，不难发现：实践教学的组织开展需要培养院校有较为雄厚的经济实力作基础，需要有良好的师资（其中实践型法学教师和

---

* 本文系法律硕士专业学位研究生教育综合改革试点项目成果。

** 王利军，河北经贸大学法学院教授、副院长；王娟，河北经贸大学法律硕士中心办公室主任。

司法实务部门的导师要占不小的比例）作保障，相当多的培养院校由于所处地区的经济社会文化发展情况不同以及法学师资力量参差不齐等原因，在实践教学组织实施上大打折扣，这势必会影响到法律硕士研究生培养的质量，尤其是法律硕士实践技能的缺失，往往导致培养出来的法律硕士走上工作岗位后投入实际法律工作进程较慢。更为糟糕的情况是有些培养院校及教师对法律硕士教育理解偏差，认识不够，仅仅将其作为扩展研究生招生规模，提高学校经济收益的便捷途径，把法律硕士当普通本科生与法学硕士的简单综合，忽略了法律硕士专业的特殊性。对法律硕士的培养，除了在课程安排上有一些区别以外，在教学方法上与法学本科和法学研究生教学没有本质上的区别，主要表现在以本科"填鸭式"理论灌输为主或者以法学硕士"专题教学"为主，除了专业实习外缺少其他形式的法律实践训练。这些都背离了法律硕士培养目标与职业化教育的实践诉求，导致用人单位及社会人士对设立法律硕士专业必要性的质疑，也被越来越多的关心法律硕士专业教育发展的业界同行所诟病。

二、法律硕士实践教学存在的主要问题

（一）培养目标并未真正得到落实，培养模式扭曲

我国法律硕士培养目标和定位自 1995 年制定，历经 1999 年、2006 年两次修订完善，始终未改变，但是培养单位培养出的法硕人才质量并未达到预定目标和要求，究其根源是培养院校对指导性方案没有落到实处，由此导致了法律硕士培养模式的扭曲与错位。

众所周知，法学本科、法学硕士、法律硕士和法学博士是属于四种不同的法学教育类型，各自的培养模式是不相同的。然而目前存在着法律硕士培养模式趋向法学本科、法学硕士培养模式的雷同现象，甚至对法律硕士的培养模式无所适从，只侧重理论教学的情形。这些都背离了法律硕士的培养目标，是对指导性培养方案理解的错位。

（二）实践课教学时数过少，课程设置不尽合理

实践课教学时数过少主要反映在法律硕士培养方案的规定中，这是个普遍存在的问题；课程设置不尽合理是针对法律硕士培养目标而言的，具体说来就是 JM 教育在课程设置中缺乏"实践性"与"职业性"导向。

（三）师资力量难以满足培养目标的需要

法律硕士实践教学教育的师资也是制约法律硕士实践能力提高的"瓶颈"之一。法律硕士专业学位教育要达到培养高层次、复合型、应用型人才的目的，离不开一大批既具有高深理论修养又具有丰富实践经验的教师。如果给法律硕士研究生授课的教师不具备这样的条件，就不能够真正培养出符合上述要求的法律硕士毕业生，教师也会出现面对实践教学的不适应性。但目前的现实情况是，具有法律硕士招生资格的政法院校或者高等院校的法学院系中具有高深理论修养又具有丰富实践经验的教师可以说是凤毛麟角。实际上，即使有不少教师具有丰富的法律实践经验和技能，也不见得仅仅通过授课的方式就能够使法律硕士获得相应的法律职业技能或者法律职业伦理。毕竟法律职业技能和法律职业伦理主要不是在大学里依靠教师的讲授所能够获得的，而主要是通过法律职业培训和法律实践的方式来获得的。

因此，从事法律硕士教育的教师应当具备何种资格与知识构架等问题，导师如何避免用培养法学家的方式去指导未来以成就法律家为目标的法律硕士问题，都是现阶段法律硕士教育需要重视并给予解决的问题。

我国设立法律硕士的初衷是好的，但法律硕士的教学效果和培养质量均无法令人感到满意，如何让其按照设立之初的目标发展并焕发生机，培养出与法律硕士培养目标以及社会需求相适应的实践型、应用型的职业化法律专门人才，法律硕士研究生实践教学方式的改革已迫在眉睫。

三、解决法律硕士实践教学的对策与思考

法律硕士实践教学存在的问题已经提出，研究克服这些问题的思路与对策，是深化法律硕士实践教学研究与改革的前提和基础。针对上述问题，结合河北经贸大学的一些经验与做法，笔者从修订完善培养方案、进一步规范和完善传统的实践教学形式以及积极拓宽丰富实践教学方式等方面提出解决之道。

（一）增加实践课程，提高实践教学比重，突出培养特色

要深化法律硕士实践教学改革首先就要从培养方案入手增加实践课时数，丰富实践课种类，加大实践教学比重，突出实践教学地位。

针对此项，河北经贸大学法学院经过不断的探索，找出了适合自身特色的做法。第一，在一些偏重实践的课程中加入实践学时，每门课程由学校教师和实践部门的专家共同授课，由实践部门的专家负责讲授该门课在实践中的重点、要点、难点，以弥补学校教师实践经验不足。第二，依托学校"经、管、法"的专业优势开设财政金融法律实务、税收法律实务和公司法律实务等课程。第三，加大实践课程的比重，其中律师实务、法律谈判、模拟法庭训练等课程均由实践部门的专家授课。第四，注重对职业规范、职业伦理的培养，开设法律职业道德等课程。

（二）加强师资队伍建设，全面、切实地实行双导师制

基于法律硕士培养目标的要求，吸收实务部门业务骨干参与法律硕士培养，推行双导师制是确保培养质量的重要保障。法律硕士教学能否抓好，关键看师资力量。因此除了采取各种措施不断提高法学院教师的水平和能力外，积极推广双导师制是一种切实可行的途径，请法律实际部门的专家参与法律硕士教学指导等有关工作，来弥补学校教师在提供某方面法律训练方面的不足就显得非常重要和迫切了。

随着对法硕培养的不断探索与实践，河北经贸大学在法律硕士导师建设方面有了不小的改观与进步。制定了专门的《社会

导师管理办法》以规范社会导师的选聘、管理等事务。第一，对社会导师与校内导师合理分工，主导师为法学专业导师，副导师为在法律界具有一定知名度和影响的法官、检察官及政府官员；社会导师负责指导学生的社会实践；提供法律实务中的典型案例和疑难案例，指导分析思路；提供学生实践场所以及论文写作和就业等；取长补短，使学生的能力得到全面提高。第二，为规范社会导师管理，防止出现双导师双不管现象，规定每个导师所带的学生中指定联系人，中心定期督促学生联系导师，并要求有见面记录；不断对校外导师进行调整，询问学生意见，根据反映和调查，如校外导师确实因工作太忙不能指导学生，则该校外导师暂时停止指导学生。

（三）开展形式多样的实践活动，丰富教学内容

单纯的上课或去单位实习的形式，已不能满足锻炼学生实践能力的需要，特别是去单位实习要求学生有长期的空余时间，这对于在校学生特别是两年制的法学法硕学生来说很难做到。因此开展形式多样的实践活动可作为研究生实践能力培养的有益补充。河北经贸大学在培养法律硕士专业学位研究生的过程中就采取了此方法开展了一系列的实践活动。第一，依托法律诊所开展法律援助、法律咨询服务等活动，学生在诊所活动中既可以对实践中的典型案例进行分析探讨，也可以接受全校师生的法律咨询，必要时在诊所教师的带领下开展法律援助活动；第二，开展"模拟法庭"、"公务员面试大赛"等活动，增加学生的实战经验；第三，开展"法律先锋论坛"、"研究生论坛"、"法硕论坛"等活动邀请实践部门的专家与学生一起探讨法律热点、难点。

（四）利用实习基地，开展联合培养的实践教学活动

以社会为市场，实行开门办学，增加社会与高校的联系与交流，开展"合力育人"，是培养应用型法学人才的有效途径。联合培养实践基地为河北经贸大学与当地法院、检察院等实务部门联合培养共建法律硕士学位点，在基地有实践教学点。一方面，

实务部门能安排来自司法实践一线的法官、检察官作为指导老师，即实践教学的指导老师，对法律硕士研究生的专业实习、见习给予指导；另一方面，学校安排理论知识丰富的教师为法官、检察官进行培训，为实务工作提供理论支持。

四、结语

"纸上得来终觉浅，绝知此事要躬行。"法律是一门实践性极强的学科，没有经过法律实践是无法真正学好法律的。对于以培养复合型、应用型人才为目的的法律硕士教育而言，实践性法律教育显得更为重要。让学生当主角、由学生通过实际动手操作、解决实际案件的实践来学习法律和技能的实践教学，应当成为法律硕士研究生学习的主要方式。

知识是创新的基础，实践是创新的根源。任何事物的发展都有一个过程，法律硕士教育的实施时间不长，很多方面还不够成熟和完善，特别是各培养单位在尝试性教改中会出现不尽如人意的地方，甚至导致目前的法律硕士并没有得到与设置初衷相适应的高度评价。为此，尽快构建合理的法律硕士教育培养模式，使法律硕士培养模式与培养目标有机结合，真正培养适应社会需要的复合型、实践型高级法律人才是我们的努力目标。

法律硕士案例库建设探讨*

王利军　　白倩云**

一、法律硕士案例库建设的意义

　　我国的法律硕士是参照美国培养 J. D 的模式设置的，定位是具有特定法律职业背景的专业性学位，主要培养立法、司法、行政执法、法律服务与法律监督以及经济管理、社会治理等方面需要的高层次法律专业人才和管理人才。法律专业学位研究生教育是研究生层次的职业教育，以培养具有明确专业方向的高层次应用型法律人才为目标，应注重专业知识和实践能力的相互应用。然而，法律硕士的课程教学却存在着一些问题：第一，课程针对性不强。内容与实际联系较弱。基本运用学术学位研究生的课程教学，不能体现专业性研究生课程的"实践"内容。第二，课堂教学方法有待改善。在教学上没有选取适合专业性研究生的教学方法，直接照搬学术性的教学方法，不能做到因材施教。虽然也使用了案例，但只是片段化地使用，缺乏对案件从立案到判决的全面分析，这只能算是例证教学，不是案例教学。实践证明，在法学教育中采用案例教学，可以有效地提高学生独立分析问题和解决问题的能力。目前亟须发展案例教学，才能适应法律硕士实践性教育的需要，编写案例库具有重要的意义。

---

　　* 本文是 2013 年度河北省高教学会课题"国家级法学专业校外实践教育基地建设研究"（GJXHZ2013－27）的研究成果。

　　** 王利军，河北经贸大学法学院教授、副院长；白倩云，河北经贸大学法学院经济法专业研究生。

二、国内外建设概况及发展趋势

案例教学法是许多国家在法学教育中普遍推行的一种教学方法，包括英美法系国家和大陆法系国家。对英美的世界一流法学院而言，案例教学法已经经过了历史的验证，是一种培养法律人才卓有成效的教学方法。美国哈佛大学法学院院长朗代尔教授在1870年首先将案例教学法应用于其讲授的合同法课程之中。之后案例教学法一直为哈佛大学法学院所沿用，旨在培养法学院学生的逻辑分析能力和归纳能力。美国的法律教育主要以案例教学法为主，具体运作是：以独立思考和批判为根基的问题教学法，以教师精选案例为基础，双向互动讨论，培养学生对法律的认知水平和解决实际问题的能力。案例教学法为美国约40%的法学院所采用，成为美国法律人才培养的重要教学方法。

德国法学院的教学高度重视案例材料，除了教授的讲座课，所有学生都必须参加10~20人的学习小组，在那里他们学到如何将法律运用到小型的虚拟案例中去。许多教科书实际上也运用大量的例子和案例材料，课程考试也是案例导向的。正如著名学者王泽鉴老师所说："在德国的时候所有的人都在读判决，国家考试就是考几个月前的判决，就把它改造一下，考这个东西，德国法学看着好像抽象的规范，实际上它是已经由判例法所构成，并不是纯粹抽象的法律规范……如果你从大一开始读案子，就会具备很强的分析案例的能力。德国法的学生从大一开始就在学习案例，写报告。"① 这说明在大陆法系的发源地也十分重视案例教学。

20世纪80年代末，案例教学法开始被介绍到我国。在法学教学中也大量使用，但对于何为案例教学、老师的作用如何发挥、案例如何选取、教材及案例库的编写等问题，还存在着很多

---

① 参见王泽鉴：《民法学研习方法与大型论文写作方法》，载 http://www.law-walker.net/detail.asp? id=4579。

不足。当然，也有不少教授对此进行了深入研究和实践。如清华大学何美欢教授及其学生编写的《理想的专业法学教育》一书，其主要内容是何美欢教授自己的判例教学方式及过程的详细记录，为真正的案例教学提供了良好的范本。①

实际上，对于案例教学，仅把它当作一种单纯的教学手段是不够的，失去了案例教学的精髓及初衷。当前，应把案例教学放在法学教育改革和发展的大背景下来考虑。② 目前，中国人民大学、西南政法大学等高校编写了成套的法律硕士使用的案例教材，也编写了校内使用的案例库。其他高校也在积极地构建自己的法律硕士案例库。

法律硕士教学中使用案例教学是符合教育部的相关要求的，编写教学案例库是大势所趋，我校法学院作为河北省法律硕士综合改革试点单位，更应及早启动案例库的编写工作。

案例库具有广泛的应用前景。可应用于法律硕士（法学）、法律硕士（非法学）、在职法律硕士的教学当中，应用前景广泛，有利于提高教师授课的实践性，提高学生的分析能力和创新能力，有利于加强法学院与法律实务部门的沟通与联系，培养出复合型、应用型的法律人才。

三、案例库的结构设计

案例库中所选案例既有综合性案例，也有单一课程案例和知识点案例，覆盖法律硕士专业的重要课程，着重锻炼学生们对真实案例的分析能力和判断能力。契合为法律职业部门培养高层次的复合型、实务型法律人才的培养目标。

案例应为国内外的典型案件，符合真实性、典型性、时效性、创新性的要求，面向法律职业领域，在案例选题、背景资

① 参见何美欢等：《理想的专业法学教育》，中国政法大学出版社 2011 年版。
② 中国政法大学法律硕士学院：《浅议对法律硕士案例教学的移植》，载《第七届法律硕士教育论坛论文集》（2013），第 104 页。

料、课堂计划、分析思路、思考题的设计等方面，注重培养学生从事法律职业所要求的法律知识、法律术语、思维习惯、法律方法和职业技术，能综合运用法律和其他专业知识，独立从事法律职业实务工作，达到有关部门相应的任职要求。

案例库的编排应紧密结合课程体系，既包括专业课程，也包括重要的选修课程。涵盖宪法、民法、商法、经济法、刑法、行政法、国际法等重要课程和民事诉讼法、刑事诉讼法、行政诉讼法三大诉讼法，还应包括体现财经类法学特色的公司法、知识产权法、法经济学等课程。

四、河北经贸大学法学院开展案例库建设的情况

河北经贸大学法学院作为河北省法律硕士综合改革试点单位、国家级法学专业综合改革试点、国家级法科大学生校外实践教育基地，以及国家特色专业建设点，已经采取了多项教学改革措施，一直重视实践教学，和30余个司法部门签订了合作协议。老师们在授课中都运用了案例教学法，储存了大量一手案例。

法学院的法律硕士专业学位点作为我校最早招生的专业学位之一，在教学中已经积累了丰富的经验，加强了与法律实务部门的合作，聘请了40余名来自实务部门的法官、检察官、律师等作为社会导师，持续开展了"法官进校园"、"检察官进校园"、"律师进校园"等活动，由法律实务专家开展案例教学，这种案例教学更加贴近实战。开展了多年的法律诊所教学，对案例的应用有较丰富的经验。

学院教师70%以上是双师型教师，大都具有国家司法工作者资格，从事律师、企业法律顾问、仲裁员等法律实践工作，具备编写案例库及案例教学的能力。校图书馆也购买了北大法宝等案例库软件系统，便于查找资料，提供了编写案例库的条件。

法律硕士学生们对案例教学也有了较深的理解，经常开展的研究生论坛和法律先锋论坛都对当前的热点案例进行深入讨论，这些对开展案例教学打下了良好基础。

在职法律硕士培养质量保障问题探析

王 娟[*]

我国自 1996 年试办法律硕士以来，已经有了长足的发展，截至 2011 年，全国已有 77 所高校具备了法律硕士专业学位的授予权。在职法律硕士作为一种特殊的法律硕士，主要面对在职人员，在课程设置、教学方式、过程管理等方面都与全日制法律硕士有所不同。要培养出符合国家法制建设需要的高层次、复合型、应用型法律人才，必须在了解在职法律硕士生源特点的基础上，对在职法律硕士培养质量保障的各环节进行改革。

一、在职法律硕士生源的特点

在职法律硕士专业学位研究生与全日制法律硕士专业学位研究生有很大的不同。根据国务院学位办《关于招收在职人员攻读法律硕士专业学位相关工作的通知》，在职法律硕士的报考条件是大学本科毕业 3 年以上，其中主要是针对政法部门人员及从事法律实际工作者。只有了解了在职法律硕士生源的特点，才能有的放矢，对在职法律硕士培养的主要环节进行有效改革。在职法律硕士专业学位研究生的特点主要有以下几个：

（一）生源结构复杂

在职法律硕士大都来自不同的工作岗位，所承担的工作职责也不同，大部分在职法律硕士都来自政法部门，但也有的来自政府部门、企事业单位、高校等。因此他们所需要的知识也不相同，这就要求在职法律硕士的培养既要有完善的知识体系，又要

---

[*] 王娟，河北经贸大学法律硕士中心办公室主任。

满足学员的个性化需求。

（二）具有一定的实践经验

由于报考在职法律硕士都要求毕业 3 年以上，因此在职法律硕士大都具备一定的法律实践基础。他们一般不需要过多的基础理论的学习，而是更需要法律的抽象认识能力、实践技能、职业素养等方面的提高。

（三）学习时间不充裕

由于在职法律硕士都是在职兼读，面临工作、家庭和学习三方面的压力，不能保障充足的学习时间，因此要使学员课上学习和课下自学相结合，保证学习的连贯性。

二、双导师制建设改革设想

双导师制自提出以来一直被视为整合、共享高校和社会资源，提高研究生实践能力，改善传统研究生教育单一、封闭现状的一剂良方。特别是在在职法律硕士培养过程中实行双导师制，对于提高法律硕士专业学位研究生的实践能力，培养高素质、应用型法律人才，有很重要的现实意义。但是，由于校外导师的一些特点，双导师制在实施过程中出现了一些问题亟须解决。

（一）从校外导师特点看双导师制实施难问题

校外导师具有如下特点：第一，由于校外导师与高校没有人事关系，特别是很多校外导师都是法律实务部门的领导、专家，学校对于其导师工作不好制约、监管；第二，由于校外导师工作繁忙、精力有限，对学校研究生培养流程、培养目标不太了解，导致其在研究生培养过程中不能真正发挥其应有的作用；第三，由于校内外导师之间欠缺有效的沟通渠道，容易出现双导师、双不管的局面。

（二）完善双导师制度，提高在职法律硕士培养质量

1. 建立完善的聘任制度

要使双导师制育人模式取得成效，就要高度重视校外导师的选聘。通过公开招聘、自荐、推荐等方式，选拔有一定理论基

础、学术背景、专业技术能力强的实务部门人才。建立校外导师库，按其从事的工作领域不同，编排在不同的专业领域。

2. 加强对校外导师的培训

很多校外导师虽有深厚的专业素养，但对研究生培养流程、培养目标等不太熟悉，要定期对校外导师进行这方面的培训，同时组织优秀导师进行经验交流，推广先进的培养方法。

3. 加大经费投入

双导师制意味着研究生培养经费的增加，对研究生教育投资是一个不小的考验。不仅要增加校外导师的导师费投入，同时要增加导师培训费、资料费等各方面的投入。否则，双导师制将流于形式，甚至形同虚设。

4. 明确导师职责，加强双导师的沟通

要根据法律硕士专业学位研究生的培养过程，明确校内外导师不同的岗位职责。例如，校内导师主要负责理论修养的培养，校外导师主要对法律硕士提供实践能力方面的指导包括为其提供岗位实习、实践的机会等。同时经常召开校内外导师交流会，一方面组织开展法律硕士培养经验交流会，共同研讨法律硕士培养方案、培养计划等，探讨法律硕士教育的新思路、新方法；另一方面组织开展双导师学术交流会，就实务中的问题及法律理论在实践中的运用进行探讨，这既能增加导师的实务能力，也促进了导师理论水平的提升。

5. 完善导师工作考核制度

学校对校外导师往往不好制约，要使其在研究生培养中发挥积极作用，就要加强对导师工作的考核。根据研究生培养计划，明确导师的岗位职责，对他们履行岗位职责的情况定期考核，奖勤罚惰，对成绩优异的导师给予表彰奖励，以激励其他导师。

三、课程设置改革设想

在职法律硕士课程的设置，既应考虑法律硕士高层次、应用型、复合型人才的培养需求，同时也应考虑到在职法律硕士有一定实践经验且职业背景复杂的特点。很多院校在设置在职法律硕士课程的时候，都是参照全日制法律硕士或法学本科的课程设置，且授课内容也照搬全日制研究生甚至本科生的授课内容。这样不仅影响了在职法律硕士的培养效果，同时由于学员学不到自己期望的知识，也会影响学校声誉。综合考虑在职法律硕士的特点及培养目标，在课程设置方面应包括三方面的内容：必修课模块、选修课模块、专题模块。

（一）必修课模块

1. 必修课的设置要体现法律职业所需的共同核心的法律基础课程

在职法律硕士虽然具备一定的法律基础和实践经验，但往往都系统性不强，对法律缺乏抽象认识能力，只知其然，不知其所以然。因此，设置专业核心基础课作为在职法律硕士的必修课，以提高其法律的抽象思维能力，在其实践经验的基础上深化理论认识。但是，在职法律硕士的职业背景比较复杂，所承担的工作职责也不一致，因此，必修课的设置不易过多，涉及的面也不宜过广，建议只开设宪法学、法理学、三大实体法、三大诉讼法等核心课程。

2. 必修课应包括对法律硕士的思想品德及职业道德教育

社会的要求及法治社会中法律职业的地位和作用决定了法律职业的精英化，表现为从事法律工作包括立法、执法和司法的人员，都是社会的精英。他们不能是仅仅有法律知识的人，不能是仅有一技之长的人，他们必须是有法律信仰、有职业伦理、有良好的心智条件和良好法律理论、能够理解公平正义的、较完善、完整的人。所以在在职法律硕士的课程设置环节要加强法律职业道德与职业伦理教育。

（二）选修课模块

在国外的法学教育中，十分重视选修课的设置。例如，美国 J. D 教育中有 2/3 的选修课（如北卡大学法学院的选修课有 130 门），这些选修课的设置可以满足学生有专业倾向的职业分工的不同需求。而在我国在职法律硕士教育中，由于在职法律硕士职业背景的复杂性，他们对法律知识的需求也有很大的职业倾向性。在选修课的设置上可参考以下几点：第一，将一些部门法设置为选修课，供有实际需求的学员选修。例如，国际私法、国际法等部门法，由于很多学员没有职业需要，则没有必要设为必修课。第二，法律职业者被誉为"社会医生"，仅具备法律知识是远远不够的，更应增加人文修养和素质，因此在选修课中可设置如经济学、社会学、历史学、伦理学、心理学等方面的课程，以培养学生从不同的学科视角去认真思考现实生活中出现的各种问题的能力。第三，加强法律思维、法律方法方面的训练，可开设判例研究、法律方法论、法经济学、法逻辑学等课程，以提高学员理论总结、思维创新方面的能力。第四，实践课程的设置，为了加强在职法律硕士的实践能力、培养高素质、应用型法律人才，应为其开设实践类课程，但由于在职法律硕士工作的差异性，对实践能力的需求也不同，因此可将实践类课程设置在选修课中，由学员根据自己的实际需要研修不同的课程。

但是，增设选修课在实际的操作中也会遇到一些困难，例如师资匮乏、教育经费不足等。第一，在师资方面，既可以考虑吸收本校其他院系老师讲授跨学科课程，也可以引进实务部门的专家讲授法律实务课程，以弥补师资不足的问题；第二，选修课的增设肯定会增加法律硕士的培养成本，特别是对于一些生源不是很充足的地方院校来说，这就需要各高校提高认识，毕竟，在职法律硕士培养质量的提高也是增加生源的重要方法，而高校也应该将培育合格的法律硕士专业学位研究生而不是经济效益放在第一位。

（三）专题模块

除课堂教学外，为了使在职法律硕士汲取最新的学术知识及实践成果，应多开设专题讲座作为课堂学习的有益补充。第一，邀请著名学者、实务部门的专家针对最新的理论动态、热门话题做专题讲座；第二，可针对一些热门事件、有争议的案例等，组织开展系列讲座，邀请法律实务部门的专家，从不同的视角研究探讨；第三，开展学术沙龙、法硕论坛等活动，在职法律硕士学员不仅来自不同职业岗位，也来自于不同的地区，他们之间相互分享、交流工作经验，对于提高彼此的实践经验、开阔工作视野有很大的帮助。

四、教学方式的改革设想

课堂教学是在职法律硕士培养中主要的学习环节，但传统的课堂理论教学模式，不能适应在职法律硕士高层次、复合型、应用型法律人才的培养目标，因此，应建立多样化的在职法律硕士教学方式。从师资上说，可聘请实务部门的专家担任授课教师；从形式上说，要推广形式丰富多彩的授课方式，如判例教学法、模拟教学法、诊所教学法等；从考核形式上说，减少传统的闭卷、开卷、论文等课程考核形式，探索适合在职法律硕士培养目标的考核形式。

（一）师资结构的改革

首先，在选拔在职法律硕士的任课教师方面，应要求老师具备一定的实践经验。其次，可引进实务部门的专家为在职法律硕士授课。由于实务部门的专家上课时间无法保障，可采取校内老师与校外老师相结合的授课方式，校内老师负责讲授基本理论部分，校外老师负责教授实务技能部分，也可根据课程的特点，聘请不同部门的专家相结合授课，比如，在刑事诉讼法的授课过程中，可由分别来自法院、检察院、公安机关或律师界的不同专家从不同的角度具体讲授。

（二）授课形式的改革

在职法律硕士教育中应注重学生实践技能的培养，如证据审核的技能、沟通协调技能、谈判辩论的技能、起草法律文书的技能等。因此案例教学法是能实现法律硕士培养目标的重要教学手段。

案例教学不应该是传统的在教学活动中引进个别案例，简单通过案例寻找解决途径的过程，而应该是通过案例进行法律剖析和理论总结，使案例分析、法律适用、归纳推理和分析问题融为一体，从而取得理想的教学效果。在运用案例教学法的过程中应注意：第一，案例的选取应注重真实性、典型性和完整性，针对课程的目的、教学内容和教学对象选取适合的案例；第二，对案例进行充分的讨论，在讨论过程中不能拘泥于现有的评论和判决，应鼓励学员勇于发表自己的见解，培养学员敢于批判的精神，有助于培养法律实务工作者敢于和善于发现问题及差错的能力和水平；第三，对讨论结果进行理论总结，使抽象的法学理论具体化、清晰化，实现从案例分析到探究法理的过程，让学员学以致用，实现理论性的提高。

（三）网络课堂的建设

为了应对在职法律硕士教育中面授时间有限、学习时间与学员的工作时间经常发生冲突的问题，应积极发展网络课堂。由授课教师将学习资料传输到网络空间，学员可根据自己的时间随时下载学习；另外，学员也可通过网络就学习与实践中遇到的问题随时与老师沟通。这样，一方面学员可以在现实的司法工作中获得理论的指导，另一方面老师也可获得更多的实践教学经验。

（四）考核方式的改革

对于在职法律硕士课程考核的方式，要减少对死记硬背的法条方面的考核。在国外的法学教育中，无论是教师还是学生都不会在记忆法条方面花费过多的时间和精力。在考核方式上应多注重考核学员理解问题、分析问题、解决问题的能力。

五、过程管理改革设想

（一）学习时间安排

主要是指在职法律硕士学习时间的管理。由于在职法律硕士学习时间的不充裕性，很难做到学习、工作两不误。现在我国各高校在职法律硕士的课程学习时间安排主要分为两种，一种是利用节假日和双休日上课，另一种是集中一段时间上课。比较两种方法，前一种，虽然耽误工作时间较少，但对于外地的学员来说，奔波于学校和工作两地，时间、精力、开支都耗费比较大；第二种，虽然有的学员由于工作原因很难保证不缺课，但相对来说可以在一段时间内全身心地投入学习。因此选用第二种学习方式的高校比较多。

可采用弹性学分制，对本学期实在不能研修的课程，可改为跟随下一年级补休。同时要严格考勤，对无故旷课超过一定时数的学员，采取补修、重修处理。

（二）学员信息管理

做好学员信息备案工作，要收集整理好学员的各项信息，包括工作信息、学历背景等，这样既方便管理，又有利于学员之间、学员与培养单位之间的交流沟通。组织开展学员交流联谊活动，既有利于学员之间的资源共享，也有利于扩大培养单位的社会知名度。

在职法律硕士教育不能照搬全日制法律硕士或法学硕士的教育经验，我们应该根据在职法律硕士专业学位研究生的特点，通过双导师制、课程设置、教学方式、过程管理等方面的探索研究，旨在建立一套符合在职法律硕士培养目标的质量保障体系，使在职法律硕士教育获得长足的发展。

法律硕士案例教学的实践与改进路径

王岩云　　郎　云*

案例研究是一种研究问题的常用方法，也是法律、商业、医学及公共政策领域的常用教学方式。而现在，几乎所有的学科领域都经常采用这种教学方法。当案例研究用于教学目的时，不同于现实中的真实案例，因为此时并不需要完整地再现事件的实际发生过程，而只需建构供学生研讨、辩论的框架即可。因此，案例教学中对案例的研究与探讨，应有别于专业化的社会实践案例研究与探讨。

案例教学法在法学教育上的应用可追溯到英美法系的判例教学法，1870 年美国哈佛大学法学院院长柯里斯托弗·格伦姆布斯·朗德尔（Christopher Colum – bus Lang dell）教授在法学教育中引入了判例，首创了案例教学法。朗德尔认为："如果你阅读了大量的案例，特别是判决正确的案例，真理就出现在你的面前。"① 具体到法学的案例教学，是通过对真实或模拟的法律事例或案例的运用，在教师的指导下，让学生通过一定的方法应用法律条文，掌握法律理论知识的一种教学方法。

一、案例教学法在法律硕士教育中的重要性

（一）案例教学是突出教学目的的需要

河北经贸大学有几类不同性质的法律硕士研究生，包括学术

---

* 王岩云，法学博士，河北经贸大学法学院教师；郎云，河北经贸大学法学院 2013 级法律硕士研究生。

① Robert Steven. Law School：Legal Education in America from 1850's to 1980's. The University of CarolinaPress，1983：102.

性法律硕士、法学专业本科毕业的法律硕士、非法学专业本科毕业的法律硕士和在职法律硕士研究生。针对不同性质的法律硕士而言，都有其不同的办学宗旨和教学目标。又因为不同的教学目标，学校为这几类法律硕士研究生提出了不同的教学手法，其中为了适应和满足法律硕士的社会实践性和专业性要求，在教学中开展了案例教学。

从社会层面讲，法律在社会经济生活中地位不断提升，以及人们对法律地位的认同和日益提高，法律作为人们日常生活中不可或缺的一部分已经获得了广泛的社会认知。正确理解法律和运用法律解决实际问题的能力是法律硕士的必备能力。那么如何在学校教学中训练和提升学生的法律思维能力、独立思考能力和实践应用能力就成为一个现实的课题，这就为案例教学提供了契机。在不同的真实案例中，学生可以利用其所掌握的各类知识，结合相关法律理论，得出对案例的分析性意见，教师同样也通过此法在学生身上得到启发，形成教学相长的良好局面。

（二）案例教学是教育改革的需要

反思中国教育的现状，从小学到中学，再到大学，学生们接受的一直是以应对考试为目的的填鸭式教育。在填鸭式教育下，一切以记忆为考量，背诵的能力几乎成为唯一值得称颂的能力，积极思考和思维创新的能力则变得不值一文。学生基本上异化成了记忆工具。受这种教育模式影响，在相当长的一段时期内，大学法学教育被当作传授法学真理的过程对待，学习的重点也在于对经典作家法学理论观点的记忆。这样的教育难以激发学生的怀疑和批判精神。一位美国教授曾深刻地指出："记忆只是一种简单枯燥的机械劳动，而只有思考才能发挥人的潜能，从而推进学术的进步和发展。"由此看出思考和提问对于知识的学习是尤为重要的。而案例教学的方法则能较好地克服传统填鸭式教育的缺陷，其优势在于：其一，它有利于增强学生自主学习，提高其分析问题和解决问题能力；其二，它有利于检验教师的教学水平；其三，它有利于加强学生与教师间的互动与互助。

二、法律硕士案例教学的现实应用

（一）案例选择

选择适宜的案例是取得良好教学效果的前提。对于法律硕士研究生而言，在选择案例时，通常应遵循理论与实践相结合原则、趣味性和知识性相统一原则、疑难性和思考性相协调原则。

1. 理论与实践相结合的原则

选择案例不仅要考虑案例的理论价值，而且要考虑到它的实践性。从案例的理论价值出发，要看选择的案例能否统一、概括地反映某一方面或某一领域法律规则的内涵，使学生深化对基本理论的理解，而不是考虑这个案件本身的大小和处理上的难易程度。实践性作为案例选择的一个重要标准，要求选择的案例必须是现实中发生过的真实性事件，让学生透过对真实案例的思索和分析，培养作为法律人的独特现实视角和扎实的法学功底。同时通过不同视角的角色转换，培养学生不仅具有像法官那样思考的能力，而且掌握训练像律师和检察官那样的控辩能力和技巧。

2. 趣味性和知识性相统一的原则

案例教学的目标固然在于通过训练，检验和强化学生对相关法学知识的掌握，但知识学习不应是孤立的、枯燥的。常言道，兴趣是最好的老师。培养学生的学习兴趣，或者从学生的兴趣关注点入手，有利于调动学生学习的积极主动性，而学生的积极性和主动性得到发挥，其思维才可能最大限度地得以全面运行，获取知识和信息的效果才会最佳。由此看来，一定的趣味性是教师在选择教学案例时重点要考虑的。因此，案例教学既要注意选择能够激发学生学习热情的案件，又要有意识地将法学基本原理、基本知识融于案例中，从而使案例教学做到趣味性和知识性相统一。

3. 疑难性和思考性相协调的原则

一个好的案例应该蕴含一定的问题，而且问题的正确答案绝不是能从书本上可以直接得到的，唯有如此，才能启发人们进行深入思考。案例教学应当将思考性作为一个衡量标准，同时应注意其与疑难性相协调。如果选择太过简单、法律关系比较单一的案例作为案件教学的对象，意义并不十分突出，因此通常需要选择具有一定疑难性的案件。疑难性案件往往有多种处理意见和方案，教师可以把多种处理意见和方案展示给学生供其思索时参考，引导学生在分析基本案情的基础上，根据相关法学原理和法律规定，对各种处理意见和方案独立作出评价，通过这个过程拓展学生的思维空间，训练其处理问题的能力。

（二）教学实操

1. 案例布置

针对法律硕士的案例教学法，有两种不同的布置方法。其一，教师先讲授理论再由学生应用理论进行分析，现阶段的学习中刑法案例主要是以这种方式开展的。其二，是由学生先了解案例，然后自己研习理论，思考寻找对策，目前的经济法课程和民法课程主要是以这种方式进行。由于课堂教学时间有限，故案例布置的细节基本都在课前完成。布置案例不仅要使学生熟悉案情，而且要明确提出预习的要求，使学生带着问题上课。

评价这两种不同的方式，作为参与其中的学生反映，先知案例后通过讨论得到的结果，比起先进行课堂的理论讲授再进行案例分析的结果要令人欣喜得多。因为前者能更好地激发学生从多个角度去思考和发现问题，对于开阔性思维的培养可以起到实质的积极作用。同时，对于案例的发布时间和发布方式一般保证一周左右是最为适宜的，因为如果发布过早，学生们会渐渐转入懈怠的状态，不利于讨论和学习；而如果发布过晚，又会使得学生们没有足够的时间去准备，而准备不充分，无疑将无法达到理想的教学效果。

2. 案例分析

就案例分析过程而言，其实质在于利用集中的时间剖析相关案例，使学生掌握相关法理知识、培养法律技能和领会法律精神的过程。目前常用的案例分析方法主要有课堂分析、模拟法庭分析、诊所式法律教育分析三种。

第一，课堂分析。教室里集中进行案例分析，课堂分析一般采用讨论式分析方法，由学生充分发言，教师仅作引导性讲解或归纳总结。教师仅在必要时进行基础知识讲解，且讲解时间不宜过长。同时在课堂分析的过程中，教师应善于抓住学生讨论中显现的问题和思想闪光点，及时调整课堂教学侧重点，从而使教学更有针对性。而在教师的归纳总结环节，应当包含点评学生的讨论过程，以及根据教学内容的逻辑主线提出完整的分析过程和结论，尤其是对案例中涉及的法律价值和制度意义应当作引申性的深入讲解，以免将案例教学过程简化为普法教育过程。

第二，模拟法庭分析。这种方法就是以法庭审判为原型，在教师的指导下，学生分别扮演案件诉讼参与各方，模拟审判某一案件的教学活动。这种方法对案例的选择要求较高，对于教师案例的选择和学生的参与表演都有较高的要求，案例本身必须有相对较强的可辩性，从而可以使各个角色都能充分参与其中。否则，将达不到教学目的。同样的，在模拟法庭毕庭后，教师应当作出完整的点评和系统的讲解。这种方法在教学中的局限在于组织较为困难，耗时较长，且通常教学内容狭窄。

第三，诊所式法律教育。诊所式法律教育，是在教师指导下学生参与案件的办理过程，目的使学生熟悉法律实务程序。通常这种方法在程序法的案例教学较多采用。与模拟法庭相比，诊所式法律教育分析适应面更广，而该方法的局限则在于进行时间较长，同时教学知识信息量十分有限。

就案例分析过程而言，河北经贸大学目前主要是以课堂分析为主，以模拟法庭为辅。课堂分析虽然是最简便易行且成本最低的形式，但是对于教师的要求非常高。从培养学生独立思考能力出发，案例教学中应更多地将讨论和参与的空间留给课堂教学，以便给学生提供更为广阔的思考空间，从而培养创新的思维能力，避免陷入单一化和模式化的僵硬思维方式。相当多的学生反映，教师应当在留给学生更多的时间和充分的发言机会的同时，允许学生自己分析得出各种结论性意见。当然，对法理的启发性分析过程训练仍然需要重点予以强化，研究生阶段毕竟不同于本科生，对于其要求应当更加侧重于思考能力的提升。此外，教师在课前必须自行对案例作出深刻剖析，全面把握案例的关键点，对学生可能提出的各类问题要作出通盘的对策思考，防止课堂上出现思维"卡壳"的尴尬局面。同时，为了充分调动每一个学生的参与性和积极性，有学生建议对于发言积极与否应当给予一定的奖惩来刺激其必须进行思考，不给任何学生以偷懒的机会。

三、改进法律硕士案例教学的若干思考

首先，从学生和教师两方面的心理来讲，案例教学必然是一个循序渐进、逐步完善的过程，宜稳步推进，不宜过于急进。对于刚从本科进入研究生的学生来说，案例教学对于他们是一个新鲜事物。从他们拿到一个案例表现出的茫然和失措，可以得知这样的教学想要获得理想的效果需要一个相当的过程。对于一直潜心研究学术的教师来讲，利用案例进行教学并想得到一个好的教学成果，同样需要一定的时间和过程。在这个过程中，学生和教师需要不断磨合，方能达到一个让人满意的结果。

其次，从培养目标的角度看，学校一般要求学生"系统掌握法学专业基础理论和基本方法"，但是上课所用的案例是教师个人根据自己的理解和学生的反映收集而来，因此呈现出一定的不系统性。针对这一限制，在协调"系统"掌握专业基础理论与培养法学思维、业务技能及创新意识的关系方面，需要考虑制定实施案例教学的指导性意见，避免仅是机械地适用案例教学，而忽视了实施案例教学的真正目的。

再次，从教学课时的角度看，核心课程如刑法、民法、经济法等课时相对较长，而且基本所有的案例都需要学生投入大量的时间和精力去查找资料和讨论。按照划分小组的方式进行课上分析，总会使某些小组的准备时间和上课讨论时间相差很大，不利

于其综合整理归纳。而且每节课的时间有限，不能完备地进行完毕相关的案例，对于此情形，需要教师对案例的挑选和对班级小组的数量作出相对合理的整合，将典型的案例与人数和小组数合理进行分配，以确保案例教学的顺利开展和良好效果的取得。

最后，从案例教学资源的角度看，良好教学效果的取得，必然需要有效的相应案例来支持。在长期以来的学校教学中，一直是以教师教授为主要方式来进行专业知识的传授，每个教师的个人素质不同，因此对于讲授中运用案例的水平也不相同。在具体开展案例教学时，每一个教师又是按照自己的方式去搜集案例和备课，因此在有限的时间里对案例的甄别和备课的效果之间就必然会形成一定的差别，这种差别并不都能确保取得理想的教学效果。针对此种情形，如果能够及时建立科学有效的考核制度或标准，或许可在一定程度上缓解这一局限。当然，法学案例教学要想充分发挥其优势，就需进一步明确人才培养目标和优化培养方案，积极创建系统且丰富的案例教学资源库。

此外，作为施教者的教师需要调整教育观念、教学方法、教学手段等，作为受教者的学生也需要调整学习观念、学习方法和学习手段等。唯有如此，才可能培养出厚基础、强能力的应用型、创新型法律专业人才。

教学手段创新

制度变迁的法经济学分析
——以我国消费者保护制度为例

郭广辉[*]

消费者保护法律制度是适应市场经济发展的需要而不断变迁和创新的一种制度安排。制度变迁是在各种主客观因素和变量的约束下，追求自身效用最大化的制度变迁主体发现了在旧的制度中存在着无法取得的"潜在利润"，当预期制度变迁的收益大于变迁的成本时而出现的一种新制度安排。本文尝试运用制度变迁的一般理论对这一过程的主要方面进行分析。

一、消费者保护法律制度变迁的过程

消费者保护法律制度是市场经济发展到一定历史阶段的产物。我国消费者保护法律制度的形成始于改革开放和商品经济体制的建立。综观几十年的发展历程，大体上可以划分为三个阶段。

第一个阶段是消费者保护外围法律制度形成阶段（自改革开放至消费者权益保护法颁布之前）。随着我国商品经济体制的建立，农村联产承包制的实行，我国农村居民的收入水平大幅增加，消费水平大大提高。旺盛的消费需求推动了农村集市贸易的迅速发展。但是，随着市场的红火，市场中契约治理制度并没有相应建立起来，致使市场中经营者机会主义行为盛行，缺斤短两、欺行霸市、假冒伪劣、哄抬物价等市场失序现象使市场中的农民消费者利益受到严重侵害。本着保护农民利益、巩固市场繁荣局面、维护改革大局等政治和经济目的，我国政府逐渐制定了

---

* 郭广辉，河北经贸大学法学院教授，经济学博士。

许多与保护消费者有关的政策法规。如 1982 年颁布了《食品卫生法（试行）》和《商标法》，1985 年颁行了《药品管理法》和《计量法》，1986 年国务院颁布了《工业产品质量责任条例》，1987 年发布了《价格管理条例》和《广告管理条例》等。这些法律法规在客观上起到了打击不法经营行为、保护消费者的作用。但它们都是在消费者利益保护的外围对消费者的保护起作用，并没有涉及消费者权益的实质规定，而且在某些情况下，当消费者权益受到侵害时还存在法律规定的空白和法律适用的困难，致使无法可依。

第二个阶段是核心法律制度形成阶段（消费者权益保护法颁布前后）。消费者保护核心法律制度主要是指专门以消费者保护为内容的《中华人民共和国消费者权益保护法》（以下简称《消法》）。随着各种消费纠纷的急剧增加，由于缺乏专门的以消费者保护为内容的法律法规，给消费者维权带来许多不便。针对这种情况，地方政府根据实际需要制定了地方性消费者保护基本法。从 1987 年 9 月，我国第一个地方性消费者保护基本法规出台以后，到 1993 年 8 月，已有 27 个省、自治区、直辖市制定了地方性消费者保护法规。这些立法活动直接推动了国家消费者保护基本法的制定。1993 年 10 月系统规定消费者权利与经营者义务等内容的《消法》得以颁布（1994 年起开始实施）。它的出台弥补了我国消费者保护制度的缺失和空白，为从根本上保护消费者权益提供了坚实的法律依据。

第三个阶段是消费者保护法律制度体系建构与完善阶段（《消法》颁布以后）。随着市场经济的发展，消费者权益保护问题日益受到政府和社会的重视。经过多年努力，一个越来越明确的由法律监督、行政监督、社会团体监督和舆论监督四位一体，相互配合，协同动作，共同保护消费者权益的社会机制，在我国逐步形成。在《消法》颁行后，根据 2009 年 8 月 27 日第十一届全国人民代表大会常务委员会第十次会议《关于修改部分法律的决定》对《消法》进行了第一次修正，根据 2013 年 10 月 25

日第十二届全国人民代表大会常务委员会第五次会议《关于修改〈中华人民共和国消费者权益保护法〉的决定》对《消法》进行了第二次修正。同时国家又陆续制定并通过了相关的《环境保护法》、《价格法》、《合同法》、《仲裁法》、《行政诉讼法》、《民事诉讼法》以及一些相关的条例、规定如《种子管理条例》、《化妆品卫生监督条例》、《旅行社管理条例》、《保健食品管理办法》、《商品房销售管理办法》、《缺陷汽车产品召回管理规定》等。这些法律法规涉及消费者生活的方方面面，形成了一个保护消费者权益的较为完整的法律体系。

可见，我国消费者保护法律制度变迁呈现出先外围立法再核心立法，先地方性法规后全国性基本法律，诱致性变迁推动强制性变迁，由点到面逐步完善的特点。

二、消费者保护法律制度变迁中的"潜在利润"

制度变迁理论认为，制度变迁的发生必须有某些来自制度非均衡带来的获利机会，"潜在利润"是制度变迁的内在原因。这些"潜在利润"主要来自以下几个方面：

（一）规模经济带来的潜在利润

新制度经济学认为，规模经济主要受到制度的约束。在组织制度不变的前提下，组织的技术决定着组织获得的规模经济的程度。但如果组织制度可以变化，组织本身规模的扩大就能带来组织资金状况以致技术水平状况的改善，从而使组织获得规模经济的好处。消费者保护最初是以消费者个体为保护主体，但消费者个体的力量毕竟十分微弱。而代表消费者利益的专门组织——消费者协会的出现，为消费者维权提供了一种合作机制。通过合作，消费者可以有效克服单兵作战等市场弱势。同消费者相比，消费者协会不仅拥有财力上的优势，而且还拥有精通法律、商品知识和拥有职业敏感性的专业人士等优势。从 2007 年起中国消费者协会开始享受政府拨款进一步加强了其优势地位。[①]

（二）外在收益内在化带来的利润

外部性的存在是制度创新的一个重要源泉。在某种程度上讲，制度创新的过程实质上是外部性内在化的过程。科斯认为，经济生活中的许多外部性都根源于产权界定不清，因此产权的界定以及产权制度的完善可以大大减少外部性。现实生活中，在缺乏惩罚性制度情况下，经营者依靠侵害消费者利益等方式获得额外收入几乎不需要成本，而这对消费者来说实质上就是其收益外部化。消费者保护法律制度使交易双方的产权得到明晰，在一定程度上增加了经营者侵害消费者权益的成本，降低了经营者采取机会主义行为的可能性，从而可以削减消费者交易收益的外部性。

（三）克服对风险的厌恶所带来的利润

风险的存在是削减经济活动的一个因素。实际生活中大多数人都是厌恶风险的。如果某些能够克服风险的机制被创新，总收益就可能增加。消费者保护法律制度实质上就是通过产权的界定、信息的揭示来实现对风险的克服，使经营者合法经营，减少对社会资源的浪费等以增加社会总收益。

（四）交易费用转移与降低带来的利润

在现实经济生活中，由于市场并非是完全的，因此，信息的获取费用以及其他交易费用必然发生。这些费用成本的高低是检验市场机制的效率和发育程度的基本标准。而降低这些费用需要做出新的制度安排。我国市场经济发展较晚，市场机制发育尚不完善，市场中信息不透明现象较为严重。这也就为经营者采取机会主义行为提供了方便。而消费者保护法律制度明确规定经营者有告知的义务、消费者有了解商品和服务真实情况的权利，这在一定程度上降低了信息的获取费用。另外消费者保护法律制度体系，通过法律、行政等手段对市场信息进行揭示和管理，对经营

---

① 杜海涛：《财政支持更利于履行职能》，载《中国老年报》2007 年第 4 期。

者行为施加约束和激励，对消费者实施教育提高消费者辨识能力等，恰恰可以为市场中处于劣势的消费者提供一种在交易活动中对付市场缺陷和自身缺陷的手段和工具，从而可以在促成公平交易实现，降低交易费用的同时，使人们的利益及其安全得以实现和保障，使人们的经济福利得到提高，并给人们以相对正确和稳定的收益预期。

三、消费者保护法律制度变迁中的初级行动团体与次级行动团体

（一）初级行动团体

"制度企业家"是创造消费者保护制度的初级行动团体。制度变迁理论认为，诱致性变迁必须有一个制度的发明者或者"创新者"自发组织实施。也就是说需要一个能发现制度不均衡及其潜在的获利机会，并进行新制度"发明"的"初级行动团体"。

我国第一个消费者团体——河北新乐县消费者协会的成立就是基于富有制度创新能力的工商人员努力的结果。改革开放带来了新乐市场的繁荣，但问题也随之而来。有些不法商贩受利益驱动采取投机取巧行为，导致消费者利益受损，由此而引发的矛盾和纠纷越来越突出。保护购买者的利益成为工商人员工作中的当务之急。受有关美国保护消费者利益协会报道的启发，富有创新精神的新乐县老工商局长及其下属人员，建立了一个"维护老百姓利益协会"，最后正式定名为"新乐县消费者协会"。

我国第一部维权地方性法规的出台也是制度创新"企业家"努力的结果。各地消费者协会成立之初，维护消费者利益的基本依据是当时国家出台的一些外围法律法规。这些法规虽然在某些方面涉及保护消费者权益的内容，但因为立法不是以保护消费者权益为直接目的，难免存在不衔接、互相矛盾以及疏漏之处。正是基于这种状况，当福建省消费者协会发现一起令全国震惊的"福州城门乡樟岚村农民用化粪池腌制大头菜坑害消费者"事件时，消费者协会成员及地方立法部门共同探索制定了《福建省

保护消费者合法权益条例》。

王海是制度安排使用者中的制度应用创新"企业家"。青木昌彦曾指出，制度可以表现为明确的、条文化的以及（或者）符号的形式，如成文法、协议等，不过，关键一点在于：一种具体表现形式只有当参与人相信它时才能成为制度。① 在此意义上，成文法和政府规章如果没有人把它们当回事就不构成制度。王海首次依据《消法》第49条尝试买假索赔的成功，使我国消费者首次认识并接受了《消法》中的"买一赔二"规则，从而使这项制度安排从一条死规定变为一项活制度。

（二）次级行动团体

次级行动团体是帮助初级行动团体获取收入而推进制度安排变迁的主体。我国各级消费者协会、消费者个人、大众传媒、政府行政机构、行业协会、学术团体等都充当了次级行动主体的角色。

消费者协会及消费者个人成为我国消费者保护法律制度的积极实施者和推动者。从组织专项调查，开展商品和服务的比较试验，参与行政部门对商品和服务的各种检查、质量跟踪、组织消费者评议商品、服务，到广泛开展对消费者的宣传教育活动，我国各级消费者协会作了大量工作，成绩有目共睹。一些拥有较强维权意识的消费者个人也针对市场中的侵权现象积极呼吁。这些行动产生了积极效果。

地方政府及政府机构在推进消费者保护过程中也付出了相当努力。一方面，地方政府推动了地方性消费者保护法律制度的制定。以福建省为例，继推出我国第一部消费者保护法律之后，1994年7月5日，通过的《福建省实施〈中华人民共和国消费者权益保护法〉办法》，成为全国第一部与《消法》相配套的由立法机关颁布的地方性法规；1998年，通过的《福建省保护农民购置农业生产资料权益的若干规定》，成为全国第一部以农民

① 青木昌彦：《比较制度分析》，上海远东出版社2001年版，第14页。

消费者为对象的地方性法规；2000 年，通过的《福建省商品房屋消费者保护条例》，成为全国第一部针对商品房消费的专门性法规。又如浙江省 2001 年率先以地方立法的形式，肯定了患者作为消费者的权利，首次将"三包"制度引向房地产领域。这些地方性立法都对我国消费者保护起到了积极作用。另一方面，各种政府机构承担了繁杂的商品检测检验和对不良经营行为的查处工作。如 1996 年中宣部、内贸部、国家工商局等部委组织了"百城万店无假货活动"，为消费者提供较好的市场环境做出了努力。

新闻媒体积极参与和推动维护消费者权益的活动。从媒体数量来看，据一项统计资料，1994 年，全国共有以维护消费者权益为主要报道内容的消费报纸、杂志 39 份，而到 2000 年年底，全国专门报道消费者保护内容的消费者报刊增加到 90 多份。从报道规模来看，以我国《工商报》为例，1994 年，该报全年的维护消费者权益报道共 500 篇，从 1995 年开始，维护消费者权益的报道在数量上逐年增加，年增幅在 10% 以上（我国消费者协会简报）。① 从参与质量来看，突出的是新闻媒介开展的"产品质量万里行"和自 1991 年开始的每年一次的"3·15"大型文艺晚会，一定程度上发挥了媒体的影响力。中央电视台的"焦点访谈"成为消费者维权的重要途径。此外，各种媒体还开设了专门的栏目对消费者进行消费教育，一定程度上提高了消费者的消费知识和维权能力。

正是由于上述初级行动团体和次级行动团体的积极行动，才推动国家颁布实施了《消法》，实现了强制性制度变迁，使消费者保护法律制度日益走向成熟。

---

① 成竹：《试论维护消费者权益报道》，中国社会科学院 2002 年硕士学位论文，第 5 页。

四、消费者保护法律制度变迁中的路径依赖

自 1982 年颁布了《食品卫生法（试行）》和《商标法》至今，经过 20 余年的发展变迁，我国的消费者保护法律制度取得了明显效果。较为完善的消费者保护制度体系得以建立，消费环境得以改善，网络化的消费者保护组织积极行动，消费者的维权意识和维权能力大为提高。根据中国消费者协会 2004 年公布的数字，该协会 20 年间共受理消费者投诉 790 万件，为消费者挽回经济损失 56.8 亿元。

当然，目前形势仍不容乐观。诺斯说过"人们过去做出的选择决定了他们现在可能的选择"。由于受传统思维和政府主导供给模式的影响，作为最重要的正式制度、代表我国消费者保护整体水平的《消法》仍存在行政色彩过浓，过于依赖行政机关和行政手段，没有充分运用当事人自身的力量和民事手段来解决消费纠纷的问题。突出地表现在两个方面：

（一）有关实体和程序规定欠合理，消费者的维权成本过高

《消法》（第 49 条）虽然对残疾赔偿金和死亡赔偿金做了规定，但消费者的其他精神损害，却不在赔偿范围。特别是按照现行法律，消费纠纷的诉讼程序繁杂、消费者的诉讼费用难以得到补偿。"由于经营者侵权给消费者造成损失的赔付给消费者的金额只是受损失的部分"，① 消费者缺少足够的维权激励。

（二）惩罚性赔偿的力度仍然不够，违法经营者的违法成本太低

惩罚性赔偿是指对受害人的赔偿超过实际损失。顾名思义它首先考虑的是对侵权经营者的惩罚，其次才是对受害者的补偿。美国等国家的立法对具体惩罚数额通常不做限定，而是交由法官根据需要自由裁量，有时要经营者承担巨额惩罚性赔偿，甚至令

---

① 李恒年等：《消费者权益保护的经济学分析》，载《商场现代化》2006 年第 4 期。

其倾家荡产。而我国《消法》（第 55 条）只是规定经营者提供商品或者服务有欺诈行为的，令其赔偿消费者购买商品的价款或者接受服务的费用三倍的损失。从现实需要来看，限定两倍惩罚显然力度不够。尽管《消法》（第 56 条）规定了对侵权行为人处以其违法所得 1 ~ 10 倍的行政罚款，但它既不能实现对消费者的补偿和激励，在实践中还容易导致执法腐败。

已有的研究成果表明，以政府行政执法部门为主导的维权措施短期切实可行，但长期却差强人意，而消费者的维权措施能够起到长期抑制经营者侵权的效果。因此，摆脱路径依赖，通过扩大经营者的赔偿范围，提高惩罚性赔偿的倍数，增大经营者的违法成本，同时提高消费者维权的激励，实现从以政府为主维权向支持消费者投诉的转化，应成为今后我国消费者保护法律制度变迁的方向。

强化法学教育中的法律方法训练

王晓烁　王巧盼[*]

法学教育应该侧重培养具有系统理论知识的学术能力，还是侧重培养具有专业技能的职业能力，一直是法学教育改革的争议焦点。法是一种实践智慧，严格意义上法学教育应该是一种实践性教育，更应该注重实践能力的培养。郑永流教授在分析法学教育的性质时就曾写道："法学教育是大学教育、职业教育和精英教育。"[①] 但这并不意味着法学理论知识无足轻重，法学理论为实务界提供裁判基准，"发现一些先行法迄今尚未解决的法律问题，借此促成司法裁判或立法的改变"。[②] "法学是一门充满实践理性的学科，魅力主要不是坐而论道，而在于如何通过规范把价值运用于事实，做出外有约束力、内有说服力的判断"，"这就要求法学院应对每一个学生进行法律方法训练。"[③]

一、法律方法的重要性和必要性

（一）法律方法的含义

法律方法是指法律职业者（或称法律人）认识、判断、处理和解决法律问题的专门方法，或者说，是指法律人寻求法律问

　　* 王晓烁，法学博士，河北经贸大学法学院教授；王巧盼，河北经贸大学法学院 2013 级法学理论专业硕士研究生。

　　① 郑永流：《法律方法阶梯》，北京大学出版社 2008 年版，第 7、13 页。

　　② ［德］卡尔·拉伦茨：《法学方法论》，陈爱娥译，商务印书馆 2003 年版，第 112 页。

　　③ 郑永流：《法是一种实践智慧：法哲学和法律方法论文选》，法律出版社 2010 年版，第 294 页。

题的专门方法。

法律方法主要包括三个方面的内容：第一，法律思维。法律思维，指法律人在长期参与司法实践的过程中，为了维护法治，所形成的解决法律问题的思维定式。它是一种重形式正义，重程序、重形式意义的合法性思维。① 第二，法律运用的技巧。把法律这种静态的规则体系运用于具体流动的法律实践时，法律人往往需要运用技巧进行法律推理。法律技巧源自于对法律概念、原理的深厚把握，源自于使用法律的人对它的灵活运用和真正技巧。第三，一般的法律方法。这包括法律发现、法律推理、法律论证、法律解释、漏洞补充、价值衡量等方法。

（二）法律方法对于法律职业的重要性

德国法学家魏德士将法律方法的功能概括为：有利于权力分立、加强法官自我监督和法的安定性、对法院裁判进行批判性讨论、维护法律职业者的自我认知、维护法治国家的属性等。② 依据上述说法，法律方法更多的是从司法者的视角来解释和理解的。法科学生毕业后无论任法官、检察官、律师，都需要运用法律方法处理司法案件；因此，也要充分了解司法活动的运行状态。

法律方法的运用对于法官和律师职业具有重要意义。第一，法律方法可以将静态的法律与流动的社会实践联系起来。人的认识能力有限，立法者的预见能力也是有限的，随着社会的不断发展，法可能会落后于社会生活的发展，出现法律空白或漏洞，显现出滞后性。这就需要法律职业者运用各种法律方法把成文法和司法有机结合起来，疏通由法律规则到个案判决的转换过程。第二，法律方法可以使抽象的法律条文与多样的案件对接。法律是

① 郑成良：《论法治理念与法律思维》，载《吉林大学社会科学学报》2000年第4期。

② ［德］魏德士：《法理学》，丁小春、吴越译，法律出版社2003年版，第292~294页。

对某一类行为的高度概括，其内容是抽象的。但社会生活是频繁变动的，因此案件呈现多样性。在特殊情形中，如果严格地适用法律，会出现不合理、不公正的结果，法律可能出现僵化性。法官可以通过法律方法的运用增大司法行为的合法性与合理性。第三，法律方法可以弥补法律的缺陷。法律应该是确定的，但是部分法律语言是多义的，尤其是价值评判性规定，见仁见智，故法律可能是不确定的。鉴于事实和规范的不对称性，法律条文不可能解决所有法律问题，法律方法可以通过规范把价值运用于事实，解决个案事实与规范的不对称性，一定程度上弥补了法律的缺陷。第四，法律方法可以保障法律不被曲解。如果随意地按照个人的理解去适用法律，就很可能歪曲法律、有损法制。在法律方法的规范和指导下进行法律适用，可以维护法律在法律实施过程中的安定性和可预测性。

（三）法学教育中法律方法训练的必要性

由上述论述可知，法律方法是解决具体法律问题的理论前提，掌握法律方法的运用是法律职业者的必备素质。法学教育的最终目的是为法律实践培养合格的法律职业者，因此在法学教育中应当加强对法律方法的训练。

加强法律方法教学，有利于培养法学专业学生法律思维与实践能力。法学教育改革，注重法律方法培养是必不可少的。正如耶鲁大学法学院院长赫钦斯在指出美国法学院过度重视法律职业技能而轻视方法论知识的弊端时所说："法理学应该成为法学课程的核心，但是一般没有什么人学习它，它就像法学史一样，被认为是一门边缘科目或装饰性科目。""他们所需要的是原则，永恒的原则，而不是资料、事实和有用的小常识。"① 郑永流教授曾经说过"如果从培养学生的能力上讲，法学教育有三大任

---

① ［美］罗伯特·M.赫钦斯：《美国高等教育》，汪利兵译，浙江教育出版社2001年版，第23、71页。转引自杨秀清：《法学教育培养目标与课程设置之思考》，载《中国法学教育研究》2006年第2期。

务：知识体系形成的能力；运用知识处理实际问题的能力；知识创新的能力。而第二种能力至关重要，最能体现职业教育的本色，这就要求法学院应对每一个学生进行法律方法训练。"①

二、法学教育中法律方法训练的现状

（一）总体偏重学术能力培养

教育部发布《全国高等学校法学专业核心课程基本要求》确定了全国高等学校法学本科专业都必须开设的 14 门核心课程，这 14 门核心课程分别是：法理学、宪法学、民法学、刑法学、民事诉讼法学、刑事诉讼法学、行政法与行政诉讼法学、商法学、经济法学、知识产权法学、中国法制史、国际法学、国际经济法学、国际私法学。以后随时代的发展，在增加了环境和自然资源法学、劳动和社会保障法学两门核心主干课程后，目前我国法学专业的核心主干课程增加到 16 门。各法学院校均以这 16 门课作为法学教育的核心课程，并根据本学校的具体情况和培养目标，增设各自的必修课和选修课，如有的学校增设了刑侦、西方法律思想史等专业必修课。

上述 16 门核心课程更侧重于法学理论知识以及学术能力的培养。随着法治建设的推进，法律在人们的日常生活中扮演着越来越重要的角色，这就要求法律从业者具有很好的职业能力，能够把法学理论知识很好地运用到实践中以解决具体问题，然而，我国的现行法学教育却被指责与实践相脱节。

（二）需要强化法律方法的训练

近几年，法律方法课逐渐获得不少院校的认可，国内的一些重点院校已开设了法律方法论课程。我国部分高等法学院校也开始设置或准备设置法律方法论课程，但总体而言我国法律方法论课程建设尚处于初创和起步阶段。

---

① 郑永流：《法是一种实践智慧：法哲学和法律方法论文选》，法律出版社 2010 年版，第 294 页。

第一，法律方法课程体系不清楚，没有专门的教材。目前我国高校对法律方法课程体系的内容、如何协调法律方法课与其他课程的关系等问题没有一个清晰的论断。虽然国内已经出现了不少关于法律方法的学术专著，但是还没有形成较为统一的教材。

第二，法律方法课程讲授效果有待提高。部分法学院校在大一下学期或者在研究生阶段开设法律逻辑学课程，通过单纯学习逻辑知识来训练逻辑思维，不仅枯燥乏味，而且效果不明显。[①]为此，"要改革目前以讲授为主的法学教学方式，增加训练法律方法的教学方式"。[②]

第三，"模拟法庭"、"法律诊所"等课程有待完善。很多法学院校在按照教育部指定的法学专业核心课程的基础上，同时还增加了模拟法庭、法律诊所、案例教学等实务性课程。课程形式少数为必修课，多数为选修课。设置的初衷是为了训练学生的法律技巧、培养法律思维、提高法律实践能力。但是教师讲授的时候，往往不能很好地调动学生参与的积极性，也没有给学生创造更多的参与环节，导致"有形无实"的结果，学生依然没有获得法律方法的真正训练。

三、加强法学教育中法律方法训练的措施建议

为应对和改变以上令人堪忧的法学教育现状，教育部、中央政法委 2011 年颁布的《关于实施卓越法律人才培养计划的若干意见》，明确提出要"开发法律方法课程"，从而"切实提高学生的法律诠释能力、法律推理能力、法律论证能力以及探知法律事实的能力"。

（一）设置"法律方法"课程

提出这一建议，主要源于国外的经验借鉴。无论是英美法系

---

① 郑显芳：《简述法律教学中的法律思维训练》，载《法律逻辑的理论与实践》，学林出版社 2010 年版，第 170 页。

② 缪四平：《法律思维训练应强化批判性思维教育》，载《法律逻辑的理论与实践》，学林出版社 2010 年版，第 165 页。

还是大陆法系国家一般将"法律方法"或"法学方法论"作为一门独立的课程进行设置。

美国法学院课程的重要目标之一，是对学生法律方法与法律思维能力的培养。它们开设有独立的法律方法课程，也有使用"法律推理"、"法律推理和辩论"名称的，而且有专门的教材。设置法律方法课程的目的，是培养学生运用各种法律方法来完成各项职业任务，提高法律技能。英国部分法学院也开设法律方法课程，目的同样是培养学生对法律的实际运用能力。澳大利亚部分高校法学院开设有法律推理课程，强调对学生法律职业技术的培养。德国法学院非常重视法学方法论课程。德国规范法律职业者的法律或者条例，将法学方法或者法学方法论作为大学法学教育的必修科目或者基础科目。

我国也应当在高等院校法学院设置"法律方法"课程，并逐渐在全国范围内形成统一教材。法律方法论教学方法成熟后，可考虑将其列为法学专业核心课程，在思想上提高广大师生对法律方法训练的重视度，确保师生在教学活动中都重视法律方法的训练，以培养学生的法律思维能力和实践能力。

（二）完善现有的法律实务课程

首先，完善现有的模拟法庭、法律诊所课程。必须将"模拟案件审判"、"模拟法庭比赛"等实践活动作为模拟法庭课程的重要部分，并且对实践活动的次数进行最低限定。其次，完善现有的案例教学方法。美国首创了案例教学法的朗代尔教授就曾在他著名的《合同法案例》一书的前言中写道："被作为科学的法律是由原则和理论构成的。每个原理都是通过逐步的演化才达到现在的地步。换句话说，这是一个漫长的、通过众多的案例取得的发展道路。这一发展经历了一系列的案例。因此，有效的掌握这些原理的最快和最好的，如果不是唯一地，途径就是学习那些包含着这些原理的案例。"① 我国在推行案例教学的过程中，还存在许多不足，如老师侧重介绍数个案件的案情，学生侧重回答案件可能的判决结果，案例仅仅是某个理论的注脚，法律解释、法律推理等能力并没有很好地被关注。今后的案例教学，教师应当注重如何通过法律解释、法律推理和法律论证等法律方法，指引学生在案例中将法律知识与案件事实相结合。案例教学通过展示办案活动的全过程向学生更直观地展现如何把规范运用于事实，做出外有约束力、内有说服力的判断，从而培养学生的法律思维能力和实践能力。

（三）采用以学生讲课为主的教学方式

苏格拉底式问答法是指通过问答的方式来获得真理的方法。我们目前的法学教学方法主要是老师讲授，学生被动听，这种教学方式不能启发学生积极独立思考问题的能力。采用以学生讲课为主的教学方式，教师可以布置作业，学生课下准备，课上学生分析、讨论，最后由老师总结。这种教学方法旨在培养学生搜集材料、概括事实、找出法律争论点，分析法律条文的能力，最终学生培养法律思维能力和实践能力。

总之，如何形成适合中国法科学生的教学方法正在探索之中。法学教育中的法律方法还受到一些现实条件的限制，比如必要的师资条件还不能满足，所以应逐步推进法律方法的教学方式。可以先在硕士研究生阶段推进法律方法教学，待成熟后再逐渐推广到本科阶段。

法学教育承担着为社会培养高素质的法律人才的重任，教学方法不改革很难培养出优秀的法律职业人才。法律方法的熟练运用、法律思维的养成，需要同时具备法学理论知识和法律应用能力。这是一个训练的过程，不能一蹴而就；这是一个系统工程，需要学校、教师、学生的公共参与和努力。

---

① 王晨光：《法学教育的宗旨——兼论案例教学模式和实践性法律教育模式在法学教育中的地位、作用和关系》，载《法制与社会发展》2002 年第 6 期。

理论与实践：中国法学教育的
困境与希望[*]

武建敏^{**}

对于法学教育的优劣评述涉及多方面的问题，一个人的立场不同就会得出完全不同的评价结论，一个人对"法之本性"的认识不同就会导出相异的认知结果。单纯的立场问题并不能构成一个重要的学术命题，而只有对"法之本性"的认知差异才是真正具有评判合理性的根本前提。在当今中国的法学教育中，其基本意向是知识化和专业化教育。这在一个宽泛的意义上说是没有问题的，因为社会总是需要很多专业性的法律知识。但是由"法律知识"所造就的法律人将是怎样的一个群体呢？这个群体能否承担起中国法治建设的历史使命，能否真正推动中国法治现代化的实现，这恐怕是个无法确知的问题。从法的本性出发去谋划法学教育的改革进路应该是具备自身合理性的思想模式。就法的最根本的特质而言，它并不是一种知识论的思想架构，而是一种实践理性。这就决定了法既具有最为根本的理论特质，又具有鲜明的实践特质，究其实质而言法的理论特质和实践特质是一回事。过去人们习惯于将理论和实践分开，虽然也经常地说"理论联系实际"，但理论和实践的关系并不是"理论联系实际"所

* 本文是河北省高教改革项目"法学与经济学融合——基于卓越人才培养的理念"的研究成果之一；河北省高等教育学会"十二五"高等教育科学立项课题"当代中国法学教育的困境与希望"（GJXH2011 - 44）的研究成果之一；河北经贸大学2012 年度教学研究项目成果之一。

** 武建敏，河北经贸大学法学院教授，博士，主要研究法律思想史、法哲学与司法行为理论。

能概括的，在根本的意义上理论和实践是内在统一的。我们的基本态度是，真正的理论必然是一种实践，最高的理论形态是实践，而并不是理论本身，最高的实践形态是理论，而并不是实践本身，而理论与实践相互结合的最高境界应该是"实践智慧"。理论与实践的结合应该是谋划一个具有实践理性特质的教育模式的根本出发点。对于当代中国法学教育的总体性评价会由于这样的前提性阐释的明确而获得自然的解决。中国法学教育到底是否满足了理论和实践的双重要求，是评价法学教育是否符合事物的本性的基本标准。

一、理论的缺失与法学教育的改进

在中国的学术话语体系中，存在着一种把理论泛化的倾向，往往将知识笼统地看作"理论"的范围，而将现实的活动看作"实践"的领域。在法学界大致存在着这样的一种认识，泛泛地将大学里的法学知识学习都看作"理论性"的，将法律活动领域看作"实践性"的。这样的认识本身就是一种理论和实践相互分离的认识，这无疑等于说理论和实践自身是分离的，而这两者之间需要走向统一，但真实的情况应该是理论和实践自身就是内在统一的。法不是理论理性，而是实践理性，但实践理性也是理论，倡导实践理性的哲学被称为"实践哲学"，既然法是一种实践理性，当然也就是一种实践哲学，所以我们也可以将其称为"实践法哲学"。法学教育在此种理论认识之后必须深切把握自身的理论特质，真正地在教学过程中贯彻法学理论教育。

当下的法学教育不是理论教育多了，而是理论教育少了。人们往往把课堂上知识传授都看作理论教育，这是错误的观念。除了少数法学课程之外，多数法学课程都具有很强的理论性，民法学当中就包含着丰富的理论，所以对于民法而言，任课老师就不能把它看作一个单纯的知识体系，而一定要善于挖掘民法的理论，一旦这种理论到位了，民法的魅力就会自然呈现。有学者曾经琢磨过民法美学的问题，笔者认为这个话题非常精彩。民法之所以可以去建构自身的美学系统，一定是包含着自身强大的理论合理性方才可以做到，正如同数学美学是一样的道理。而我们看到的实际情况是，多数法科教师是把民法当作知识去传授，并不是当作理论去阐发，① 讲授知识不需要激情，但讲授理论则需要激情，需要一个人全身心的投入方可胜任。知识传授并不等于理论教育，每个部门法都是这样的道理，部门法教育也只有提升到理论的高度，才可能真正使得部门法具有实践理性的特质，因为法律要求实践理性能够回答现实的问题，现实中的疑难问题不能依靠法条去解决，只能依靠理论才能给予良好的合理化论证。

因此当下的法学教育真正缺乏的正是理论教育，这就是理论的缺失。一旦理论在法学教育中缺席，则法学教育就匮乏了高层次的精神理念，也就演变为了单纯的技术之学，技术之学是不需要大学教育的。我们认为，大学法学教育必须加大理论课程的比例，让老师和学生一起进行理论训练。"理论训练"是一个长期的过程，并不是几门课程就能奏效的，但这些课程绝对是必需的。② 笔者认为，法学内部的理论课程主要有这样一些科目：中国法律思想史、西方法律思想史、法理学、法律社会学、法哲学、法律逻辑学等。其中以中西法律思想史为最重要，而重中之重的是中国法律思想史。笔者并不认为法制史属于理论科目，尽

① 当我们在阅读近代启蒙时期的哲学著作的时候，总会想到拿破仑的民法典。该民法典所具备的精神正是那个时代的政治哲学和法哲学所具有的精神。比如黑格尔总是把所有权与自由意志、人格这种启蒙的精神内在地连到一起，让人们观照到所有权所凝结的精神价值。每当我们想到这个问题的时候，甚至会做出一个极端的想象：黑格尔的法哲学正是拿破仑民法典的哲学表达。当年在柏林大街上，当黑格尔看到骑着高头大马的拿破仑的时候，颇为赞叹地将拿破仑称为"马上的世界精神"。两位几乎同时代的巨人思想是如此接近。任何哲学都是时代精神的精华，其实何止哲学，黑格尔的法哲学和拿破仑的民法典都是启蒙时代精神的精华。

② 即便是在美国这样极其重视实践教育的法学教育当中也有相当数量的理论性课程，比如法理学、法律与文化、女性主义法学、法学与经济学、法律社会学等，但美国的法学教育中这些课程的讲授却始终都有一个"实践面向"，比如其间会分析许多判例或案例，以增强其实践性品质。

管制度史和思想是契合的，但其本性并不相同，思想史是思辨的，制度史是实证的。现在的大学本科教育中开设思想史的单位不多，即便开设也往往是开设西方法律思想史者居多，而开设中国法律思想史者占少数。这其实是本末倒置。不管一个人是否承认，他的存在的基础（思维方式和行为方式）是自己的民族的思想史，绝不是他者的思想史。不管一个人表面上如何地宣讲西方话语，他的骨髓里一定是中国思想。尽管西方的思想话语对我们的文化产生了强大的影响和塑造，但是我们本质的思维方式和行为方式还是可以从中国思想史上寻找到根据，自身的文化永远是一个人的存在依托。

法理学研究的西化倾向使得中国法律思想史难以受到"论"的强烈关注，依据正常的道理中国法律思想史应当是中国法理学的思想基础，但偏偏是西方的法理学成了中国法理学的基础，这种现象若不解决，中国就永远不可能有自己的自主性法律理论。一所受人尊敬的大学应该是张扬民族传统的大学，一种受人尊敬的法学教育应该立足于自己的存在传统。中国法律思想史中蕴含着现代法学教育所需要的诸多宝贵资源，从理论上讲中国儒学可以构成当代中国"实践法哲学"构建的思想基础之一，儒家的中道恰恰是最高的实践智慧，实践智慧是实践法哲学的最高境界；从实践上说中国思想史的混合法理论足以构成当代中国司法改革的思想依托。为什么我们的法学教育不去关注自身的历史？为什么我们的法律实践不去珍视自身的存在传统？这是我们必须认真对待的问题。

法学教育的改进必须首先从理论教育入手，但法学教育又不能仅仅讲授法学理论，而必须涉及多学科的思想理论。其中哲学应该是最为重要的，哲学乃精神之学，思想之学。一个人若是接受了严格的哲学训练，不仅会生成自身的思想理论范式，而且会从这些理论中自然地引发方法论的思考，所以理论和方法不是两个东西，而是一个东西，理论在应用中往往自然地转化为方法，所以其实并没有单独的方法论学科，我们始终不承认有所谓的法学方法论这个学科。所以法学理论教育中也根本不需要开设法学方法论这样的科目，方法论不与实践智慧相连，将永远不会发生任何现实的价值。如果从与法的本性最相关的哲学学派出发，那么首先中国儒家哲学将会成为法学教育理论科目设置的中心，正如前述所表达的思想儒学是一种实践哲学，与法学的诸多问题最为接壤；其次亚里士多德哲学应该成为法学教育中哲学训练的重要环节，当然这里主要是指亚里士多德的实践哲学，尤其是他的《尼各马科伦理学》，而不是《政治学》对法学有着最为重要的理论价值；同时马克思也应该被作为哲学训练的重要哲学家代表，这不是因为马克思是社会主义中国的意识形态的基础，而是因为马克思的实践哲学具有划时代的变革意义，可以说马克思的实践哲学实现了哲学思维方式从传统走向现代的根本转变。

当然法科学生的理论训练不能局限在哲学领域，还应该考虑社会学、经济学、历史学等多方面的训练，但比较而言由于哲学乃是对人本身的反思，它更应该成为法科学生掌握的思想理念。哲学在思考人类的命运，法学也必须参与到对人类自身存在命运的反思之中，这种反思将构成法学理论的内在核心，由这种反思而获得的知识也必然会参与到实践之流当中直接帮助人们解决其所面对的疑难纠纷。从这里我们也看到了理论与实践的内在性关系，真正的理论必然能够帮助人们解决现实的疑难纠纷，使其获得"柳暗花明又一村"的审美感觉。但是对法科学生理论能力的训练却需要一个漫长的过程，它并不是依靠几门课程和读一些书就能奏效的，但毫无疑问加大法科学生的理论课程的比例和理论阅读量是必需的途径。① 理论训练不仅需要贯穿于六年之中，而且需要贯穿到整个的职业生涯之中，六年融贯制法学教育仅仅是为学生提供了一个良好的前提，至于一个学生能否在最终的意义上运用理论解决具体的问题则仍然需要个人不断地努力。

二、实践的缺失与法学教育的改进

当下中国的法学教育不仅匮乏真正的理论训练，同样也匮乏实践的训练，匮乏理论训练必然就匮乏实践训练，而匮乏了实践训练则理论训练就会变得空洞无物。因为法学毕竟是个应用性很强的学科，所以各个大学在设计法学教育模式的时候，都会设计一些实习课程，多数院校往往把这种实习课程叫作"实践"，这是非常有问题的。对于这样的实习，学生也不上心，老师也不上心，实习单位也不上心，好像目的就在于完成这样的一个任务。

---

① 山东大学法学院推行的六年融贯制法学教育模式强调了理论与实践的融合，推动者将这种教育模式在理论设计上分为三个阶段，前两年为人文教育，中间两年为专业教育，最后两年为实践机能教育。我们尚且不知道这种教育模式在实践中的贯彻到底形成了怎样的操作模式，因此只能从一个普遍化立场对其进行以下分析。先说这种教育模式的理论特色，在前两年的人文教育应该着重于培育学生的"整体素养"，但对于一个培养目的在于让学生走向实践的教育模式而言，这种整体素养中应该着重于"理论素养"，理论素养的养就很难在文学、历史学（制度史、考据学）以及艺术学习中获得，因此前两年的培养还是应该着重于理论训练，这种理论训练当以哲学和思想史为主。中间两年强调专业教育，无疑就是要进行法学知识的培育了，两年的时间足够了，但我们还是要强调的一个方面是即便这两年以培育专业知识为主，也仍然需要加强理论训练，当然这个阶段可以在法哲学理论和法律思想史上下功夫。最后两年是实践技能的训练，就是要求学生到具体的法律部门去进行实践以提升自身的技能性知识。这种教育模式的设计考虑到了理论与实践的有机结合，但并没有真正理解理论与实践的内在关系。我们认为在具体的操作过程中，可以将前两个两年合并到一起，使得人文学科的学习和法学知识的学习结合到一起，比如每学期既开设人文学科，也开设法学专业课程，因为这些知识本身就是统一在一起的。同时，我们认为后两年的实践也不适合于专门集中两年的时间，整体性教学设计可以安排两年的实践时间，但不适合于将两年集中到一起，最后的方式是按照学期去进行社会实践，一个整的实践学期结束之后再回到学校里去进行理论训练，这或许就是理论与实践的反复糅合，其最高的境界必然是实践智慧。当然至于个人是否能够达到实践智慧的境界，也有个人的天分和勤勉的因素在里面。

由此所导致的结果自然就是实习变成了"过场",没有了任何现实的实践价值。实践是与理论相统一的,实践中如果没有理论就不是真正的实践,在实践中要实现理论与实践的争论与博弈,在实践中不仅实践本身要得到提升,而且理论本身也要得到提升,理论和实践要在具体的实践主体身上达到一种实践智慧的境界。这当然是一种理想,但道理是相通的。在实践中要真正地领会理论的价值,实践也并不都是好的,现实的事物往往要在理论的引导下加以改造。虽然黑格尔在《法哲学原理》中曾经说过:凡是现实的都是合理的,凡是合理的都是现实的。但黑格尔真正要表达的恰恰是对现实的改造,因此它的另一重含义必然是"凡是现实的都是必然要灭亡的",恩格斯曾经对黑格尔这个思想给予了高度评价。

法学院的学生都去"实习",以为自己是在进行"实践",其实根本就不是实践。实践本身是普遍与具体的结合,但是普遍的行动原理被运用于实践的时候却必然会发现普遍的原理在现实中还需要不断的调试,实践的过程即为普遍与具体相互辩证发展的过程,这样的实践才可能真正促进事物的发展,这种发展必然既包含了理论的发展,也包含了实践的发展,在其逐步的调试中最终才可能养就实践智慧。虽然法学院的学生根本不可能达到这样的境界,但应该按照这样的方式去进行"实践",这才是符合规律性的。但目前的实习包罗一切,日益走向形式化,忽略了对于内容的思考,一个注重实质理性的民族居然如此看重"形式化",看似是个悖论,实际上这种"形式化"恰恰符合了实质理性之"实用性"的要求。

当下法学教育中实践的缺失与法之作为实践理性的本质属性是相背离的,单纯的知识化和专业化固然重要,但倘若缺失了实践,法学教育也就缺失了自身的本性依托。在大学法学教育模式的实践教学中,增加实践教学的比重无疑符合法之实践理性的本质特征。山东大学法学院六年融贯制法学教育将实践设定为两年,可以说是一个大胆的尝试,不过正如前文注释所谈两年的实践时间不适于集中到最后两个年度，而应该按照学期将其分解到中间进行，这样或许更能体现理论与实践的辩证关系。而对于一般的大学而言，实行六年融贯制法学教育存在着很多的困难，当然也就没有办法将实践课程增加至两年。我们认为可以把实习改为实践教学，把两个星期的实习改为半年的实践教学，根据学生的兴趣点选择实践单位。我们曾经与学生就此问题进行过交流，多数学生很愿意切实地与法律实践部门进行"亲密接触"，和法官们一起讨论案件，和监狱警察一起讨论犯罪心理，和公安刑警一起讨论刑事侦查，如此等等。理论和实践的磨合所造就的才是真正的知识，这种知识必然是有用的，它将使得人类的知识宝库充满真实性。

当然，从实践本身真正有利于促进法学理论完善和实践发展的角度而言，选择实践单位是非常关键的。我们认为最能够提高学生的法学素养的实践单位应该是法院，法院是将法律的普遍世界和具体世界结合在一起的中介环节，它最为符合法律的本性，与法的实践特质的关系也最为密切。德沃金曾经说过，法官是法律帝国里的国王。理解了法官才可能理解法律，一个不理解法官的人就不可能真正的理解法律本身。因此，让法科学生到法院实践应该是一种最优的选择方案，在法院实践过程中绝不会耽误自身的理论与专业，反而会促进理论和专业水平的提升。

加大法学教育中的实践比重已经势在必行，但是实践并不是单纯地到具体部门去。过去人们习惯于将阶级斗争、科学实验和生产劳动看作是实践，但其实这些东西并不必然地就是实践，实践自身要包含着一种善的目的，丧失了目的性的价值理念就不可能真正地产生有意义的实践活动，而只能是对人类实践的一种破坏。很多法学院的研究生往往自己找实践单位，但他们最好还是找法院，而且既然后两年学校没课，那就在法院呆的时间长一些，半年或一年都可以。不过我们发现在与到具体部门实习之后的学生交谈的时候，他们说的确是学到了好多在课堂上学不到的东西，而当问及所学的是什么的时候，他们多数回答说是"社会经验"，并且说这些可能对以后在社会上"混"有很大帮助。他们所说的确都是真的，他们也的确是和具体部门的人"打成一片"了，但并不是在专业上"打成一片"，而是在社会交际方面彻底地融为一体了。这并不是真正的实践，真正的实践并不认为实践就代表了现实的真理，真正的实践理念认为现实既具有自身的合理性，也具有被改造的需要以及被重新构造的可能，真正的实践要求人的行为达到一种合理化的状态，真正的实践还需要自身由一种善引导自身的发展，这个善始终是站在人本身的立场上思考问题，一旦普遍世界和具体世界发生冲突，出现困扰人们的疑难问题时，我们的立场应该是始终站在人本身的角度对问题进行合理的阐释，去找寻解决问题的最佳答案。实践将在这个疑难问题不断被解决的过程中实现自身的改造，走向更大的发展。

法学教育必须注重实践的训练，但我们通常意义上所讲的实践并不是具有想当然的合理性，实践必然要经过理论的改造，理论所内含的合目的性乃正是人本身的一个重要存在维度，倘若实践活动认识不到这个重要的特质，那么实践就将走向盲从。法学教育所期望的实践并不是让法科学生去迎合现实的状态，而是要学生能够在实践过程中培育一种精神，造就一种改造现实的决心，当然这一决心必须符合实践合理性的基本要求。倘若青年学生只知道去适应，而并不懂得去改造，那么实践就失去了本身的崇高性，即便能够达到一种游刃有余的境界，也必然会由于合目的性的匮乏而丧失自身的存在合理性。理论与实践之所期待的实践智慧本身不仅包含了智慧，而且包含了目的性，正是目的性价值的存在才使得实践智慧具有了善的良好品质。

三、实践合理性：新法学教育模式之构建的思想基础

法律本身在于追求一种实践合理性，无论是理论法学的思想冲动，还是法律运行的具体实践，抑或是法学教育都应该符合实践合理性的基本要求，否则该种法学理论会由于缺乏自身的实践合理性的基础而丧失自身的存在价值，法律运行会由于实践合理

性的匮乏而失去自身的创新功能，法学教育将会由于实践合理性的匮乏无法培育真正优秀的法律人才，更无法真正有效地推动中国法治国家发展的进程。

实践本身是一个能动的过程，实践合理性离不开对实践本身的能动性解读，也正是在实践之中人们获得了对自身的真实性把握。实践概念不仅让我们关注具体的人，而且让我们关注对于具体的人的命运的安排。实践创造了人的本质，人的本质正是在实践中才体现了伟大的价值。实践概念作为一种可以不断言谈的视域，在思维方式上是一个革命，而在生存论上则解决了一切人的存在秘密。社会生活在本质上是实践的。"通常理解，先有一个主体即人，然后他对一个对象或者客体采取行动，此即实践。其实这是大谬不然的。实践不是某种在先的主体和客体，亦即某种二元分析结果的综合的结果，而主体和客体倒是我们对原初的实践进行分析的结果。人以实践的方式而存在，没有实践便没有人。离开了实践，休谈人，也休谈世界的存在。一方面，通过实践而创造人本身；另外一方面，'通过实践创造对象世界'。所以，实践既是一切存在、包括人的存在的现实起点，也应当是一切哲学、包括马克思主义哲学的逻辑起点。"①

但是人的创造性机能，也就是人"通过实践创造对象世界"的活动要以实践合理性为基础。法学教育的目的在于实践，法学教育正是通过培育适格的主体去创造法律的对象世界，在这个对象世界打上人的活动的烙印，这就要求法学教育必须体现实践合理性的基本要求。实践合理性应该至少包含两个基本维度。首先，实践合理性包含了合规律性，没有规律性的基础，实践活动就不可能获得成功，立法要求符合实践的规律性，否则制定的法律就没有任何操作的可能，司法要求符合实践的规律性，否则司

---

① 黄玉顺：《实践主义：马克思哲学观》，载《学术界》2000 年第 4 期。实践作为马克思哲学的逻辑起点，它扬弃了主观与客观、主体与客体、唯物与唯心的两极对立，实现了哲学思维从两极走向中介的根本转变。

法活动就不可能真正创造公正的价值。其次，实践合理性包含合目的性。这是实践活动的属人属性所决定的必然特质，这个实践合理性的合目的性可以被看作善。"实践理性设定善这个普遍规定不仅是内在的东西，而且实践理性之所以成为真正的实践的理性，是由于它首先要求真正地实践上的善必须在世界中有实际存在，有其外在的客观性。换言之，它要求思想必须不仅仅是主观的，而且必须有普遍的客观性。"① 善是一种内在的理念，它必然要实现自身对于现实的构造。认识过程一方面由于接受了存在着的世界，使进入自身内，进入主观的表象和思想内，从而扬弃了理念的片面的主观性，并把这种真实有效的客观性当作它的内容，借以充实它自身的抽象的确定性。另一方面，认识过程扬弃了客观世界的片面性，反过来，它又将客观世界仅当作一假象，仅当作一堆偶然的事实、虚幻的形态的凝聚集。它并且凭借主观的内在本性，（这本性现在被当作真实存在着的客观性）以规定并改造这个凝集体。前者就是认识真理的冲力，亦即认识活动本身——理念的理论活动。后者是实现善的冲力，亦即意志或理念的实践活动。② 实践合理性是一切能动的实践的根本前提，一种实践方案的出台必须体现实践合理性的基本要求。

法学教育模式的构建是一种实践方案，是实践得以展开的理论前提，但这个前提的构建只有在符合实践合理性的前提之下方才能够具备自身的存在合理性。实践合理性不是要构建一个什么样的理论大厦，它的目的就是追求实践自身的合理性，一方面实践合理性为实践自身寻找存在的根据和依托，另一方面实践合理性为实践活动确定一个方向，能够让人们在现实的生活世界中"择善而从之"。法学教育正是要在实践合理性的基础之上确认自身的存在合理性基础，同时培育法科学生"择善而从之"的

---

① ［德］黑格尔：《小逻辑》，贺麟译，商务印书馆 1980 年版，第 143 页。
② ［德］黑格尔：《小逻辑》，贺麟译，商务印书馆 1980 年版，第 410～412 页。亦即实践理性本身始终包含了一种引导自身发展的善的目的论。

决心，法学教育的实践将由于实践合理性的参与而具备自洽的合理性。

新的法学教育模式的构建首先应该符合实践合理性之合规律性的基本要求。人类的认知结构具备先从一般理论出发进行学习和训练的能力，因此大学法学教育完全可以对学生首先进行一般性理论训练，这符合人类的认知合理性。由于法律的实践本性决定了在进行了一定的理论训练之后就必须进行实践训练，所以应该在大学学习的中间阶段进行法律实践训练，这种实践将有利于学生了解和把握理论本身的局限性，从而在接续的学习中克服理论自身的片面性。那么实践之后紧接着就是要继续进行知识和理论的训练，这可以看作一个"理论—实践—理论"的法学训练过程，这与过去哲学里讲的"实践—认识—再实践—再认识"有所区别。这是由法学教育自身的规律性所决定的，因为法学教育不可能让刚入学的新生直接到法律部门去实践。一般的认知规律在具体的认知领域必须得到调试，这本身也是认知规律。

新的法学教育模式还需要从合目的性的角度进行谋划，目的性是人自身的一种存在方式，人的目的性不会静止地表达在人的头脑之中，而必然要"向前冲"，去以善的理念为前提谋划对象世界的合理性。任何伟大的教育都需要贯彻善的理念，任何伟大的理论都包含了善的精神向导，任何伟大的实践都必须让善实现自身的冲力。法学教育是面向实践的，只有法学教育实现了对学生的善的塑造，才可能使得现实的法律活动真正具备实践的品格，实践之善才可能获得自身的现实性价值。如果法律活动不能去真正地实现对于公正、公共福利以及人的尊严等诸多善的追求，那么实践就仅仅成为一个"过场"，仅仅成为一种"形式"，仅仅成为一种无法克服理论局限性的"被动性存在"，而实践是要有创造性的，这种创造性来自于实践本身的规律性以及主体的能动性，只有这样实践才可能真正展现自身的伟大品格，构造一个真正属人的对象世界。这就要求法学教育模式的构建增添目的性教育内容，增加实践之善的思想理念，以便人类的法律实践活动能够真正符合人类自身的需要，而不是走向人自身的反方向的发展。

实践合理性还应该有一个更高的维度，那就是审美的维度。实践合理性的审美维度正是建立在人的实践活动，也即人的自由自觉的创造活动基础之上的，正是在自由自觉的创造性活动中，人从这种活动以及这种活动所创造的对象世界观照到了人自身的本质力量，正是在这种本质力量的反观之中，人的精神达到了一种审美的境界。审美的获得必然意味着规律性的满足与目的性的实现，因此审美正是在人的创造性活动中实现的，并且在创造性活动中人并没有失去自我，反而使得自身超越了真与善的片面性，而达到了真正的审美境界。正是因为实践合理性的这样的一个维度，决定了以实践合理性为基础的法学教育也要进行审美教育，教会法科学生用审美的眼光看待这个世界，并用美的眼光去创造一个真正属于人本身的对象世界。

关于"学生本位"和"教师主导"的几点认识

——对地方院校研究生教学工作的思考

贾玉平[*]

《国家中长期教育改革和发展规划纲要（2010—2020）》明确要求："以学生为主体，以教师为主导，充分发挥学生的主动性，把促进学生成长成才作为学校一切工作的出发点和落脚点。"该《纲要》实施以来，各级各类学校纷纷以此为指导开展了各项教学改革活动，广大教师也积极参与到如何实现"学生本位"和"教师主导"的大讨论中来。通过一段时间的学习和揣摩，笔者结合地方院校研究生教学工作的实际，浅谈几点管见。

一、如何贯彻"以学生为主体"

"以学生为主体"，是指无论培养目标的确定，或教师教什么、怎样教，均应取决并服务于学生这个学习主体。这一思想所要强调的是，学生不是学习活动的被动客体或简单参与者，而是主要完成者；教学活动如何完成也不取决于教师个体或学校的随心所欲，而是应由学生的实际情况和实际需要所决定。就此，笔者主要谈以下三点具体认识。

---

[*] 贾玉平，河北经贸大学法学院教授。

（一）在整体培养目标的确定上，应从当前社会需要和地方院校生源的实际情况出发，坚持应用型导向

1. 由一般地方院校的生源情况所决定，研究生层次摆在第一位的培养目标不是对未知事物的研究能力，而是对既有知识的应用能力

在教学任务上，高等教育和中小学教育存在质的区别。中小学教育的培养目标主要是：对一般自然科学知识和人文、社科知识的初步了解，对文字阅读能力、知识识记能力、形象思维能力、抽象思维能力的初步具备以及对学习品质和道德人格的基本塑造。在实现上述目标后，受教育者尚不具备"一招鲜，吃遍天"的专业生存技能，通过高考也只是意味着其具备了进一步修学的能力和资格。真正为社会把"原材料"加工成"成品"的，应该是大学教育。而在目前我国"教育产业化"的背景下，本科教育已经改变了其"精英"选拔的初衷并高度泛化，这就无形中加重了其通识教育色彩，进而使之在一定程度上成为中小学教育的升级版甚至续集。就大多数一般地方院校而言，本科毕业生仍然并非能够直接满足社会需要的优良"成品"，而是"半成品"或者"毛坯"。研究生培养的任务，就是再接再厉，把"毛坯"加工成"成品"。"成品"之"成"的标志，不是学校考试和论文答辩的通过，而是对既有知识的深刻理解和贴切、灵活的应用。实事求是地说，就一般地方院校而言，实现这一点已经难能可贵，把研究能力作为普遍或首要的培养目标，是不切实际的一厢情愿，一意孤行只能导致两头落空。

2. 由我国目前的人才选拔机制所决定，研究生培养应突出就业导向

当前，我国早已告别计划经济背景下对高校毕业生实行统一分配的做法，在制度层面实现了人才选拔的市场化，从而结束了"一考定终身"的历史。同本科生一样，研究生毕业能否及时或尽快找到满意的工作，不再直接取决于学历和其所毕业的院校，而是取决于其在学校接受的教育和训练与社会需求的对接程度。

因此，无论是课程体系的整体设计，还是教学内容与教学方式的具体安排，都应以社会需求为导向，实现"以销定产"，从而避免培养工作的随意性和盲目性。就业才是硬道理，完不成就业就无法实现对人才的基本应用。

（二）在个体培养计划的安排上，应充分发挥研究生教育导师制的固有优势，实现教育的个性化

在规模化的办学背景下，本科教育主要是批量化生产和标准化培养，其弊端是"因材施教"无用武之地，学生的个性被忽视、淹没甚至无形中受到压制。研究生教育导师制的建立，其本意就是在共同培养的基础上，实现教育的个别化和产品的个性化、精品化。因此，学生培养计划不应该千人一面，而是要量身定做。这就要求培养计划的制订应该以师生必要的日常接触和充分的双向交流为前提，或者说应该建立在"调查研究"的基础上。"拍脑门"的做法是不可取的；一成不变，不结合学生情况变化适时对计划进行必要调整也是不正常的。

（三）在学习过程的完成上，应强调学生的自主性

学生是学习的真正完成者，也是影响学习效果的内因。在学习过程的完成上，应引导学生进行自主管理。首先，应以课堂学习内容为对象，引导学生继续坚持中小学阶段所适用的预习和复习，从而做到事先、主动发现学习的重点、难点和疑点，变被动听课为主动听课，并在课后复习中完成对知识的进一步梳理、内化和认识升华。其次，应以课堂学习内容为基础，引导学生课后进行进一步的拓展阅读，以在更为宽广的视野下形成对所学知识更为全面和深刻的认识。最后，在对课堂内容完成基本学习和拓展性学习任务之外，还应引导学生在普遍学习的基础上发现自身特定的学习兴趣，进而确定自己的研究方向和就业倾向，并就此锁定专门化的长期关注领域，持之以恒地进行个性化学习。

二、"以教师为主导"的具体要求

以教师为主导，就是坚持教师在教学中的引领地位。长期以

来，我们教学工作中存在的问题不仅仅是没有做到"以学生为主体"，教师的主导作用同样没有得到应有的发挥。"以教师为主导"主要体现在知识引领和人格培养两个方面。

（一）专业知识和学术思想的引领

教书之责，在于授业、解惑。笔者认为，在教学过程中完成对专业知识和学术思想的引领，应当把握好以下环节和方面。

1. 在备课阶段，既应重视对专业知识的准备，又应重视对教学方案的设计

在专业知识的准备和掌握上，不仅要先于学生，而且要高于学生。明确教学目标、确定教学重点之后，还要精心进行课堂设计。只有匠心独具的课堂设计，才能有效集中学生注意力，并激发其强烈的求知欲。一堂课怎样开场，重点问题如何导入，怎样引导学生自主发现问题，怎样启发学生一步步探索求解，时间如何分配，节奏如何把握，师生如何互动，学生之间如何互动……对待这些问题，教师都应像一位战前的将军，事先在心中进行仔细酝酿和反复推演。

2. 课堂学习应以教师精讲为主

"以学生为本位"，不是简单地让学生代替教师讲课。在总体课时分配上，应当以教师讲授为主，学生主讲只能是辅助性的。在内容上，学生主讲一般只能限于相对次要、简单或者外围性、拓展性的知识；对于教学重点部分，必须在安排好互动方案的基础上由教师精讲。精讲过程中，应避免重知识讲授，轻思维培养；重具体问题学习，轻方法策略培训。对学生主讲或集体讨论的内容，教师应明确哪些问题可以有开放性答案，哪些问题必须一锤定音。对于开放性问题，在鼓励观点开放的同时，必须注重对研究方法规范性的培养。无论是有标准答案的情况还是针对开放性问题，教师均应在信息掌握更为充分、知识理解更为深刻的基础上，对学生发言适时进行启发、推动、释疑、概括，并做出升华性陈述。三言两语无为旁观的做法是不足取的，缺乏准备、不得要领的盲目介入也是值得反思的。

3. 教师应是课堂学习的积极组织调控者

与中小学师资主要来源于师范毕业生这一情况不同，大学老师中有相当一部分人从来没有接受过师范教育，学校从前一般也不太重视教育理念、教育心理和教学方法的培训，其用人标准是学历高、知识精、科研能、口才好。这就导致高校教师往往存在先天不足，在"以学生为主体"这一问题上既缺乏足够认识，又缺乏有效手段，从而在课堂上"扬长避短"，重自我表现，轻组织调动。教师应首先认识到学生才是学习活动的完成者，教学工作不是单纯的信息输出活动，而是复杂的信息交流活动。在扭转"愚民"教育观的同时，应充分肯定学生所具有的潜能。在此认识基础上，教师应自然流露和得体表达对学生的信任、尊重、关怀、赏识、鞭策及鼓励，就此营造积极肯定、宽松和谐的情感氛围，从而激发学生的探索热情和创新愿望。在调动学生发散思维的积极性的同时，教师还要悉心探索有效的方法技巧，精心设计教学环节，把控话题主线和学生思维走向，确保讨论焦点化，引导互动行为有层次、有节奏的推进，从而保证教学任务和教学目标的顺利完成。

（二）人生观的培养和学术人格的塑造

1. 引导学生正视现实，树立充满责任的人生观

就笔者经验来看，由于阅历和认知的局限，我国目前一般院校研究生阶段的大学生已经有比较固定的行为习惯，但尚未真正形成成熟稳定的人生观。人为什么活着？应该怎样活着？学生想得少，比较模糊。在不良社会风气影响下，也有些学生产生了不够健康的浅薄人生观。作为教师，不能无视这一现象，因为我们除了"授业"之职，更有"传道"之责。不同的人生观，会决定不同的人生道路。在不健康的人生观指导下，有的人好逸恶劳，终生无法具备生存之力。有的人虽然有知识、有能力，但成了强大的社会蛀虫或邪恶帮凶。人生观是否正确，既会决定一个人能否走得好，也会决定他是否走得远。教师在教学过程中，应当适时结合自身和身边正反两方面的鲜活事例，帮助学生逐步形

成强烈的学习责任感和成长责任感，进而树立"成就自己"、"成就家人"、"成就社会"甚至"成就人类"的四重人生目标，使奉献与承担光荣、虚度与钻营可耻的观念蔚然成风。唯有如此，学生才会获得强烈的学习动机和强大的学习动力，从而不敢懈怠，也不会迷茫。

2. 以身作则，在潜移默化中塑造学生的高尚人格

"师范"的含义，就是"学为人师，行为世范"。也有解为："学高为师，德高为范。"两种说法的含义其实是一样的，那就是教师应以其行为向学生示范人格。这不仅是中小学和大学本科教师的任务，也是研究生教学工作的任务。只懂专业，没有健全和高尚的人格，将来不要说贡献社会，就是自己的生活也未必能过得好。教师应当以"爱学生、爱知识、爱教学岗位"的工作热情向学生传递"老实做人"、"认真做事"、"勤于奉献"、"勇于担当"这样的人格正能量，还要以过硬的专业表现让学生感受到知识之美、思想之美以及知识之力和思想之力，从而培养其求真、务实、踏实、沉潜的求索品格。

三、正确认识和处理"以学生为主体"和"以教师为主导"的关系

前文讨论表明，"以学生为主体"和"以教师为主导"既非矛盾对立，亦非彼此割裂。"以学生为主体"是"以教师为主导"的工作目标，"以教师为主导"则是实现"以学生为主体"的必要条件和切实保障。片面理解"以学生为主体"而忽视、淡化教师的主导作用，就会导致否定教育的基本功能；不能坚持"以学生为主体"的目标性和前提性的"教师主导"，又会使教学改革换汤不换药。笔者相信，在广大师生充满热情与智慧的讨论和实践中，我们对"主体"与"主导"关系的认识会不断深化，处理也会日渐科学和成熟。

论我国法学教学方法的改革

郝宗珍　毕伟强*

　　在我国的传统教育之中是没有法学教育的。在我国古代，大量的普通民事纠纷都是通过民间的各种调解机制来解决，这样的结果导致在我国的教育中无法使"法"形成一门学科。随着近代资本主义的入侵，使我国的社会结构发生了根本性的变化。在西学的影响下，引进了西方的法学教育。但是，由于中国当时还是以小农经济为基础的农业社会，工商业基础还不发达，因此我国的法律教育还是比较弱小的。新中国成立后，在全面废除旧法律制度的同时，也抛弃了旧的法学教育制度，在学习借鉴苏联经验的基础上建立起了新的社会主义法学教育、研究机构和队伍。从 1949 年到 1957 年，新中国成立了 10 个全国高等政法院系，政法院系毕业生达 1.3 万多人，研究生近 300 人，即使这样我国也没有形成一个可以称得上的法律职业团体。到了 20 世纪 50 年代，随着计划经济体制的建立，对法律的需求也是特别少的，使法学教育失去了得以存在的社会土壤。直到改革开放，逐步地恢复了法学教育。但是，从根本上来说中国的法学教育还是缺少社会和文化传统。并且，新中国建立后到改革开放的这段时间里，由于政治运动和意识形态的因素，使我国的法学教育处于衰落阶段，致使大量的法律和法学人才都极度匮乏。

　　虽然我国的法学教育存在着种种的不足，但是经过改革开放 30 多年的发展还是取得了较大的进展，法学教育恢复很快。市

---

　　* 郝宗珍，河北经贸大学法学院教授；毕伟强，河北经贸大学法学院 2013 级法学理论专业硕士研究生。

场经济全面发展，对法律服务的需求急剧增加。① 很多院校也相继恢复和重建了法学（律）院系，使法学教育的市场进一步扩大。逐步地使法学教育形成了规范化、体系化。

一、我国法学教育模式存在的问题

我国的现代法学教育开始于 20 世纪 70 年代末，随着时代的进步，我国的法学教育也取得了长足的进步，培育了大量的法学人才，他们在我国的社会发展过程中起着举足轻重的作用。

改革开放后我国法学教育虽然取得了长足的进步，但与西方发达国家相比还存在一定的差距，造成这种差距的原因从根本上来说是由于我国传统的教学模式以及现行的教学方法所导致的。传统的教学方法产生于现代社会之前，是属于"旧"的教学方法，就其方法体系而言，以教师中心、书本中心、课堂中心的教学方法为主导。但也有某些教学方法，如启发式教学法，传统上已经创用，从时间上来说应是传统的教学方法，但它具有现代教学法的特征。传统上的讲授法、练习法、谈话法也不可全盘否定。② 在我国的传统法学教育模式中，最基本的就是讲授。这种教育模式使受教育的人在实践中脱离实际，缺乏对客观事实的把握和认识。视野的狭隘致使他们无法对案件的整体进行客观评价。教学方法的单一，在一定程度上限制了学生的主观能动性。法学的目的最终还是要靠实践来实现，而在实践中学生对案件的认识，以及采取什么样的思维模式，对案件有什么样的认识，采取哪种意见来支持自己的观点或是反驳对方的观点，都是要靠学生发挥自己主观能动性，依靠本身的思维来决定的。因此，以教师中心、书本中心、课堂中心为主导的教学方法虽然在短期内可

---

① 参见张志铭、张志越：《20 世纪的中国律师业》，载苏力、贺卫方编：《20世纪的中国：学术与社会》（法学卷），山东人民出版社 2000 年版。

② 李方：《对立与融合：传统教学方法与现代教学方法》，载《华南师范大学学报》（社会科学版）2003 年第 6 期。

以培育出大量的法律人才，但从长远上来讲，这种教育模式对法学的长远发展是不利的，它限制了学生的思维和创新性。

二、国外法学教学的优势

德国是大陆法系的代表国家，其完备的法学教育制度为其成为现代资本主义法治国家提供了重要的支撑基础。[①] 德国法学教育的发展是与其法学教育模式和教育方法所决定的。德国法学教育侧重于学术性和系统性，其目的在于培养学生的法律思维方式，使学生能够理论联系实际，真正做到学以致用。

德国的法学教育时间是比较漫长的，学生不仅要花费 4 年的时间来学习法学理论知识完成必要的规定学分，之后还要再花费至少一年的时间来准备国家法律的考试，此外还要花费两年的时间去法律类的相关工作单位实习，并且准备第二次的国家法律考试。综上来看，在德国，一个法学学生如果要成为一个合格的法律工作者至少要花费七八年的时间。此外，德国的法学教育方法也是形式多样的，大致分为两个阶段。第一阶段主要是通过教学和学术讨论的方式来学习理论知识，其形式在于教授或者老师只讲授一门课程中的基本原理，当学生对所学知识有一个概括性的了解后按照小组讨论的方式对所学的知识进行讨论加深印象，强化学生的法律思维能力。第二个阶段则在于对学生职业能力的培养，即通过实践课和练习课来运用所学的理论知识来处理法律实务，这样有利于学生了解法律业务，掌握工作方法，在实践中掌握法律思维能力。

美国曾是英国的殖民地，其法律思想深受英国法律思想的影响，是典型的判例法国家。美国法学教育的目的在于培养职业化的法律人，因此，美国的法学教育有其鲜明的特色。

美国的法学教育的发展程度与其市场经济的发育程度息息相

---

① 苏一星：《中、德、美三国法学教育比较研究》，载《教育研究》2004 年第 11 期。

关，因此导致美国法学教育的目标清晰明确，具体包括以下五个方面的内容：（1）法学院应当致力于使法科生准备好律师资格考试和职业。（2）法学院应当确立清晰的教育目标，并与法科生分享。（3）法学教育的基本目标应当是使学生具有解决法律问题的能力。（4）法学院应当帮助学生拥有有效的、负责任的律师素质。（5）法学院应当组织相关课程以不断丰富学生的知识、技能及职业价值，将理论原则的讲授与实践相结合，在法科生三年法学院教育中始终灌输职业主义。① 美国的教育目标使美国的法学教育更注重培养学生的法律职业能力和实践能力。为了能够使学生处理好法律实务问题，学生还应该涉猎更加广泛的学科，如政治学、经济学、金融学等方面。

在判例法的国家，法院处理案件时必须遵循先例，当没有先例可以遵循时，法院可以通过提炼和创制一些法律规则处理案件。虽然立法机关也可以通过制定法律来解决某些领域的法律问题，但是法官仍然可以通过判例法的原理来创制一些规则。正是由于判例法系的传统，因此律师在处理案件时就要具备寻找、查阅和分析相关案例的能力。因此，美国的法学教育就是要培养学生这种能力，并且能够在出现新的事实情况下推导出法律规则。为了能培养和实现学生的这些能力，学生们就必须要学习如何对案件进行评判，如何分析和辩论案件以及形成案例判决。在美国，讲授法律分析能力的方法叫作"苏格拉底教学法"②。这种教学模式是通过学生与老师关于案件的不断对话来辩证地对案件进行分析和评论，进而假设法律规则的应用。这种法律分析法建

---

① ［美］罗伊·斯塔基等：《完善法学教育——发展方向与实现途径》，许身健等译，北京知识产权出版社2010年版。

② ［美］Judith A. McMorrow：《美国法学教育和法律职业养成》，2009年度国家社会科学基金项目"司法考试制度的改革与完善研究"（批准号09BFX010）以及中国人民大学科研基金"中日韩法学教育改革比较研究"的阶段性成果。论文由刘春喜、崔相伟完成初稿翻译，丁相顺副教授在此基础上完成定稿，余履雪博士对翻译稿件进行了校对。

立在抗辩式庭审制度框架下。抗辩式模式是基于这样的理念，即纠纷可以到法庭上解决，各方的辩护人都可以在事实基础上提出最有利自己的案件主张。① 美国的法学教育模式是由其所举的法律传统决定的，我国虽然不是判例法国家，不具有法律抗辩的法律传统，但是法学教育是没有国界的，我国的法学教育则可以借鉴先进国家的法学教育模式。

三、转变教学理念、改进教学模式

法学教育是一个不断实践的学科，它只有在实践中才能体现出自己的价值。我国的法学教育走到今天，虽然取得了令人瞩目的成果，但是，在其发展的过程中也不断显现出一些问题。随着我国法治的进步，对法学教育也提出了新的要求。因此，为完善我国的法学教育，笔者认为应当转变教学理念、改进教学模式。

（一）转变教学理念

由于我国没有法学教育的传统，大部分的教学理念是受苏联的影响。在苏联的法学教育理念中，为了适应当时的社会背景和发展模式，采取的是高效率、高输出的灌输式教育。我国在法学教育的发展过程中也采取了这样的教学理念即在长期的法学教育中以传统的课堂教学为主，片面地追求理论知识的灌输，从而达到法学（法律）人才的高效率的输出，以此来满足社会发展的需求。随着我国改革开放的不断深入，英美等判例法国家的教学理念对我国的法学教学理念也产生了一定的影响，但是并不能改变我国在几十年的法学教育中形成的传统。因此，笔者认为应当首先改变我国的教学理念。

一个国家法学教育的发展模式以及教学方法，是由其所信仰的教学理念所决定的。因此，法学教育若是要取得长足的进步，

---

① ［美］Judith A. McMorrow：《美国法学教育和法律职业养成》，刘春喜、崔相伟完成初稿翻译，丁相顺副教授在此基础上完成定稿，余履雪博士对翻译稿件进行了校对。

则要改变我国现有的教学理念。我国法学本科教育奉行的是"宽口径、厚基础、高素质、重应用"的理念，希冀培养出"复合型人才"[①]，但是缺乏了对我国现阶段的客观情况考虑。在我国现阶段大的就业背景下，"宽口径"的教学理念，不仅使我国的法学教育中开设了许多不必要的学科，增加了学生的课业负担，同时将法学学科的学生同其他的文科学生一样对待，片面地追求理论知识的灌输，而不重视学生法学思辨能力的学习与锻炼，致使学生理论脱离实践，不能在实践中处理好法律事务。

我国法学理念的转变应当立足于学生在实践中的能力的培养，而不能只注重于理论知识的学习。脱离实践的法学教育，就是没有地基的建筑，是违背法学的基本价值和要求的。我国的法学教学理念，应当在立足于我国现实发展的情况之下，学习国外的一些发展成熟的教学理念。例如，美国的法学教育理念，它就是以培养职业的法律人为法学教育的根本理念，在它的教学理念中，法学教育所围绕的中心就是培养专业化、职业化的法律服务人才。因此，结合我国的司法实践和法律市场的实际需求，我国的法学教育理念应当以市场为导向，以法律的实践为核心，立足于本国的实际情况，培养具有职业道德和社会责任感的高素质的法律服务团队。

（二）改革教学模式和教学方法

我国传统的教学模式和教学方法比较单一，基本上都是以老师讲授、学生听课为主。这种传统的教学方法极大地限制了学生的自主学习性，在一定程度上来说这种教学模式（教学方法）制约了我国法学教育的发展进程。因此，我国的法学教学模式（教学方法）应借鉴发达国家的教学模式和教学方法加以改进：

1. 在法学教学的理论学习阶段，可以采用专题教学法

专题教学法是指教师根据教学计划，对教学过程中的某些重

---

① 陈丹：《论我国法学教育理念缺失及其重塑》，载《煤炭高等教育》2010年第5期。

点、难点进行归纳总结后，进行专门授课或者讨论的方法。专题教学法具有一定的系统性，能够突出教学的重点，针对某一问题能够进行相对性的解答和讨论。专题教学法在理论学习阶段具有相对突出的优势，它能够使学生系统地学习理论知识，加深对问题的分析和把握，能够突出重点地掌握所学的知识。

采用专题教学法应根据不同的教学内容，选择不同的专题进行教学。这种教学方法在理论的学习阶段是极其有必要的。以民法学为例。民法学是一门实践型的学科，由于我国没有统一的民法典，因此它的内容比较宽泛，法律条文、司法解释较多，采用专题教学法能够对民法进行分类把握，尤其在合同、债权、物权、侵权责任等方面，使学生能够对这些重点部分进行重点把握，对其他非重点的部分能够自学了解。在进行专题教学后，再结合案例教学法等教学方法，使学生能够对所学的内容及时把握，运用于实践。

专题教学法对老师的要求是比较高的。首先，在进行专题教学前老师要查阅大量的相关资料，例如在讲授物权这一专题时，就要对物权的相关规定、与其相似的理论、国内外的学者的主流观点、学者们争论的不同观点以及在实践中存在的具体问题有所了解，提出自己的看法。其次，在进行专题教学时要选择适当的专题。既要包括理论方面的，又要包括实用方面的，讲课的内容视学生的具体情况而定。讲课应当突出学术性、科学性和思想性，使学生能够在学习中获得启迪。再次，在于对专题内容深度地把握。专题讲授的内容应当以听课的学生为准，即注意本科生与专科生、硕士生和博士生之间的差异，教学要有层次性。最后，在讲课时要调动学生的积极性。学生在长期的传统教学中一直被认为是被动的接受者。其实不然，大学生应当是朝气蓬勃、有思想的，对有些观点也有自己的想法。在专题教学中可以由老师主讲或者由几个学生进行主讲，再由学生进行自主讨论，老师加以引导和总结，从而调动学生的积极性。

2. 在法学教学中应当不断地完善案例教学法

案例教学法又叫作案例分析法，它是由美国哈佛大学法学院院长兰德尔教授首创，并于 1870 年首次应用于法学教学中。美国的案例教学法是立足于美国的判例法传统。这种传统使判例可以作为引出或是推理出法律一般原则或是法律规则的来源，因此经过大量的案例分析和讨论，使法律学习变得不再枯燥。这样极大地提高了学生的学习热情，使学生能够自主地投入法律学习和实践中去。我国的法学教育中虽然也引进了案例教学法，但是在实际的教学中，并未发挥出它所包含的实际作用。我国的案例教学在实践中存在案例过于简单，学生只要稍有法律基础知识就能得出结论，无法引起学生深入学习的动力。在法学教育中，由于其实践性，案例教学作为必需的教学方法，其目的不仅在于培养学生的学习自主性，还在于通过案例教学来领会藏在其背后的法律原则、法律规则，更在于通过案例教学来培养学生的实践性。因此，在我国的法学教学方法改革中，对案例教学方法的改革也是必要的。通过挑选经典的案例来激发学生的自主学习兴趣是极其有必要的。例如，在讲知识产权法课时，完全可以拿出广药与加多宝之争来引出其背后的知识产权之争，尤其是商标权和外包装权的法学原理和法律规则，这对引发学生的思考和法学知识的学习有巨大的动力。

3. 在教学中结合我国的实际情况，采用"五步教学法"

"五步教学法"是由美国的约翰·杜威在《民主与教育》一书中提出来的。结合我国的实际情况，我们简单地把杜威的"五步教学法"简称为"问"、"读"、"议"、"结"、"践"。一个国家或民族的法学教育必然受到本国家或民族法律传统和文化的影响。因此，在学习外国先进法学教学方法的同时应当兼顾本国的实际情况。杜威的"五步教学法"的提出在一定程度上解决了这一问题。

在五步教学法中，第一，是在新的章节或者课程中，由老师向学生提出几个问题或者几个案例，让学生去积极思考，引导学生进入"读"的过程；第二，学生围绕这些问题去进行阅读，在阅读完课本的相关知识外，还有必要去阅读国外的关于这些问题的法学理论，从而得出自己的结论，为第三步的"议"打好基础；第三，当学生对所提的问题得出结论，老师可以引导学生在课堂上进行讨论。培养学生表达自己观点和反驳别人观点以及思辨问题的能力；第四，老师对学生所提出的大致的观点进行点评，从而引出学术界关于这些问题的主流观点和争议观点，激发学生的学术兴趣；第五，就是让学生将所学的知识用于实践。老师可以选择模拟开庭等方式，或者通过实习等方式让学生在实践中培养自己的实务能力。通过五个环节紧密相扣，不断刺激学生的学习能力和研究能力，使学生能够做到——传递与创新法律知识、训练和提升法律技能、养成和改善法律思维方式、培育法律职业道德以及培植法律信仰等在教学过程之中也可以有效地实现。① 因此，"五步教学法"在实践中真实体现了法律职业能力培养的整个过程。它有利于调动以学生为主体，以老师为主导的教学模式，有利于双重促进老师和学生积极性，从而培养学生的自主性学习研究性学习的良好习惯。

4. 在授课时恰当地采用"苏格拉底教学法"

在美国的法学教育中，不断地强调学生"要像律师一样去思考"。因此，在法学的教育中要不断地以专业化、职业化的律师为标准去训练学生的语言表达能力和思辨反应能力。笔者认为"苏格拉底教学法"是比较好的教学方法，即通过老师与学生的不断对话，提问与答辩来对某个命题或者案例来进行分析和讨论，从而在不知不觉中培养学生的应答能力和思辨能力。这种教学模式使学生能够在法庭辩论和案件调解中取得优势。但是，这种教学方法比较适用于"小班教学"，比如像研究生班一样的深化教学，并不适用于像本科生一样的"大班教学"，因此，"苏

---

① 参见房文翠：《法学教育价值研究》，吉林大学博士学位论文，第160页。

格拉底教学法"在实际中存在一定的限制。

5. 充分利用学校现有设施，实行现场教学法

所谓的现场教学法就是教师和学生同时深入到现场，通过对现场事实的调查和分析，提出解决的办法或者得出实践的结论，从事实中得出观点的教学方法。

现场教学最早兴起于 20 世纪初，它最早被用于医学院学生的生理解剖和临床实践，后来又被地质矿冶学院所采用。在教育界，有些专家也将军队的官兵训练、体育教学训练以及商贸业务员的现场推销教学视为现场教学。随着现代法学的发展，在教学中采用现场教学也可以被视为法学教学中的一大突出亮点。

现场教学是一种实践教学活动，法学作为一门实践性的学科，现场教学有利于学生从事实中受益，从事实中研究知识和积累实践经验。现场教学的基本思路在于：把具有一定理论知识的学生带到社会实践的真实现场，通过对现场知识的观察、调查、分析甚至通过现场操作和参与的方式，帮助学生归纳和总结知识，增强学生解决问题和分析问题的能力。在现场教学中，学生应当成为学习的主体，通过学生自己的观察、调查和分析，得出自己的结论，再由老师为主导进行组织和指导，引导学生在现场教学中的方向，并对学生的问题进行总结和归纳，提高教学中的互动性。

在现场教学中，首先应当选好主题，从内容上明确具体的教学要求，并且周密策划。以法学教学中的模拟开庭为例，在模拟开庭的准备阶段就应当明确，在模拟开庭中所要教授学生的内容和要点，围绕这个中心去寻找相应的案例，再将案例交由学生进行准备，而未参与模拟开庭的学生也应要求进行积极的准备。在模拟开庭结束后，由老师引导学生针对相应的问题进行讨论，从现实中学习。其次，在实施现场教学法的过程中，应当充分利用学校的优势资源，组织学生到公、检、法、司等单位进行观摩学习，老师也可以利用自身的人脉资源组织学生到律师事务所进行实习，在现实中指导学生。在观摩学习或者实习结束后，利用专门的时间来引导学生进行分析和讨论，总结出在学习和实习过程

中的得失。

现场教学法在法学教学中是一种有效的教学方法。让学生从现实中或者实践中体会到法学的实际使用价值。使学生能够直接面对事实，认识事实，掌握规律，启发和扩展思维，提高学生在实施中的应用能力。

总之，我们应当在总结前人经验的基础上，引进西方先进的教学理念与方法，结合我国的实际不断加以完善，促进我国法学教育的不断发展。

法理学案例教学研究

田宝会　夏东昌[*]

法理学属于理论法学，是法学的一般理论、基础理论。法理学的理论性使其教学内容集中于抽象的理论问题，其教学同时也具有复杂性和争议性。这就使得法理学的教学内容和过程显得比较抽象和枯燥。也正因为如此，如何使法理学更接近现实、贴近生活，从而使学生产生浓厚的兴趣，去积极主动地学习它和掌握它，就成了法理学教学工作和教学方法研究中的重点和难点。

一、法理学案例教学的必要性和可行性

长期以来，法理学对于法科学生来说是最为难学的一门课，因为法理学课一般是在进入大学一年级的第一或第二学期学习，而这时的学生都还没有必要的哲学和理论基础。学生往往反映法理学比较抽象，难以理解，比如法理学概念较多、关系较多、规律较多，而且易混淆的概念和地方较多。学生的共同感受是：法理学课太抽象、枯燥。因为枯燥所以厌学，因为厌学所以成绩平平。因此，改革法理学课的教学效果就成了法理学教学和研究工作的重点。目前，全国多数政法院校都注意到了在大学一年级的第一学期或第二学期开设法理学课的致命弱点，而且几乎所有重点政法院校都已把法理学课改在大学三年级的第一学期或第二学期开设。但是，人们对于法理学教学方法的改革关注不够，尤其是对实行法理学案例教学的必要性和可能性持有疑虑。

---

[*]　田宝会，河北经贸大学法学院教授；夏东昌，河北经贸大学法学院 2013 级法律硕士研究生。

然而，我们认为，实行法理学案例教学是完全必要和可行的。这是因为，虽然法理学确实具有抽象性和理论性，但是法理学像任何一门部门法一样也有极强的实践性，这体现在法理学能够为我们解决法律问题提供切入的角度、分析的途径、解释的方法、论证的方式、说理的依据。不能解决实际问题的法理学是无用的法理学，不能体现法学的实践性的法理学是失败的法理学。事实上，我们可以从任何一个案例进入法理学。

在法理学教学中，引入案例分析可以让学生观察到法律概念如何适用于具体的案件事实，法律如何从抽象走向具体，或从具体走向抽象；案例分析还可以引导学生思考法律在实际生活中是如何发生作用的，法律与其他社会现象有何关系等。此外，将案例教学法引入法理学课堂还有助于加强学生对问题的理解，培养学生分析问题解决问题的能力，增强同学间的相互交流，改善师生双边活动，最终高质量地完成教学目标。通过相应的步骤合理地安排案例教学活动，不仅能增进学生的学习兴趣，促进学生对法理学知识的掌握，提高教学效果，更重要的是可以锻炼和提高学生的法律思维能力。

二、国内学术界关于法理学案例教学的研究现状

目前，国内学术界对法理学案例教学问题的研究，除了关注法理学案例教学的必要性之外，主要涉及法理学案例教学中的案例选择、案例教学方式选择和法理学案例教学实施条件等问题。

（一）法理学案例教学中案例的选择

在法理学案例教学中，并不是任何案例都适合于法理学教学。对此，有学者认为，在法理学课程中引入的案例要满足"七性"。第一是"基础性"。第二是"逻辑性"。第三是"争论性"。第四是"实际性"。第五是"简要性"。第六是"生动性"。第七是"广泛性"。

（二）法理学案例教学方式的选择

有学者的研究涉及了法理学案例教学方式的选择问题，认为

在法理学案例教学中应根据不同的教学内容选择不同的案例教学方式，并提出和论述了三种不同的法理学案例教学方式。

1. 在讲授法理学的基本理论、概念时，采用说明式案例教学

说明式案例教学是指在法理学案例教学过程中，首先确定法律概念、法律原理这样的大前提，而且假定这些大前提是不容争辩的，之后再用经过筛选的案例说明这些概念的合理性和法定性。在此种案例教学模式中，法理学的相关概念和原理是教学过程的关键词，而所选择的案例主要是为了说明这些概念或原理的辅助词。如果教师在阐释原理之后采用说明式案例教学，就会取得较好的教学效果。

2. 在讲授法理学的基本理论、概念前，采用推理式案例教学

推理式案例教学是指在法理学案例教学中，首先以分析某一案例作为切入点，从这一案例中总结和概括出相应的法学原理。此种案例教学模式主要适用于法理学课程中那些具有开放性、兼容性的概念。法理学教材中可以适用于推理式案例教学的内容比较广泛，如权利、义务、守法的理由、法律与道德的关系、正义等。

3. 对于具有较强应用性的热点问题，采用讨论式案例教学

讨论式案例教学的目的在于培养学生利用法学原理分析和解决实践问题，因此，"问题"是此种模式的关键。由于这类案例选取当下较为热点的话题，资料的查询相对比较容易，学生的积极性比较高，容易达到预期的讨论效果。

（三）法理学案例教学的实施条件

有学者对法理学案例教学实施条件进行了研究，认为法理学案例教学的实施应当特别注意以下几个问题：

1. 案例选择的适应性

法理学案例教学是以案例作为主要媒介的教学，案例选择是否适当直接左右着教学的效果。教师在选择案例时应当把握如下

三点：第一，案例是否符合教学目标。第二，案例是否符合学生特点。第三，案例是否适合教师。

2. 教师定位的科学性

教师在法理学案例教学中的主要作用是指导学生讨论案例，保证讨论不偏离主要方面及目标，向学生质疑，回答学生知识方面的一些问题，维持课堂秩序，促使学生缜密分析并做出合理的决策。为此，教师必须承担和扮演好主持人、总结人、引导者与推动者等不同的角色。一旦教师发生错位，就会影响案例教学的效果。

3. 学生参与的主体性

案例教学要求学生有积极主动的态度和高度的参与度，特别是在推理式案例教学和讨论式案例教学中。它要求学生在教师指导下，根据所学知识对案例进行分析思考，从而得出自己的结论。

4. 教学条件的充足性

首先是科学案例库的建立。案例是案例教学的逻辑起点，因此必须精心选择和设计优秀的教学案例。其次是实施案例教学基础设施的健全，必须具备现代化的多媒体、网络等教学手段。

三、法理学案例教学与部门法学案例教学之区别

案例教学适用于所有法学课的教学，但法理学案例教学与部门法学案例教学是不同的。

（一）目的不同

法理学案例教学与部门法学案例教学的目的不完全相同。部门法学案例教学的目的是以案说法，通过分析讲评法院判决实例，使学生理解相关法条的具体含义，并学会运用抽象法条解决生活中的具体案件，判决解决问题。而法理学案例教学的目的是以案说理，通过生活中的具体、典型案例使学生理解和掌握法理学的基本概念和理论。

（二）方法不同

法理学案例教学与部门法学案例教学的方法明显不同。部门法学案例教学方法是从法律规定出发，通过讨论分析具体案例，帮助学生学习并掌握运用法律规定解决社会生活中的具体法律问题，即法律规定—案例—实践问题。而法理学案例教学方法是从法理学基本理论出发，通过讲解、分析案例，帮助学生理解和把握理论，即从理论—到案例—再到理论。

（三）教学重点有别

法理学案例教学与部门法学案例教学的目的也明显不同。部门法学案例教学的重点在于阐明案例中涉及的法律问题及案件的法律判决结果，关注的是案件本身应当如何解决。而法理学案例教学的重点是阐述案例中蕴含的法理，关注的是案例涉及的法学概念和原理的理解。

（四）案例来源不同

法理学案例教学与部门法学案例教学中的案例来源不尽相同。部门法学案例教学中的案例一般来自于实际司法审判中的案例，这样就能够使学生产生身临其境的感觉，能够对具体法律规定及其应用有真实、合法以及权威的了解和把握。而法理学案例教学中的案例来源则可以是比较广泛的，不局限于实际司法审判中的案例，甚至历史典故、法学观点争鸣、文学人物和事件都可以作为案例来进行分析和讨论，这样更有利于提高课堂讲授的效果，激发学生的学习兴趣，加强学生和老师的双向交流。

四、法理学案例教学示例

（一）叶利钦向普京交权，中美评价截然相反——法律思维之养成

法律思维能力是法律人必须具备的法律素质。学习法理学的目的和意义，重在培养和训练法律思维方式和能力，领悟法的精神。那么，如何为学生讲授法律思维方式和能力的含义及其重要性呢？

首先，笔者从法律思维与政治、经济和伦理等其他非法律思维对比的角度分析各种思维方式所思考的焦点问题有何不同，并具体说明法律思维方式有以下几个主要特点：

第一，法律思维始终以权利和义务为观察、提出、分析和解决问题的主线。这是因为合法行为是行使权利的行为，违法行为就是不履行义务的行为；离开了对权利义务的追问，合法与违法的问题就无从谈起。

第二，法律思维总是优先考虑普遍性，很少或者几乎不考虑特殊性。因为法律规定本身主要就是针对一般事、一般人做出的一般性规定。

第三，程序上的否决性。在法律思维中，非常注重程序性规定，违反程序性法律规定具有"一票否决"的性质，即只要程序违法，就是整个或全部违法。

第四，法律思维特别注重理由的陈述，因为法律是公正和正义的象征，法庭是公开说理的地方，不是角斗场。

其次，笔者借助以下具体案例向学生讲述法律思维的重要性，使其明了一旦懂得和掌握了法律思维方式，遇到重大问题或事件就会多一种考虑问题的角度，增加一份理性和把握，行动就会更加合理、正确和有保障。反之亦然。

1999 年 12 月 31 日，俄罗斯叶利钦总统突然宣布将最高权力移交给普京。这一惊人之举使正处在新千年门槛之上的世界各国，都不得不手忙脚乱地做出表态或加以评说。

2000 年 1 月 1 日的《人民日报》，在头版发表了中国的表态——对叶利钦总统的辞职"表示惋惜"。几天之后，《人民日报》又刊登了美国的态度，高度称赞"这是叶利钦对俄罗斯宪法做出的贡献"。

两个大国几乎同时表态，但是其思维方式和结论却截然不同。很明显，中国是从两国关系的角度出发来考虑问题，看到的是叶利钦总统在位以来中俄关系的友好发展，关注的是两国关系的未来，得出"惋惜"的结论既平常也正常、自然而又亲切。

而美国则是从法律角度来考虑问题，看到和想到的是叶利钦总统自觉遵守《俄罗斯宪法》关于总统任期的规定，不谋求继续连任而主动交权，得出"这是叶利钦对俄罗斯宪法做出的贡献"的结论，是顺理成章和极其自然的。

面对叶利钦交权事件，中美之间会有风格如此不同的表态或评说，在根本上反映了两国在文化传统和思维方式上的重大差异。如果说将社会政治事务（事件）置于人际关系和人情往来、情感交流之中加以考量，是数千年来中华民族一以贯之的传统思维方式；那么将社会政治事务（事件）置于制度（特别是法律）和规范之中加以考量，则正是近代以来西方社会主流的思维方式。

一种思维定式一旦形成，它就会以其特有的惯性向前演进，并在不知不觉中，悄悄地影响乃至决定着人们的思虑和言行。个人如此，群体（尤其是民族）更加如此，因为群体的思维惯性乃是个体思维惯性无数倍的放大。

中国人至今依然不习惯于从法律和制度的角度来思考和处理社会政治问题，或者说，我们始终缺乏一种自觉的制度思维、法律思维，我们所习惯的仍旧是人情、关系、道德等非法治的，甚至是人治的思维方式，所以，就连"打官司"也往往被人们当成了"打关系"。这种根深蒂固的思维习惯在现代中国的各个领域普遍存在着，并且正在有效而又悄悄地支配着人们的思想言行，也从根本上消解着我们对"法治"的正确理解和追求，使得我们在走向法治国家的路途上，常常是自身的言行在不知不觉中背叛了我们自身的目标。这是我们时刻都会遭遇的一大障碍，我们必须时刻保持高度的警醒。①

这两个案例足以使学生认识到不同思维方式得出的结论是多么得不同，法律思维方式又是何等重要。

---

① 湖舟：《从评说叶利钦交权事件谈起》，载《法学家茶座》（第一辑），山东人民出版社2003年版，第91页。

（二）法律原则统帅法律规则

法律原则的功能和作用是法律规则所不能替代的，它的功能主要表现在三方面：第一，为法律规则和概念提供基础或出发点，对法律的制定具有指导意义，对理解法律规则也有指导意义，例如无罪推定原则成为众多诉讼规则的出发点和基础。第二，法律原则可以作为疑难案件的断案依据。当某一案件的特殊事实导致适用原有规则不公正时，法律原则可作为断案依据。第三，直接作为审判的依据。许多法律原则可直接作为断案依据，这些原则的作用与规则无异。例如，美国法中的正当程序原则常常作为直接的审判依据。

因此，完全可以说，法律原则体现法的精神，代表法的品质和追求，构成法的神经中枢。法律原则统帅法律规则。对此，笔者选用以下两个案例为学生加以论证说明。

［案例1］甲、乙夫妻离婚后，未成年的儿子丙与母亲乙共同生活，但仍与父亲甲有来往。父亲甲的品质败坏影响了孩子丙，丙给他人造成了损害；或者丙正在父亲管领时给他人造成了损害。应怎样处理？

有关法律规则是这样规定的：第一，《民法通则》第133条规定，无民事行为能力人、限制行为能力人造成他人损害的，由监护人承担民事责任。第二，最高人民法院《关于贯彻执行〈中华人民共和国民法通则〉若干问题的意见（试行）》（以下简称《民法通则若干意见》）第158条规定，夫妻离婚后，未成年子女侵害他人权益的，同该子女共同生活的一方应当承担民事责任；如果独立承担民事责任确有困难的，可以责令未与孩子共同生活的一方共同承担民事责任。

这确定了民法上的侵权过错责任原则。一般情况下，未成年子女侵害他人权益的，与该子女共同生活的一方应当承担民事责任。但是，如果是由于未与该子女共同生活一方的过错导致未成年子女损害他人利益，应该怎么办？这时，就必须按照侵权过错原则处理，由有过错的平时未与孩子共同生活的一方承担民事责任，而不能再机械地判决由与孩子共同生活的一方承担民事责任。

[案例2]甲的毛驴踢倒了乙的蜂箱，蜂群蜇死毛驴，蜂群也大量死亡。甲要乙赔驴，乙要甲赔蜂，告到法院。再如，甲乙两家的牛相斗，一死一伤，也是互相索赔。如何处理？

《民法通则》第127条规定，饲养动物造成他人损害的，动物饲养人或者管理人应当承担民事责任；由于受害人的过错造成损害的，动物饲养人或者管理人不承担民事责任；由于第三人的过错造成损害的，第三人应当承担责任。

解决本案纷争，必须查清前因后果和谁有过错。甲对驴看管不慎，致使驴踢倒蜂箱在前，是致损的原因。蜂蜇驴是动物的本能，蜂蜇驴后死亡是自然规律的必然的结果，这都是乙无法控制的，不存在过错。所以，甲作为毛驴的饲养人和管理人应承担民事赔偿责任，而乙作为蜜蜂的饲养人或管理人不应承担民事赔偿责任。

（三）"堵被窝"式强制执行被叫停——执法方式须合理

在2005年的10月30日，北京市朝阳区人民法院曾出动近百名法警和法官，对拖欠物业费的业主进行大规模强制执行，当天就有57户被强制执行，其中16名业主被拘留。此举引起全国性大讨论。

朝阳法院相关负责人为法院的行为解释说，3年时间，朝阳法院物业管理纠纷案件已激增10倍，且仍以200%以上的年增长率持续增长，90%以上的案件是物业公司起诉业主索要物业费的，物业公司赢了官司，却很难执行。法官提示说，如对物业公司服务不满，可通过正当合法手段争取自己的利益，但不应拒绝交纳物业费，同时提醒，业主在碰到物业公司服务不到位时，应积极搜集证据。

对于此举，支持者称："法律本来就是无情的，既然已经进入司法程序，我们也只能按法律办事。如果不实施强制执行，判决书就成了一张废纸，法律的尊严就会打折扣。"

而更多的反对者则指责这种做法不人性化，认为民事强制执行对象是财产不是人身，而业主在"拒不履行"上的错，并不必然导致"司法拘留"的后果。另外，单靠简单粗暴的强制执行难以根治物业纠纷。

在诸多的反对声中，2006 年 1 月北京市高级人民法院执行庭庭长田玉玺在北京市法院执行工作情况通报会上表示，该市朝阳区人民法院对拖欠物业费的业主强制执行的做法已被叫停。

对此，河北省高级人民法院执行局副局长吕建国说，过去，我省也曾经在执行中搞过"零点行动"，但是，最近三四年间，执法理念已经发生变化，我们不再搞这种掏窝抓人的形式，而是强调执行手段的合理、合法和加大力度，主要是依靠当地的支持、群众的支持，以及舆论和群众的监督。① 这才是正确、合理合法的选择。

有学者认为，"堵被窝"式强制执行有损于以人为本的法治精神，拉远了人们与法治的距离。②

他指出，法的精神，在于以人为本。人本主义不是一句口号，而且更不应该只成为一句口号。古希腊的亚里士多德曾经说过，法治应该包括两重意义：已成立的法律得到普遍地服从，而人们所普遍服从的法律又应是本身制定的良好的法律，即良法之治。良法体现着法的精神。17 世纪英国著名法学家霍布斯把良法定义为"为人民的利益所需而又清晰明确的法律"。从实体内容上讲，良法应当充分体现现代法治的价值要求，其中一项十分重要的内容就是人权。而对人权的尊重就是人性化在法的运行当中的必然要求。

民事案件，尤其是涉及物业公司与业主之间的纠纷处理，更要考虑人性化的标准和要求，在证据取得和证据链条的形成认定

① 《"堵被窝"式清欠物业费被叫停》，载《燕赵都市报》2006 年 1 月 22 日。
② 肖辉：《"堵被窝"式强制执行与人权观念的淡漠》，载《燕赵都市报》2006 年 1 月 22 日。

上更要考虑作为弱势一方的业主的利益和诉求。证据规则不应是冷漠的，更不应当僵化。在我们思考如何更好维护程序正义的时候，也不能把社会的实体正义弃之不顾。

物业纠纷问题复杂，物业费的欠交原因很多，其中大多是基于对物业公司的服务不满。当然，我们应当提倡通过正当合法手段争取自己的利益，不应拒交物业费。在证据的取得上，也可以像办案法官提醒的那样，例如报修后物业不管、小区卫生状况差、公共部位保管不善等，业主可拍下照片或录像，并寻找证人证言为以后的诉讼积攒证据，业主还应当保存好遭受经济损失的证据以便索赔。但我们更要考虑，业主购房是为了居住，业主交纳物业费是为了居住舒适，如果平时总是保持着如何搜集证据和搜集何种证据这样的警惕，这样的居住环境怎么可能让人乐意支付物业费？因此，是否也可适用举证责任倒置，由物业公司承担相应的举证责任？

在维护判决既判力、捍卫判决神圣性的同时，不要忘了，在强制执行中，采用何种方式，采取什么手段，绝不是一件简单的事情，特别是在民事判决的执行中，一定注意不要损及被执行人的其他权利。以人为本是法治的应有之义，万不可出现"幕投石壕村，有吏夜捉人"的场景。

还有学者认为，用"堵被窝"式强制执行的做法处理物业管理公司与业主之间的纠纷，实际结果只会破坏法律的公信力。因为执行的前提条件不完善，执行了一个不公平的游戏规则做出的不公平裁决。有专家早就指出，《物业管理条例》规定的物业管理公司的权利，是实实在在的，而给业主的权利在实际中却很难实现。由于现行法律法规并未对服务标准和收费标准进行明示，前期物业费基本还是开发商说了算。至于服务质量是否与收费标准相对应，开发商并不考虑，而作为消费者的业主，只有签字认可的义务。

在这样的条件下，"堵被窝"式强制执行的做法其实是让吃了哑巴亏的人开口道歉。本来，业主受制于物业公司的霸王条款，难以享受到公平的服务，有理说不清、已经吃了哑巴亏；现在，吃亏的业主又要受到"堵被窝"式强制执行，让"哑巴"开口道歉，法律还有什么公信力？只有具备由一个公平的游戏规则做出的公平裁决的前提条件，使用强制执行，才不会被人诟病。

所以，解决前期物业阶段的不公平、不合理现象，才是遏制纠纷隐患的根本之策。所以，在物业管理公司与业主之间，法律强制权退位的同时，也呼唤政府部门出面，制定新的规则，而不能完全将前期物业阶段的管理推向市场。北京市人大代表张耘说："目前业主与物业管理公司之间的博弈，单靠双方，永远没有终止，受伤的最终是业主。作为公共政策的制定者、公平环境的营造者，政府理应充当评估干预的第三方。"政府部门必须尽快建立和完善对物业管理资质的监督，让业主可根据市场情况与物业公司商议物业费的高低。只有政府部门在处理物业管理公司与业主之间的关系时负起一定的责任和义务，才能在"堵被窝"叫停之后，唤回社区建设的和谐面貌。①

对拖欠物业费的业主实施"堵被窝"式强制执行的做法，严重违反了执法合理性原则。

（四）行人违章"撞死白撞"，体现何种价值需求——什么是法的最高价值

1999 年 8 月 31 日，沈阳市以第 41 号政府令的形式率先在全国颁布《沈阳市行人与机动车道路交通事故处理办法》，并于 1999 年 9 月 10 日正式实施。主要条款有 16 条，明确规定了 5 种情况下行人负全部责任：第一，行人闯红灯与机动车发生交通事故，机动车方无违章行为的，行人负全部责任；第二，行人因跨越隔离设施或不走人行横道线，与机动车发生交通事故，而机动车方无违章行为的，行人负全部责任；第三，行人在机动车道内行走，与机动车发生交通事故，机动车方无违章行为的，行人负

---

① 载《燕赵都市报》2006 年 1 月 18 日。

全部责任；第四，在封闭式机动车专用道或专供机动车通行的立交桥、高架桥、平台桥等道路上，行人与机动车发生交通事故，机动车方无违章行为的，行人负全部责任；第五，行人在机动车道内有招停出租车、逗留等妨碍机动车通行的行为，发生交通事故，机动车方无违章行为的，行人负全部责任。

2000年4月上海市也出台了《关于本市道路交通事故严格依法定责、以责论处的通告》在事故的处理上列了18种比较严重的违章行为，无论是行人还是驾驶员，在定事故责任的时候，如果一方违反了这18条其中之一，而另一方是没有违章行为的，这一方就负全责；如果一方有18条违章行为之一，另一方是有其他违反行为的，就一方负主责，一方负副责；如果双方都有18条中包括的违章行为，就负同等责任，即一人一半。其中行人违章负全责的情况规定有四种。第一，行人在禁止行人通行的高速公路、外环道路、内环高架道路上行走，与机动车辆发生交通事故的；第二，行人在有交通信号灯控制的地方违反信号规定，与车辆发生交通事故的；第三，行人在设有人行天桥、人行地道和漆划人行横道线处100米范围以内，不走人行天桥、人行地道和人行横道而与车辆发生交通事故的；第四，行人不走人行道，在设有中心隔离设施和行人护栏的道路上钻越、跨越隔离设施或护栏，与车辆发生交通事故的。①

截至2004年，许多省、市相继颁行了类似的地方性交通法规或规章。各地立法者和交管部门都异口同声地称赞法规的效果，说"行人违章减少，交通秩序井然"。并有统计数字为证，如沈阳市第41号政府令实行仅2个多月，交通要道青年大街交通事故件数比去年同期下降了22.2%，直接经济损失下降36.6%；车辆通行速度提高了一倍；行人或骑自行车者的按线通行率，分别达到98%和99%，行人横过马路走人行横道线比率

---

① 孙瑜：《情、理、法焦点对话》（一），中国政法大学出版社2001年版，第28~29页。

达到了 99%。上海市自 2000 年 4 月出台《上海市道路交通事故处理若干规定》以来，到 5 月底，事故总数比去年同期下降 9.7%，死亡人数下降 7.8%。

与此同时，学者专家和被撞死者家属及社会对"撞死白撞"的规章的质疑和抗议持续不断，有的还引发了不断上访甚至突发事件。

很明显，立法者关注和追求的是秩序，忽略了自由和公正。过于追求秩序必然会损害自由，然而，自由才应该是法的最高价值。所以，绝不应该通过牺牲自由来追求和实现秩序。

比较法的方法论探析

刘静仑 *

法学在长期的发展中形成了自己独特的方法论。法学方法论的形成和不断完善促进了法学的发展和法律实践的进行。在德国、日本等法制发达国家，法学方法论的研究已经取得了丰硕的成果。但是，中国法学一向疏于方法论的研究，法律系教师、学生和法院的法官大多欠缺法学方法论的训练，使中国法学和法律的发展颇受限制。随着中国融入世界社会和中国对外经济、文化交流程度的日益加深，比较法作为一种法学方法论的作用越来越引起人们的重视，我国立法机关和法律学者也越来越频繁地就中外法律、不同国家或地区之间的法律进行比较研究。但是，我国法学界对比较法的方法论却缺乏深入的探讨，从而影响了比较法律研究的效果。因此，本文拟对比较法的方法论进行深入探讨，以期对我国的比较法研究有所裨益。

一、比较法研究的目的

正如哲学家阿·迈纳所指出的那样，方法在很大程度上是由目的和前提来决定的，所谓方法，就是在给定的前提下为达到一定目的而采取的行动、手段或方式。因此，探讨比较法的方法论必须首先明确比较法研究的目的，这是一个根本性的问题。概括起来，比较法研究的目的可以分为理论目的与实践目的。

比较法研究的理论目的就是丰富本国的法学理论。法律自身的性质决定了它的国家性，法学以法律为研究对象，却不应只有

---

* 刘静仑，河北经贸大学法学院副教授。

国家性，而应兼具世界性、普遍性。通常所讲的法学都是指法律解释学。法学以法律解释学为其主要内容是必然的，这是由法律和法律实践的国家性所决定的。但是，如果法学仅限于法律解释学，那么，法律解释学自身的功能和方法就决定了它的创造性的不足，尤其是在创制新法、改进旧法、填补本国法律漏洞以及制定和修改国际法律规范等方面明显力不从心，无法发挥法学对实践的理论指导作用，而这刚好是比较法的创造性所在。比较法研究可以为我们提供针对某类法律问题的"解决办法的仓库"，同时可以使我们发现本国法的优点和缺陷，有助于打破那种不加反省的民族偏见和国家主义观念，最终有利于本国法学和法律的进步。这是仅仅局限于本国的法律观念、原则和规则开展研究的法律解释学所不具备的优势。比较法研究丰富了本国的法学理论，而理论和实践总是紧密联系的，比较法研究的理论目的最终都服从和服务于它的实践目的。

比较法研究的实践目的主要包括三方面：（1）利用比较法研究所获得的成果来完善本国立法。任何一个国家的法制都不是十全十美的，总是存在这样或那样的缺陷或不足。这种缺陷或不足往往表现为本国现行法不能完全满足社会生活的需要，改进这种缺陷或不足可以采取总结自身经验的方式来进行。这是一种传统的方法。但在日益开放的世界社会里，无视其他国家已有的经验和教训，继续采取这种方法就显得不合时宜，也不明智。并且，这种保守方法有一个最大的弊端：社会必须为此付出高昂的代价，还会丧失宝贵的发展时机。相比之下，利用比较法的方法来完善本国立法，却是一种较好的方式。比较立法有两种具体方式：其一，直接移植外国法。移植外国法不应全盘照搬，而应针对本国的国情作适当修改，然后予以引进。其二，采纳通过比较研究所获得的解决同类问题的最佳模式或办法。这种方式比直接移植某一外国法更要复杂得多，因为它不是直接利用比较法所提供的现成的"解决办法的仓库"，而是需要综合比较许多国家的法律，然后构想出针对同类问题在本国的最佳解决模式或办法。

（2）在司法实践中利用比较法来填补本国法律漏洞和作出一般的法律解释。随着制定法完美自足性的教条被打破，法官造法在所难免，法律的比较解释是其中较为有效的方式之一。这种做法在各国司法实践中已被广泛使用。（3）利用比较法来制定国际法律规范，促进国际交往与合作。随着世界经济一体化的程度日益加深，基于各国文化传统而产生的各自法律制度构成了国家间顺利交往、合作的障碍，甚至是风险。虽然许多国家通过比较立法使各国法律在某些方面具有相同性，但只要各国固守自己的国家主权，国际交往中的法律障碍就不可避免。同时，在某些方面，如环境、艾滋病、毒品等方面，即使各国进行比较立法，也不能根本解决问题。制定国际统一的实体法是消除各国间的法律障碍和解决某些全球性问题的一种有效的途径，为此就必须对各国的法律进行比较研究，寻求能为各国共同接受的法律概念、原则和规则。

二、比较法的方法论

任何一种专门的方法论都是以普通方法论为前提的，尽管不是同等地以其所有部分为前提。一个专门的方法论总是包括一般方法论的绝大部分，同时包括自己独有的方法。因此，比较法的方法论包括一般方法论和比较法的独有方法。一般方法论的内容包括定义、区别、划分及关于论证的学说。比较法研究必然要运用这些一般方法，但一般方法论在形式逻辑或普通方法论中已有详细阐述，这里不作赘述，本文仅研究比较法的独有方法——比较方法。所谓比较，是指将两种或多种抽象理解的内容联系起来，以确定它们的同一、相同、相似或不同。比较法学运用的具体比较方法主要包括：

（一）宏观比较和微观比较

宏观比较是指对不同法系之间或不同国家的法律制度之间所作的整体性比较，微观比较是指对不同国家之间特定的法律制度的比较。前者如大陆法系和英美法系的比较、德国法和法国法的比较，后者如中日合同法的比较。宏观比较和微观比较并不是孤立进行的，二者间有密切的联系：宏观比较是微观比较的基础；微观比较为宏观比较提供丰富的材料，也是宏观比较的深化。

（二）纵向比较和横向比较

纵向比较是指对不同历史时期的法律制度进行比较，又称历史比较。纵向比较的目的在于探究有关法律制度产生、发展的规律。横向比较是指对同一历史时期不同国家或地区的法律制度进行比较，其目的在于探究不同国家法律制度的异同点。

（三）描述性比较和分析性比较

描述性比较是指对不同国家的法律制度进行客观的描述，不作评价，其目的在于取得有关外国法的信息。分析性比较是指通过对不同国家的法律制度进行比较分析，对有关的法律制度作出评价。对多个外国法平行地进行描述只是机械地堆积材料，不是真正的比较。所以，描述性比较不能称得上是一种真正的比较方法，它只是分析性比较的准备。只有分析性比较才能称得上是真正意义上的比较。

（四）规范比较和功能比较

规范比较是指对法律结构基本相同的不同国家的有关法律文件加以对照，分析其异同点，即单纯进行有关法律文件的比较。功能比较是指以不同国家存在相同或类似的法律问题为出发点，对不同国家关于该问题的解决办法加以比较。前者以规范作为出发点，后者以问题作为出发点，但二者并非完全对立的关系。功能比较找到相同或类似的法律问题后，同样要进行规范比较。

以上只是比较法常用的几种具体方法。这些方法发挥作用，实现比较法的目的还必须通过一个具体的比较过程。那么，这一比较过程应以哪一种方法为主导呢？法律只是解决问题的手段和方法，只有那些解决相同问题的法律才是可比较的，并且只有这样的比较才是有意义的。因此，功能比较方法是比较法研究的主导性方法，它是全部比较法的方法论的基础，其他方法学的规则——比较对象的选择、探讨范围的确定和比较体系的构成以及描述性比较、分析性比较等方法的选择和运用都以此作为出发点。

功能比较突破了规范比较对比较对象范围的限定，在大陆法系和普通法系、资本主义法系和社会主义法系之间架起了桥梁，甚至可以把完全异质的伊斯兰法和印度法纳入比较法的框架。自德国法学家茨威格特和克茨确立功能比较的方法以来，它已成为"给现代比较法带来决定性发展的理论"。但是功能比较方法并不是万能的，它也有自身的局限性：在那些处于不同的社会发展阶段或由于自然的、经济的等方面的原因而不具有相同的法律问题的国家之间，功能比较是无法进行的。描述性比较、分析性比较、规范比较等其他方法在一定范围和一定程度上都有其价值，它们和功能比较相辅相成，共同服务于比较法研究的理论目的和实践目的。

比较法的方法论除了具体的比较方法之外，还包括比较研究的过程。过程是对功能原则和比较方法的动态的综合运用。对法律比较研究的具体过程，我国学者也曾有过探讨，但失之简略且非以功能比较作为出发点。我们认为，以功能比较作为出发点，比较法研究应依下列顺序进行：（1）确定待研究的法律问题。比较法上研究问题的提出最为关键，问题的恰当提出直接影响到比较研究的效果。问题来自于从事法律比较研究的人员对本国法律具有批判性的通盘认识及经常研习外国法律。（2）选择进行比较的法律秩序。世界上每个国家都有自己的法律秩序，我们不可能对所有国家的法律秩序都进行比较，因此，我们必须要对进行比较的法律秩序有所选择，加以限定。进行法律的宏观比较中，往往以母法秩序进行比较。如大陆法系和普通法法系的比较，分别选择德国法、法国法和英国法、美国法作为比较的对象。在进行法律的微观比较时，则不一定局限于母法秩序或属于同一法系的法律制度，尤其是在具体法律制度的比较中，只要比较对象各自具有一定的特点和代表性就可做比较。（3）收集外国法和本国法的有关资料，包括立法文件、司法判例和法学学说等，并尽可能地丰富、全面。这一步是在做外国法研究。通过对外国法法渊的掌握，运用外国法的概念来获得对外国法的本来面目的理解与认识。外国法研究不同于本国法研究，所以一般不能用本国法的概念、原则和规则来解释外国法，否则会误解外国法。外国法研究也不是比较法研究，它只是进行法律比较研究的一个准备性阶段。需要指出的是，我国有学者往往以"比较研究"为名研究外国法，采取的研究方法是分别就各个国家的法律制度进行描述，却不做任何真正意义上的"比较"。（4）建立一个比较研究的宽松体系。比较法学者如果从本国的法律概念出发进行比较，则往往无法顺利进行比较或难以获得有益的结论。他们必须超越本国法的精神和概念，建立一些宽泛的大概念，然后才能对同质的或异质的法律制度进行比较。如"法系"这一概念，就是在对历史传统有显著差别的法律制度进行世界范围内的宏观比较时提出的，在比较法研究中具有非常重要的作用。（5）比较不同国家的法律对同一法律问题的不同解决办法，分析它们之间的异同点，探究导致它们之间异同点的原因，并且作出批判性评价。这一步骤是比较过程的核心。前四个步骤都是做准备，只有这一步骤才是真正进行比较，它的关键是最后须做出批判性评价。所谓批判性评价，是指从法律政策的观点出发，对各国法律所提供的解决办法作出评判，确定何种解决办法最符合目的、最适宜问题的解决。不进行批判性评价，就只是积累了成堆的材料而无法进一步加以利用，比较法的作用和目的也就无从发挥和实现。（6）如果可能和必要的话，提出改进本国法的建议、立法方案，或作出关于本国法的比较法解释，或提出能为各国共同接受的国际统一法方案等，从而实现比较法的实践目的。

哈佛大学案例教学法述评与启示

吴伟华[*]

1870 年，当时的哈佛法学院院长兰德尔引进的苏格拉底式的案例教学法（case method），引起了美国法学教育的革命，也奠定了哈佛法学教育的百年基础。尽管以培养将来法律人（法科学生）的阅读、推理和（写作）表达能力为目标的案例教学法一直受到美国法学教育界的批评，但到目前为止，它仍然是美国法学教育的主要模式。同时，随着政治、经济、技术的迅猛发展，美国已成为影响世界发展方向的主导性力量，因此不仅在普通法系国家，哈佛案例教学法在全球法学院逐渐受到重视和被借鉴。[①] 和美国相比，我国法学教育存在多层次、多元化和无秩序的办学状态。我国法学教育中单调刻板的理论框架和学院式教学法与日益丰富多彩的实践和实用性人才的需求之间的矛盾也愈发突出。[②] 我国自 20 世纪 80 年代以来，也大张旗鼓地引进案例教学法。但从运行的情况来看，这并非真正的案例教学，而是中国式的"例证教学"。对案例教学法的产生、运行、功能等问题必须溯本正源，才能避免望文生义，才能正确思考我们是否真的需要以及应该如何引进。

---

[*] 吴伟华，河北经贸大学法学院副教授，研究方向为诉讼法。

[①] 蒋志如：《法律职业与法学教育之张力问题研究——以美国为参照的思考》，法律出版社 2012 年版，第 236～237 页。

[②] 王晨光：《理论与实践：围绕法学教育的难题之一》，载《中外法学》1998 年第 6 期。

一、哈佛案例教学法的运行条件

美国早期的大学法学教育大多采用欧洲大陆流行的讲座授课方式，这种授课方式只能使学生被动地接受知识，不能适应律师职业主动性和挑战性的要求。而案例教学法是一种启发式、讨论式、互动式的教学形式。① 在案例教学法之下，学生主要不是通过阅读论文和判例来学习法律，而是通过苏格拉底讨论法来研究法官的判决，掌握法律的基本原则与法律推理，培养学生的法律程序意识和"像律师一样思考的能力"。

案例教学法之所以能够在美国得到广泛推行，首先基于拥有较高综合素质的学生。能够进入法学院的学生，必须经历严格的入学审查。除对每位学生进行学历考察外，学生还要参加难度极高的法学院入学考试（LSAT）。严格的审查，保证了只有那些学习成绩优秀、具有健全人格的学生才能进入法学院的大门，由此保证了法学院学生一般均具有较高的综合素质，能够胜任法律工作。此外还主要基于以下几方面的原因：一是有案例教学法的运行基础——案例教材。美国属于普通法系国家，判例是法律的基本形式，判例法在美国的法律体系中占有重要地位。在美国，不仅有联邦最高和上诉法院案例汇编，还有州法院（包括州最高法院和州高等法院）案例汇编，甚至有些州重要的县、市也有案例汇编，因此，美国的法律文献数量非常庞大，如仅至1910年出版的就超过8000卷。这些文献由专门的公司进行出版公开在市场上流通，供社会各领域使用。在案例教学法中使用的案例，是原生态的、未经编辑的法院判例，一般以《X案例与Y材料》案例教材形式出现。案例教材中的"案例"是对真实法院案例汇编的一种选编，那些复杂的、值得分析的、有意义的、上诉案例一般成为教材中"案例"的来源，教材的附属"材料"部分是与该案例相关的历史、文化背景和成文法背景等因素。二

---

① 史美兰：《体会哈佛案例教学》，载《国家行政学院学报》2005年第2期。

是有案例教学法运行的课堂教学方法——苏格拉底问答法。老师事前反复精选案例布置给学生，学生在课前仔细阅读，熟悉案件事实，查阅有关资料，提炼出案例所展示的案例摘要、案例的事实争点、判决理由，并作出有理由的书面或口头解释等内容。在这个过程中，需要学生花费大量的时间，但同时他们的阅读技能得到了充分训练和提升。课堂上，老师要求学生简明扼要地报告案件的事实，归纳双方观点以及争议焦点、法院的判决以及理由。之后，在老师的引导下，学生在课堂上从各个角度讨论这些案例。随后是老师引导下的问答式讨论。先由老师提出问题，学生回答问题；老师再从学生的回答中找出矛盾或漏洞、提出新的问题，让学生回答。比如：法院为什么如此判决？理由是什么？这些理由是否充分？在事实、程序和法律上是否存在瑕疵？你是否同意这一判决结果？为什么？当然，老师的问题会随着学生的回答而灵活变化。同时，学生之间也往往用这种互相问答的方式进行辩论与学习。这种方法的特点在于：启发性强，以问题导入，在没有现存答案的条件下让学生学会思考与分析，从中寻找抽象的法律规范。互动性强，师生双向交流，充分发挥学生之间的多维沟通与讨论在知识学习中的功效。[1] 此外，案例教学法中的一个很重要的阶段是在课堂教学之后的继续行为，即对案例的阅读、解读、课堂讨论完成之后的任务——写作。即通过写作形式将上述活动，再经过思考最终形成一种书面作业形式。可以看出，美国案例教学法的意图是，提高学生的推理能力，即如何分析事实和法律、在特定的问题中组织争议点、如何认识支持法律的那些政策的理由，以及如何表达法律思想。因此，美国的法学院把重点放在推理及口头和文字的表达上。[2]

---

[1]　汪习根：《美国法学教育的最新改革及其启示：以哈佛大学法学院为样本》，载《法学杂志》2010年第1期。

[2]　蒋志如：《法律职业与法学教育之张力问题研究——以美国为参照的思考》，法律出版社2012年版，第244～248页。

由于哈佛法学院的案例教学法迎合了英美法系国家以判例为主要渊源的法律特点,因此,案例教学法在哈佛大学牢固地建立起来,并很快得到美国其他精锐法学院的效仿,还逐渐影响到英、法等其他英美法系国家。到1920年,案例教学法成为美国占主导地位的法律教育方法并延续至今。①

二、哈佛案例教学法的功能、缺陷与改革

(一)哈佛案例教学法的功能

从深层意义来看,案例教学法具有以下功能:一是从培养职业技能功能来看,案例教学法可以为将来的律师、法官提供非常具体的技能,如阅读技能、写作技能与解决问题的技能等作为法律人必备的技能。同时,案例教学是从各类案件事实开始的,这些事实虽不能包罗美国社会全貌,但它们涉及众多主题、内容足够丰富。学生解读案例的过程,就像在阅读一个个完整的"人间故事"。在这一过程中,学生们不可能无动于衷。通过对案件事实的阅读、思考、讨论、争论,形成其常识、理性与同情心。这种常识与理性是学生在仿佛其"亲身经历"种种案件事实后形成的,是一种健全的理性培养方式。二是在美国的司法体制下,判决书允许每一位法官发表自己的意见,即使是异议。因此,法官可以独立地根据自己的思考与理解,在投票与撰写法律意见时,表达自己的意见。通过阅读这些案例,学生可以看到法律制度变迁的过程,更好地把握普通法思维方式的精髓。②

(二)哈佛案例教学法的缺陷

案例教学法也并非完美无瑕,特别是在科学技术革命、知识经济、网络时代以及全球化这四个方面的冲击下,法律世界随着生活世界一起已经发生了巨变,案例教学法的缺陷也日益显现。

---

① 史美兰:《体会哈佛案例教学》,载《国家行政学院学报》2005年第2期。
② 蒋志如:《法律职业与法学教育之张力问题研究——以美国为参照的思考》,法律出版社2012年版,第257页。

第一，它过分重视逻辑推理而忽视了生活的真实经验。如前所述，学生解读案例的过程，就像在阅读一个个完整的"人间故事"，由于没有真实的情景与现实体验而显得呆板、缺少生机，无法准确领悟法律的真谛。第二，法学院很少进行人文与科学知识的训练，致使学生知识基础不够厚实，难以旁征博引、广泛联想，影响了学生的思维活跃程度。同时由于忽视对法律理论的系统学习，导致学生基础不够牢固、创新性不强，难以更好地胜任今后法律职业和公共生活对实际职业能力的高标准与高素质要求。第三，从案例中学习法律知识，不是从原理到具体的演绎方法，而是一种从具体到抽象理论的归纳推理学习方法，效率低下，往往耗费时日，却难以穷尽全部法律知识与法律原理。[①]

（三）哈佛案例教学法的改革

近几年，哈佛法学院正大张旗鼓推进的法学教育改革，强调引入"研究性学习"新理念。其中，在教学方式上，在坚持采取案例教学法的同时，强调真实疑难问题解决方法的直接运用，从零散的规则学习转向系统全面的法律知识与制度规范的学习，再到实际操作能力层面的培训。在学习时段上，专门开辟"问题解决"学习区间，实现研究性学习的制度化和专门化。哈佛法学院这次改革可以被看作是英美法系的判例法教学法向大陆法系的成文法教学法学习的重要表现，它在一定程度上打破了原来从具体个案中推导抽象的一般法律规则和原理的思维方式，代之以大陆法系从现存的法律原理和法律原则出发来研究与分析具体个案的教育路径，是对大陆法系域外法学教育经验的参考与借鉴。[②]

---

① 汪习根：《美国法学教育的最新改革及其启示：以哈佛大学法学院为样本》，载《法学杂志》2010 年第 1 期。

② 汪习根：《美国法学教育的最新改革及其启示：以哈佛大学法学院为样本》，载《法学杂志》2010 年第 1 期。

三、哈佛案例教学法对我国法学教学方式改革的启示

相互借鉴与沟通是提升法学教育竞争力与所培养人才的竞争力的外部条件。20 世纪 80 年代末，在承继大陆法系传统讲授教学法精神的基础上，我国法学教育界引入了案例教学法并运行的红红火火。但是，从运行的情况来看，并非真正的案例教学，而是中国式的"例证教学"。因为，在我国的教学实践中，无论授课对象是硕士生还是本科生，在给学生讨论案例（案例也经过编辑和剪裁）前，先给他们讲述案例将要涉及的有关知识，让他们先有这方面的理论，然后再结合案例进行分析，从而加深对理论的理解，并学会实际使用。这种以讲解方式教授案例不是真正的案例教学。[①] 但是在"中国式案例教学"运行期间也有所收获，如出版了一批案例教材，代表性的有 1998 年王利明教授主编的《中国民法案例与学理研究》（4 卷本，包括总论、物权、债权与亲属继承）、2001 年由赵秉志教授主编的《中国刑法案例与学理研究》等。这类大型的、体系性的案例教材在此之后没有再出现过。

对于我国法学教育中无法照搬严格意义上的案例教学的原因，王利明教授曾在其论著中解释为：我国不是判例法国家，我们只有案例而没有可以作为法律渊源的判例。美国的案例教学法不适合中国，中国的案例教学法应是以理论为主，案例在于说明原理，不是通过提问方式完成，而是主要通过讲授方法实现；以实现不仅是培养律师职业人才，还要培养理论工作者和其他实际工作者的目的。[②] 但是，案例研究在法制建设中的作用是毋庸置

---

① 何美欢等：《理想的专业法学教育》，中国政法大学出版社 2011 年版，第 20 页。

② 王利明、叶林：《试论法学教育中的案例教学法》，载《法学家》1993 年第 3 期。

疑的。①

鉴于我国立法及司法现状，笔者同意王利明教授的观点。至少在现阶段，案例教学不具备在我国法学本科教育中大面积展开的环境。但是这不应妨碍在部分有条件的法学院，以及在法律硕士、法学硕士、法学博士中进行原汁原味案例教学的可能。因为，中国已加入 WTO，如果在全球化过程中要保护自己的权利，必须有一批能够与英美律师对话（即能够用相同的法言法语、共同的思维方式处置法律纠纷）的中国高端律师。② 很庆幸，中国已有甘于奉献的学者为此付出了巨大的艰辛与努力：学者兼律师的何美欢教授长期穿梭于中国内地与香港特区以及欧美国家，看到了中国法学教育与欧美法学教育的巨大差距，于 2002 年只身一人到清华大学法学院开始了她的普通法（案例教学法）教育事业。何美欢教授的教学方法与教学模式在清华大学法学院虽然非常成功，影响的深度前所未有。但目前来看，取得的成效对整个法学教育非常有限，只具有个案意义，不具有制度化意义。③

中国有实行真正案例教学法的现实需求，中国要实行真正案例教学法。为此，我们可以根据美国案例教学法的运行条件、过程、基本功能，遴选一批有条件的法学院（具备较高学习能力和英文水平的学生、能够胜任普通法教学的老师），开始试点实施严格意义上的案例教学法。只有这样，才能批量产生具有普通法思维模式的法科学生和高端法律人才，实现与英美国家法律人深入交流以及满足开展国际经济、法律业务的需要。

此外，我国即便实行的只是"例证教学"，也可以通过借鉴美国案例教学法中的一些因素，进一步提升教学质量，提高学生

---

① 王利明主编：《中国民法案例与学理研究（总则篇）》，法律出版社 1998 年版，序言第 1 页。

② 何美欢：《论当代中国的普通法教育》，中国政法大学出版社 2005 年版，第 26～35 页。

③ 蒋志如：《法律职业与法学教育之张力问题研究——以美国为参照的思考》，法律出版社 2012 年版，第 280～288 页。

的法律思维能力和法律职业素养。其中，很重要的一点就是做好案例的编辑和选择。案例不能是空想式的。"在法学院学习的理论基本上是远远脱离实践的教科书知识，是典型的'黑板'知识。正是由于所传授的知识是脱离实践的，不具有指导实践的作用，因此学生毕业以后也就必须经历相当长的思维和知识的痛苦转型。要打破或消解这种隔离，唯一的方法是公开判例。通过阅读公开的判例来了解实务的实践活动以及司法人员对法律和理论的认知。裁判文书的公开，需要的不仅是关于实体认定、裁判内容的公开，更重要的是对重要的或主要的程序性内容的认定和裁决的公开。"① 作为当前司法改革重要内容之一的司法文书公开，需要整体提高法院裁判文书的质量，需要特别强化裁判文书中的"判决理由"部分，需要充分阐释法官对案件程序问题、事实问题裁判的心理路程、法理依据，提高裁判文书的说服力，提高当事人服判息诉的可能。当然，这可能需要一个比较长的时间。但是，如果能够实现，将对我国法学理论研究以及立法、司法实践，产生巨大的促进作用。此外，在公开的判例基础上，司法部门应分门别类的做好典型案例的编辑工作。在编辑过程中，不能人为对案例进行剪接，要保持案例的原汁原味。为了提高教学效率，课前，老师应提前选取典型的、适合的案例让学生阅读、分析；课上，老师组织学生充分讨论案例；课后，学生撰写书面报告（作业）。通过这样一个完整的过程，有助于提高学生的阅读能力、理解（或批判）法官裁判过程的能力，有助于学生法律思维的形成，有助于提升学生法律职业素养，实现学生毕业后与司法实践的迅速接轨。当然，这需要学生花费更多的课余时间，需要教师更多的精力投入，需要为课程配置合理的教学课时，而这也是我国法学教学方式改革必须要面对的问题。

---

① 张卫平：《对民事诉讼法学贫困化的思索》，载《清华法学》2014 年第 2 期。

论法学案例教学

梁彦红*

一、案例教学法的渊源及作用

法学作为一门实践性强的应用学科，运用法学理论解决现实中存在的各类案件，是法学教育不可或缺的功能。对于如何将法科学生培养成为真正的应用型人才而言，在法学本科教育过程中，辅以案例教学或者以案例教学为主导模式的实践教学方法至关重要。案例教学法，是指在课堂教学中，采取结合较为典型的司法判例加以剖析，从而加深学生对该法学知识的认识及理解的一种教学方法。案例教学法不同于灌输式讲授，而是强调从司法案例实践中进行理论概括，理解概念、原理、原则、法律条文。案例教学法形象逼真，给学生以丰富的信息和感性材料，教师不是单纯通过说教的方式，而是在讨论分析中逐渐归纳出知识脉络和形成解决问题的技巧。因此，这一新的教学模式在大学法学教学中的作用日益明显。

案例教学法最早由哈佛法学院前院长克里斯托弗于 1870 年前后运用于哈佛大学的法学教育之中，这种方法主要是使学生能够对各种法学问题进行深入的思考，从而培养学生的分析和解决问题的能力。教学所用案例一般都具有突出的典型性和代表性，涉及面极广，而且可以把抽象的法律原理转化为具体的知识，这样使一些法定概念含义及原则更易被理解。我们在传统的理论教学中往往是通过抽象的概括分析论述某个法律理论问题，而案例

---

* 梁彦红，法学博士，河北经贸大学法学院讲师。

教学则是直接取材于司法实践，具有生动性及司法实务可操作性，同时通过对判例的剖析也会更加深对法律规范及其理论的理解和掌握。因此，用这样的案例教学取代传统的单纯讲授，对于学生学习法律基础知识、学生分析问题和解决问题的能力都是极有帮助的。案例教学为学生提供了培养综合能力的平台，在案例教学过程中，学生要独立思考，考虑如何把学过的理论知识运用到案例中去，这就是一个法律思维训练的过程，这对于一个法律人来说是非常重要的。

由于案例教学法的上述优点和特征，其在改革中国法律教育体制中的促进作用是毋庸置疑的。具体表现为以下几个方面。

第一，有利于提高教师素质，提高教学质量和教学水平。采用案例教学法对教师的知识结构、教学能力、工作态度及教学责任心的要求很高。既要求教师具有渊博的理论知识，又要求教师具备丰富的教学与实践经验，并将理论与实践融合贯通；既要求教师不断地更新教学内容，补充教案，又要求教师更加重视社会经济实际，对现实中的问题保持高度敏感，不断地从经济实际中求索适宜教学的案例。采用案例教学法可调动教师教学改革的积极性，更好地发挥教师在教学中的主导作用，从而使教学活动始终处于活跃进取的状态，不断提高教学质量和教学水平。

第二，有利于增强学生学习的自觉性，提高学生分析问题和解决问题的能力。法学作为一门理论和实践性很强的学科，在其教学过程中采用案例教学法，能够引导学生由被动接受知识变为接受知识与主动探索并举，能够运用自己所学的基础理论知识和分析方法，对教学案例进行理论联系实际的思考、分析和研究，从而提高学生分析问题和解决问题的能力。

第三，有利于缩短教学和实际生活的差距，培养综合型法律人才。书本教材中的世界和真实世界有着很大的差距，而案例是现实问题的缩影。教师通过引导学生对与现实经济生活紧密关联的案例进行深入分析，把学生的目光引向实践、引向社会，缩短课堂教学和实际间的距离，使学生把思维放在一个广阔的社会背景下，这有助于培养学生多角度、多层次地看问题的思维习惯，使其逐渐成为"知识＋能力"的新型法律人才。

二、我国现行法学案例教学中的困境及其分析

我国法学教育界也普遍认识到，必须深入改革我国法学教育的理念与方法，才能减少法学的教学与法学实践之间的冲突。正是在这样的背景下，法学的案例教学方法被引入、推广，进而得到推崇，并受到了包括教师与学生在内的一致欢迎。然而，问题在于，当案例教学引入我国法学教育多年之后，实践中的法学毕业生却似乎并没有因此而具备丰富的实践经验，动手能力差的问题依旧没有得到缓解。① 这一问题不能不引起我国法学教育界的高度注意，该问题的出现，表明我国法学案例教学法的运用存有问题。除了现行教育体制外，案例教学法自身存在的问题致使其难以取得理想的教学效果。

（一）教学案例的选取问题

目前，教师就案例选择的渠道上来看，主要是通过网络、教学参考书、教师自己接触的案例等。然而，我国目前大量案例教材基本上都是为讲理论而编造案例，这些案例在提供情境相关信息的完备性等方面大都有欠缺。事实上，比较适合于案例教学的案例，通常是能够体现法律复杂纠纷、展示法律条文争议以及引起学生意见分歧的案例。过于简单的案例，事实上没有多少价值。比如，在讲述普通合伙企业的成立条件时，教师在将其要件加以讲解后，提供一个"具有国家公职人员身份的人与其他民事主体在没有签订合伙协议并通过非法途径取得合伙登记"的案例来讨论该合伙企业成立的有效性。这样的案例分析显然是起不到应有的教学效果的。合适案例的严重缺乏，使得教师在选择案例上往往有更多的限制，必然需要教师进一步加工和整理，并

---

① 张宗高：《案例教学法在刑法学课程课堂教学中的使用》，载《安徽工业大学学报》2009 年第 6 期。

且在内容的复杂性、难度以及问题的设计方面都需要教师重新整理。所以，每设计一堂案例教学讨论课，都无形中增加了教师的工作力度和难度，以致不可能整个学期完全采用案例教学法进行教学，有些教师甚至完全放弃了案例教学，而以举例子的形式予以代替。

（二）教学目标的定位问题

从法学教育背景看我国法学教育的性质是一般性的人文科学教育，而非法律职业性训练，其价值目标在于培养理论型的人文知识分子，而不是应用型法律人才。而在西方国家，其法学教育定位非常明确，即职业化教育，培养实践型法律人才。要想实现这一转型，案例教学是实现这一目标的重要工具。法科学生的培养定位和目标决定着教学方法。在这样的背景下，案例教学法运用的价值就存在着一定的问题。

（三）教学过程中的师生互动问题

在案例教学中，学生的学习过程就是其主动构建自己的知识经验的过程，即学习结果不是学生接受了知识，而是学生个体知识经验得到了改组。这就要求所提供的案例必须为学生展示出一个真实和生动的问题情境。为此，在案例教学中，教师要创设一种学生能够独立探究的情境而不是提供现成的知识，教师要注意的不应该仅仅是问题的结论，更要注意的是通过问题情境创设，充分发展学生的思维能力，培养其发现问题解决问题的能力。案例教学是一种积极鼓励学生参与的教学，教师的角色是学生学习的促进者、推进者、辅导者，教师是案例教学的重要角色，但不是课堂的操纵者、控制者。

当前，在案例教学中教师所担任的角色普遍是强调教师的主导地位，而学生则处于从属地位。究其原因则与案例教学中班级规模密切相关。我们的法学本科课堂往往能同时容纳一两百人。在这样的课堂中，案例讨论显然大打折扣甚至无从开始。作为替代性选择，由教师主导讲解案例就理所当然。然而，案例分析如果注重对法学理论的解释和说明，教师被置于传授者的地位而显得过于主动，从案情的介绍、问题的提出、分析的展开、结论的得出，所涉理论知识的深浅以及时间的把握等方面，均受控于教师，那么学生在教学过程中就处于被动地位而缺少自主分析。而这种被动学习显然无法帮助学生知识和能力的自我建构，案例教学法也就失去了其应有之义。

三、对我国法学案例教学的建议

针对以上的困境及其分析，笔者认为，法学案例教学要走出困境，体现案例教学的本质要求，实现案例教学的目标，至少需要做好以下工作：

（一）明确案例教学在我国法学教育中的地位

长期以来，我国法学教育目标的定位不清严重影响了我国法学教育的质量，学生毕业后不能适应社会的需求，因为缺乏解决问题的综合能力。我国应当尽快明确法学教育的定位和目标，或者不同的法学院根据自己的传统文化定位自己的学生，以便各法学院有的放矢地调整教学方法和手段。笔者认为，本科阶段，在学生具备了一定法学理论知识的基础上，应当更加侧重逻辑推理和法律技巧的训练，培养学生解决法律实际问题的能力，因为本科毕业生的就业去向多是律师、法官、公安人员等法律执业者。因此案例教学法对于法律教育的价值具有重要地位。案例教学法使学生通过不同角色的扮演，亲身体验到了法律职业中不同角色的要求，有利于其认知的内化。[①] 另外，案例教学法还能够帮助学生在综合考虑各角色特点以及要求的基础上，提出自身的独立见解。

（二）要开发教学案例资源来建立案例教学库

案例教学的载体是案例，大量具有本土化、专业性、时效性特点的适合案例是成功开展法学案例教学的基础。案例教学法实施的首要环节就是根据教学目的和讲授内容选择恰当的典型案

---

① 张强：《法学案例教学的困境与出路》，载《中国电力教育》2008 年第 4 期。

例，案例的选择决定教学实施的实效，其选择是否恰当直接关系到教学效果的好坏。因此，教师在进行案例选择时应充分给予重视，应该以学生已经掌握的知识为依据，结合教学中的热点、难点与关键性问题，根据教学需要选择案例内容。选择典型案例应注意以下几点：

1. 案例具有适用性

案例必须与所授法学内容紧密结合，能够呈现课堂内容的重要概念与知识结构。教师选择的案例必须适合课堂教学，能够提供足够的信息，涵盖相关教学内容，并能引发学生运用所学知识进行多层次的讨论与分析。因此，教师需要选择合适的案例进行教学。这些案例要针对教学大纲和教学目标的要求，而不能没有一定的限制。教学目标主要是通过教学案例的使用来使学生在掌握教学基础知识的同时锻炼对问题的分析能力和领悟能力。

2. 案例具有多元性

案例教学的答案、分析过程和结论还呈现出多元的特性，有时候甚至并不需要结论，只注重整个案例的分析过程带给同学们的思考就够了。学生在案例的呈现和分析过程中锻炼自己的理解问题、分析问题的能力，通过设计不同的角色扮演锻炼了自主决策能力。因此可以说，案例教学不单纯是去寻找正确的答案的教学，而是重视得出结论的思考过程。这个思考过程是实现教学目标的重要手段，可以促进学生综合能力的培养。

3. 案例具有科学性

案例与所说明的理论问题之间要有密切关系，对于那些可能使学生产生模糊认识的案例，可以进行剪辑，使其更符合教学要求，不至于发生由于案例不科学使学生更糊涂的情况。

4. 案例具有生动性和新颖性

案例要能够突出时代感和幽默感，能引起学生兴趣，同时又要避免产生副作用。特别是那些在社会上、法学界引起关注、争议的案件，是教学的良好材料。它不仅可以说明法学理论的一般问题，而且可以透视法学理论与实践之间的盲点，强化学生学习、研究法学的意识和责任。同时，案例在选择的过程中，新颖性是不可或缺的元素之一。一些市场主体在从事经济活动中，不知法不用法或者漠视法律的尊严，产生了大量的法律纠纷。不可讳言，这些问题在一定程度上也为我们的教学提供了最新鲜的资讯，具有新颖性。我们现在的本科生大都是 90 后，喜欢追逐新鲜的事物，无形中对我们的法律教学也平添了许多时代感。

5. 案例具有疑难性

所选案例在案件的定性、法律关系的性质、法律的适用、责任的承担等方面应存在分歧意见。通常所选择的案例，学生一般都能够运用已经掌握的知识找到答案，但在教学过程中，也应该适当地选择一些具有争议的疑难案件。这种疑难案例的选择，为学生开辟了一个广阔的思维空间，避免采用单一化的、模式化的僵硬思维方式，能够引导学生积极主动参与问题分析、讨论并发表见解，使其观点交锋和思维碰撞，进而提高学生分析问题、解决问题的能力。

（三）要拆分班级，组成中班上课

在当前的教学环境下，要在法学本科课程中实现小班上课几乎是不可能的，也是不现实的。但是，为了提高教学质量和效果，各法学院应该客服困难，组织中班推进案例教学，中班的人数应控制在 60 人左右，这样既可以维持课堂教学秩序，也能就案例中所体现的问题开展诸如小组讨论、角色扮演等具体教学形式，充分挖掘案例教学的能量，体现案例教学的真正本质。

总之，法学教育的课堂教学效果更多地取决于教学方式的改革，尤其是教学双方，即教师和学生在课堂教学中主导作用的发挥。案例教学法恰是贯穿了教师和学生之间的链接，激发学生自主学习的能力，更好地发挥课堂教学效果。

模拟教学在法学教育中的地位及应用研究[*]

刘义青[**]

法学兼具很强的理论性和实践性，中外传统的法学教育模式注重的是纯理论的学习，过于强调知识的灌输和学术的培养，忽视了实践技能方面的培养，这就造成了许多法律院校的毕业生在法律实务方面知之甚少，成为平庸的知识型人才。[①] 此观点早在民国时期著名的民法学家芮沐已有论证："本国各学校法科着重知识之灌输而不及方法之传授。此端为本国法律教育之最大弊端。""至于欲使其表示对法律上之能力，之了解，之工作方法，即如何应用对法律上之认识，如何以条文挨步的依逻辑证明其解决，予其解决以法律上之理由时，则无人能之。"[②] 可见，我国法学教育长期以来重理论轻实践，其弊端可见一斑。为改变传统法学教育之弊病，以适应我国社会主义法治国家建设的需要，我们的首要任务就是必须在教学模式和方法上进行深入的研究。

一、模拟教学在法学教育中的地位

（一）对模拟教学的界定

模拟教学或称模拟教学法是通过模拟学习、生活、职业活

---

　　* 本文是河北经贸大学 2007 年度教学研究立项项目成果。
　　** 刘义青，河北经贸大学法学院副教授。
　　① 杨海坤主编：《法学应用人才培养模式的反思与重构》，法律出版社 2002 年版，第 46 页。
　　② 何勤华主编：《民国法学论文精粹》（第一卷），法律出版社 2003 年版，第 247 页。

动中的某些场景，组织相关知识的教学，为学习者创造一个反馈环境的教学方法。在法学界，模拟教学多被称为模拟法庭教学法。

模拟法庭教学作为一科学、严谨的概念，来不得半点马虎。但遗憾的是至今学者们的各种界定仍差强人意，颇有值得商榷之处。对模拟法庭教学的界定既要考虑到教学过程中的不同主体和地位，又要突出强调这种实践教学的内容和环节等内容。笔者认为，模拟法庭教学应做如下界定：模拟法庭教学是在教师的指导下，借用典型案例，由学生为主体分别扮演不同角色，全程模拟人民法院处理争议案件的司法实践的一种实践教学模式和方法。其中，前期准备是基础，中期开庭是中心，后期夯实提高是关键。

（二）模拟教学在法学教育中的地位

就教学模式和方法而言，我们所熟悉的包括模拟教学法、判例教学法、诊所式法律教学法等。笔者认为模拟教学法是现阶段适合我国法学教育的基本模式和方法，值得大力推广和实践。之所以下此结论，主要考虑如下因素：

1. 模拟教学突出了学生的主体地位，调动了学生学习的主动性和积极性

在传统"填鸭式"课堂教学过程中，学生完全处于被动接受状态，完全背离和丧失了作为学习主体的地位，这是违背教育教学规律的。而模拟法庭教学则是一种以学生为主体的"自主式"教学模式和方法，教师主要担任教学活动的策划者、指导者的角色。这种教学模式和方法突出了学生"本位"，极大地调动了学生学习的主动性和积极性，使学生实现了从"要我学"到"我要学"的质的转变。

2. 模拟教学强调法学教育培养目标和要求，有利于培养学生创新精神和实践能力

我国法学院校一般把培养具有法学基本理论素养和专业基础知识，熟悉我国法律，有较高综合素质的复合型高级专门人才作

党团活动或对学生进行法制教育的一部分。三是学生参与此类教学活动少，精神高度紧张，慌乱中出错。四是不排除部分学生思想上懈怠，准备不足。

2. 客观原因分析

一是对实体法和程序法中的知识点把握不够深透。模拟法庭的过程就是让学生灵活运用书本知识全程模拟参与司法实践的过程，参与主体对基本知识的把握程度直接影响到模拟教学活动能否顺利进行。二是某些院校和法院等司法机关合作联系少，难以搞观摩开庭类似教学活动，甚至可怜到连现场开庭的一些影像资料也没有，学生仅凭借书本知识进行模拟活动是远远不够的。三是现有课程设置模式不尽合理。在实践课中还没有把模拟教学课程作为一门独立的主干课设置，所以课时不足，导致经验缺乏。四是缺少一支强有力的指导教师队伍。模拟教学效果如何一定程度上取决于教师的指导，所以教师的培养是第一位的。而我们的教师多数热衷于知识的传授，而缺乏对实践教学方法的研究。五是模拟教学规章制度和教学效果评价指标体系的缺乏。规章制度为模拟教学的开展设定了基本的行为规范，是保障教学过程有条不紊地进行的必要条件。而教学效果评价指标体系是对模拟教学效果的跟踪和测评，是师生总结经验教训的重要指标。

三、模拟教学体系的构建和完善

模拟教学体系的构建是一系统工程。从硬件来看，主要是模拟法庭实验室及其配套建设，这是搞好模拟法庭实践教学的物质基础，应力求完善。主要包括模拟法庭会堂、多媒体、录音录像设备、照相器材、国徽、法槌、法官袍、律师袍、法警服及席位牌等。从软件建设看，主要应从如下着手：

（一）现有课程设置模式的转型

目前我国绝大部分法学院校还只是在实体法和诉讼法的教学过程中偶尔运用模拟教学法，并没有单独设立模拟法庭教学课程，这对模拟教学法在法学教育中的应用及作用的发挥构成极大的障碍。毕竟，由于课时或教师工作重点等各方面的原因，传统教学过程中对模拟法庭教学的适用往往暴露出许多弊端，比如模拟次数少、走形式或忽略前期准备和后期总结等重要环节。现在的法学院校应当根据自身的条件专门设立模拟法庭教学必修课或选修课，真正地把模拟教学法充分运用到模拟实践教学中来以发挥其最大功用。

（二）模拟教学教师队伍的组织和加强

模拟教学法是一种行之有效的实践性教学模式和方法，但其功能的充分发挥离不开高水平的教师的指导。我们强调的高水平教师既要有深厚的法学理论基础，又要有较高的实践能力（对司法实践有较好的把握），还必须对实践性教学方法有研究有热情。如前文所述，我国传统法学教育过多关注于理论的传授而忽视了实践能力的培养，一定程度上缘于对实践性教学方法研究的匮乏，所以我们需要的是理论（知识）＋实践＋研究（方法）型的师资。

（三）制定和完善模拟教学规章制度

没有规矩，不成方圆。规章制度建设是模拟教学得以有序开展的重要保障。根据实践教学的需要，至少应研究、制定《模拟法庭实验室管理办法》、《模拟法庭教学人员岗位职责》、《模拟法庭教学教学计划》、《模拟法庭教学程序规范》等规章制度。

（四）制定模拟教学效果评价指标体系

对模拟教学效果的评价实质是对模拟实践教学的跟踪测评，有利于我们及时总结经验教训，不断完善提高模拟教学的水平。这方面的指标主要包含两个方面：一是对学生主体在单位模拟案件中的具体表现的评价，如对知识运用是否灵活，法律程序是否正确，逻辑思维是否清楚，语言运用是否流畅以及法律文书的写作是否规范等。二是对教学方法、教学质量的评价。两个方面相辅相成，又自成体系，因此具体量化指标应从两个不同的层次分别编制。